和谐社会的实践基础研究

夏建国　著

On the Practical Basis of Harmonious Society

WUHAN UNIVERSITY PRESS
武汉大学出版社

图书在版编目(CIP)数据

和谐社会的实践基础研究/夏建国著.—武汉：武汉大学出版社，2013.12

ISBN 978-7-307-11779-2

Ⅰ.和… Ⅱ.夏… Ⅲ.社会主义建设模式—研究—中国 Ⅳ.D616

中国版本图书馆 CIP 数据核字(2013)第 307715 号

责任编辑:唐 伟 责任校对:汪欣怡 版式设计:马 佳

出版发行：武汉大学出版社 (430072 武昌 珞珈山)

(电子邮件：cbs22@whu.edu.cn 网址：www.wdp.com.cn)

印刷:湖北睿智印务有限公司

开本：720×1000 1/16 印张:15.75 字数:225 千字 插页:1

版次:2013 年 12 月第 1 版 2013 年 12 月第 1 次印刷

ISBN 978-7-307-11779-2 定价:30.00 元

本书由武汉市社会科学基金课题“实践规范与社会和谐内在关联性研究”(08092)、武汉大学自主科研基金课题(人文社会科学类)“社会和谐的实践基础研究”(09113)资助出版，是武汉大学马克思主义基本原理学科“马克思主义基本理论与现时代”研究方向的阶段性研究成果。

践行马克思主义的实践观
为实现中国梦而奋斗

（代序）

陶德麟

中国梦正在激励着中国各族人民开启史无前例的伟大长征。

中国梦就是国家富强、民族振兴、人民幸福之梦。这个梦不是虚幻不实的空想，不在遥不可及的彼岸，而是必定能够实现的理想。之所以如此，就是因为我们找到了实现这一理想的正确道路，这就是中国特色社会主义的道路。正如习近平总书记深刻概括的，这条道路来之不易。它是经过中华民族从5000多年前到近30多年来的探索和总结中一步一步地走出来的。这里的决定性的事件，就是中国人找到了马克思主义这个救国救民的真理。

鸦片战争以来，伟大的中华民族在帝国主义列强的残暴侵略下陷入了血泪斑斑的苦难深渊，救亡图存的任务迫在眉睫。先进的中国人历尽千辛万苦从西方寻来的各种资产阶级理论和方案，到了中国都一一破产。在长夜漫漫的困境中，中国人找到了马克思主义，建立了以马克思主义为指导思想的中国共产党，“路在何方”的难题才有了正确的答案，中国的命运才发生了根本改变。经过28年的奋斗，我们建立了中华人民共和国；又经过60多年的奋斗，中国才取得了今天这样举世瞩目的成就，成了岿然屹立于世界民族之林的社会主义国家。这是任何人也否认不了的事实。

为什么马克思主义在中国有这么“灵验”？就因为它是科学的理论。马克思主义也产生于西方，但它不是地域性的理论而是世界性的理论。马克思主义的产生是人类思想史上最伟大的革命，它批判地吸取了人类思想史上的优秀成果而又突破了它们的局限性，形成了崭新的世界观和方法论，根本改变了人们的思维方式。它的根本精髓，就是马克思创立的科学的实践观。这一实践观揭示的道理主要是：(1)人类社会存在的基础和发展的动力是以物质生活资料的生产为根本的实践活动。社会发展规律的“秘密”只能到实践中去探求，而不应当与此相反。(2)人类社会的一切“问题”都是在实践中发生的，解决这些问题也只能通过“变革的实践”，而不能停留于“解释世界”。(3)认识是否具有真理性，只有实践才能检验，离开实践的争论是“纯粹经院哲学的问题”。马克思以前的社会历史理论浩如烟海，体系如林，有些理论也包含着局部的真理甚至颇为深刻的真理，但究竟如何理解社会，如何创造历史，如何看待人类的前景，仍然是“斯芬克斯之谜”，没有人能揭穿“谜底”，总的来说仍然是一笔糊涂账。马克思的理论一出，就提供了一把开启“暗箱”的钥匙，使人们如拨云雾而见青天。当然，不同的人们由于种种原因，并非都能理解和接受马克思主义，但这是另一个问题；马克思主义至今仍然占据着人类思维的制高点，却是客观事实。

建立在科学实践观基础上的马克思主义理论是普遍规律的反映，它不可能直接对各个不同国家、民族、地区的千差万别的特殊情况和特殊问题提供现成的答案，而只能提供观察问题和解决问题的世界观和方法论。马克思和恩格斯一再告诫人们，他们的理论只是行动的指南而不是教条。把马克思主义当成包医百病的处方，不问具体情况照抄照搬马克思主义著作的词句，恰恰违背了马克思主义，首先是违背了它的实践观。中国有中国的特殊情况和特殊问题。要解决中国的问题，没有马克思主义的指导不行，不把马克思主义的普遍真理与中国实际正确地结合起来也不行。中国道路是中国人自己“走”出来的，是中国共产党把马克思主义的普遍真理与中国革命建设的具体实际(包括中国的历史传统和中国所处的时代条件及国际环境)不断结合的过程，是全国各族人民共同奋斗的过程。这个过程就是践行马克思主义实践观的过程。要把中国道路走好，就得严格遵循马克思主义的实践观，在各项工作中把它落到实处。

践行马克思主义的实践观，要做到以下几点：第一，要刻苦学习马克思主义理论，特别是中国化的马克思主义理论即中国特色社会主义理论，学习党的方针政策，学习历史经验，吃透精神，掌握实质，武装头脑，提高思维水平，反对没有理论指导的目光短浅的经验主义。第二，要下硬功夫深入实际，调查研究，走群众路线，获取第一手材料，在全面准确地占有材料的基础上进行理论概括，作出符合实际的判断，审时度势，提出有全局眼光和长远眼光而又切实可行的处理方案并付诸实践，防止形式主义和误国空谈。第三，要发扬创新精神，勇于根据日新月异地发展着的实践提出新举措，开拓新局面，防止保守僵化。第四，要在马克思主义实践观的引领下切实整顿党风、学风和文风，反对主观主义，反对党八股和洋八股。第五，坚持实践是检验真理的唯一标准的原理，不唯书，不唯上，把一切判断和措施都交给人民群众的实践去检验，正确的就坚持，错误的就改正。

只要我们始终不懈地践行马克思主义的实践观，我们就有充分的理由树立道路自信、理论自信和制度自信，在中国精神的鼓舞下战胜征途上的任何艰难险阻，稳步地达到我们的目的，使中国梦梦想成真。

(原载《光明日报》2013 年 4 月 16 日)

目　录

导论　和谐社会：中国道路的逻辑必然

社会发展规律的客观性与规律实现的自觉性决定了各民族社会演绎道路的一般性和特殊性，社会演进呈整体推进、跳跃波动、低层转型等特性。这些特性在近代中国表现得尤为突出，决定了中国社会发展的特殊道路。中国社会的独特个性及时代任务，决定了中国革命道路、建设道路和改革道路的特殊性。当下中国建构的社会主义和谐社会，正是中国道路的逻辑必然和现实展现。和谐社会重在实践，贵在建设。因此，必须重视和谐社会的实践基础研究。

一、中国道路的客观逻辑

中国道路是指由社会发展普遍规律支配和制约着的中国革命、建设和改革的特殊道路。中国社会发展的特殊性在近代中国社会向现代社会的转型过程中表现得尤为突出。探讨中国革命道路、建设道路和改革道路形成的历史必然性，对于我们今天认识“中国特色社会主义”理论产生的必然性和科学性是十分必要、大有裨益的，也是我们开展“和谐社会的实践基础”研究的逻辑起点。

人类社会是自然界的特殊组成部分。它与自然界一样，有其固有的客观规律及自然发展过程。然而，社会发展的客观规律要通过人类的自觉活动才能得以实现。自然规律的自发性与社会规律实现的自觉性，决定了社会发展道路的一般性和特殊性。

一般而言，自然现象从低级到高级、由简单到复杂的进化过程是线性与顺时性的，而社会发展则会出现线性与跳跃性、顺时性与逆时性交错纷呈的情形。社会发展的自然历史过程是由社会的客观物质条件决定的，说到底这是个物质生活资料的创造过程。社会形态的依次更替，本质上是人与人社会物质利益关系调节方式的变更。一定社会条件下生活实践着的人们创造特定的物质基础，同时又为进化到更高一级社会形态提供条件。由于一定社会的物质生活资料满足人们需要的现实程度决定了社会的占有方式和分配方式，因而一定类型的社会形态所容纳的社会物质财富一定且有限。但是，由于人与人、人与物、物与物的矛盾冲突和不断解决，加之人们生存和发展的永恒需要以及创造意识的驱动，推动着社会生产力永不停息地向前发展，使得一定类型的社会形态创造着自己也容纳不下的物质生活资料和社会财富，使得重新调整占有和分配方式成为必要，推动着社会向更高一级形态转化。社会“自己走着自己的路”，自我否定、自我发展、自我关联，形成了社会形态的转换与衔接，构成了社会由低级到高级的发展序列，呈现出“五种形态”依次更替的自然历史过程。人们的自觉活动在社会客观规律的实现过程中发挥着“合力”推进、能动地促进和转化等作用。社会发展虽由物质基础驱动，但物质基础的创立则取决于人与自然矛盾解决的性质和程度。在解决、协调人与自然矛盾的过程中，人们充分发挥主观能动性显示得格外重要。

一定社会中的人们生活在既定的物质条件之下，在自然允许的范围内，在自我对必然认识的前提下，从事着改造自然的活动。在人与自然关系层面上，自然袒露着它的宝藏，而人则在实践中不断地获得更多更符合自然的认识和知识，从而更好地作用于自然，使社会所获得并占有的物质财富不断聚集和积累，使人们所拥有的社会财富不断增加，使社会形态在自然进化过程中更加远离自然，又更加贴近自然，最终完成对必然的认识，达到自然与社会的和谐统一，使人类由必然王国向自由王国一步步靠近。

然而，正因为人类自觉活动在社会客观规律实现过程中的独特能动作用，形成了人们之间的社会关系，建构着社会上层建筑殿堂。一定社会的上层建筑使得现实生活中的人们的物质利益关系调控在一定的秩序和范围之内，从而维护着社会统治者的物质利益，客观上也维持着社会的整体发展。由于社会上层建筑对社会经济基础的能动反作用，使得社会规律的实现具有独特的性质和特征。

第一，人与自然矛盾的消解取决于社会上层建筑的性质。一定社会上层建筑的性质制约和决定着人们自觉活动的功能作用及社会价值。虽说自然的先在规定性、客观制约性限制着人们的认知和实践活动，但人们的自觉能动性形成了人对自然的主动创造性。人与自然矛盾的解决程度，取决于自然允许的程度，取决于一定社会人们对自然的认识程度，更取决于社会上层建筑的历史作用。社会上层建筑性质不同，历史作用不同，决定了社会对自然的利用价值的差异，自然价值对社会发展起着不同程度的历史作用。

第二，人与自然矛盾的解决表现为人与人社会矛盾的解决。人与自然是改造与被改造的关系。在人们从自然中的索取不能满足全体社会成员的消费需要时，人对自然的占有便形成了人与人之间的物质利益关系，对生产资料的占有方式决定了社会物质财富的生产和消费关系。由于对生产资料占有关系不同，社会因而划分成不同的利益集团。不同利益集团的矛盾冲突与不断协调解决，导致社会形态的转型。在社会形态转型之际，社会的矛盾冲突便主要表现为先进的生产力代表与落后的既得利益集团之间的矛盾斗争。矛盾冲突在自然进化和进步选择的原则下，以先进生产力的代表建立适应社会生产力需要的更高一级社会形态而告终。五种社会形态的依次更替便是先进的生产力代表建立自已社会形态的社会集团的更替过程，即不断在自然力量的推进下协调人与自然关系的进化过程。

第三，人类社会的演进过程具有整体推进性。就整个人类社会而言，由于人类社会的自然历史客观性制约，社会形态的依次更替不可能超越必要的历史阶段而跳跃运行，当一种社会形态还未发展到需要过渡到下一社会形态即社会上层建筑还未失去对社会生产力发展的适应性、促进性之时，更高一级社会形态不可能形成和产生。这种整体推进性对世界各地区、各民族的社会转型有整体支配和制约作用，因而人们不可能完成时代未提出的任务，不可能建立自然未允许创建的社会。在条件还不成熟时，即使时代已经提出课题，并由人的自觉活动实现了社会形态的更替，也只能是昙花一现。巴黎公社的英雄壮举及伟大实践，被自由资本主义的前进车轮所摧残就是如此。而十月革命、中国革命的胜利则是世界历史发展的必然——垄断资本主义的出现便开启了世界资本主义形态向更高形态转化的历程。

第四，人类社会的发展具有跳跃波动性。历史往往有惊人的相似之处，也经常走着奇怪的道路。在整体线性顺时演进的同时交错着个别部分的跳跃式、波动式、跨时性甚至逆时性的跃迁。由于各地域不同民族发展的不平衡性，人类社会的整体演进具有不同步性。对于某一特定地域而言，外部因素的渗入，往往会打乱这一区域的整体正常运行时序，使之呈跳跃波动态势。若外来因素是时代的“社会旗帜”，代表着人类社会整体进化的发展阶段，那么特定范围内的部分整体便前跃；若外部因素虽然在社会形态上落后于被侵入对象，但在力量上强大而后者极度腐败、不堪一击，那么这种外力会与较先进的制度融合生成一个自我“前跃”的新形态；若外来因素是暂时强大的落后形态，那么被侵蚀的部分则暂时后退，使社会呈逆时运转。跳跃波动是整体允许范围内的部分性，而部分跳跃则更加证实了整体推进性。

第五，社会形态的转化呈“低层转型”性。自然演化过程是“高层递进序列”或“高层转化推进”。当上一形态发展较为充分且完备之时，它所孕育的下一形态才得以生成。自然现象是这样，社会整体序列也是如此。正如马克思所言：“无论哪一个社会形态，在它所能容纳的全部生产力发挥出来以前，是决不会灭亡的；而新的更高的生产关系，在它的物质存在条件在旧社会的胎胞里成熟以前，是决不会出现的。”①社会的整体推进是高层转型。但是，具体社会形态的转型却不是这样。它们的转换过程则呈现出“低级转化序列”或“低层演进性”。如：封建社会最先产生于奴隶制不发育的中国社会母体，资本主义社会率先在封建制薄弱的欧洲生成，而社会主义则在资本主义发展不充分的东方社会最先诞生。东、西方虽然是两个互异互补性系列的转化类型，但都揭示出一个共同的规律即“低层转型”性。诚然，“低层转型”是以“高层递进”为基础的，是

---

①《马克思恩格斯文集》第2卷，人民出版社2009年版，第592页。

社会形态整体推进过程中出现的“转型”特性。这种替代转型规律形成的原因主要是一定社会上层建筑的反作用。依此而论，人们的自觉活动对客观规律的实现起着一定的限制作用。人与人的社会精神关系以社会“上层建筑”的形式出现。上层建筑实则是人们精神关系的物化，是社会不同物质利益集团的维系秩序，是由社会物质利益关系决定并为一定社会利益集团服务的。它一旦形成便具有相对独立性，对社会物质关系有制约作用。当它发展得充分而完备时，对下一社会形态有抑制和扼杀作用，使得它所维系的社会母体内部孕育着的新社会因子等否定因素在萎缩状态下生长。反之，当它建构得不甚完备之时，新社会因子则能在较为宽松的氛围中快速生成和生长，从而较容易突破母体外壳，完成社会形态的转型和重构，使社会形态在顺时沿袭中呈跳跃式发展的态势，在一般发展原则中呈特殊的多样性，形成社会不同于自然的“特色道路”，也决定了不同社会形态、同一形态不同地域或不同发展阶段的“特色道路”。这便要求不同具体形态中的人们走自己的路，根据本地实际选择发展道路。

社会发展的普遍性与特殊性，在近代中国体现得较为典型。中国社会在资本主义有所发展而发展不足的情况下先于发达资本主义国家进入社会主义社会，正是社会发展规律制约的结果，由此也决定了中国的革命道路、社会主义建设道路和改革开放道路必然是带有中国特色的“中国道路”。

厚重的历史感生成明晰的未来感。为了更好地了解现在，更好地往前走，就必须知晓中国的历史特性，知道中国是如何走过来的。也就是说，为了更好地揭示“中国道路”的历史必然性，就必须了解中国的历史。

在以山脉、沙漠、海洋为自然屏障的中华大地上，勤劳聪颖的中国人民曾经创造出灿烂辉煌的古代文明，走在世界整体推进的前列，给人类社会以重大影响。它按着社会既定的客观规律前行，显示出人类社会普遍规律对各国、各民族发展道路的支撑功能和制约效应。

由于事物本身的辩证性质，这种封闭式疆域挤压而生成茂盛生长的封建专制制度。广袤的大地造成了高度分散的邦域个体，形成了中国社会既高度集中又严重分散的建构模式和强劲的民族向心力、凝聚力与离心倾向并存的社会心理。社会维系的支柱主要是独尊的儒术、人格化的偶像崇拜、极权式权威及强大的专政工具。然而，一旦失去了社会权力维系的权威，社会就会陷入无序流变，专政工具也失去了统一的目标而分崩离析，成了各个独立的个体或部分权力的工具，加剧了社会的混乱。一旦重新建立起统一的偶像及人格权威，社会又重新显示出昔日强大的凝聚力而形成整体。中国封建社会就这样在治乱、合分的环流漩涡中缓慢前行。这样的社会运行机制形成了权力的高度集中，使得封建体制发育得异常充分而完备，使得新社会因子难以正常发育；也使得社会文明在剧烈的震动中绵亘不断，中华民族生息繁衍，封建社会延续长达2000多年。

中国地大物博，在与外界交往甚少的年代，形成了唯我独尊、自我中心的自大心理和满足意识，儒学的人伦关系之网也维护着家族中心、社会权威的至上地位，自给自足的自然经济以农业为支柱，农业社会那“向后看”的思维方式形成了社会的恋旧情结。人们总是到往日的富贵、历史的乐园中寻求解决现实问题的答案，妨碍着新的社会因素的萌芽生长，使得任何变革都步履维艰、命途多舛。尽管过分浓郁的封建专制窒息、扼杀着新的社会因素，尽管巨大的社会财富成为社会进一步发展的历史包袱，尽管古代文明的成就成了人们容纳、接受、产生现代社会因子的制约因素，然而，社会物质生产力的内在驱动力促使资本主义因素破壳而出，扭曲生长。明朝以降的中国封建社会走到了历史的尽头，它恰似行将就木的历史巨人，已无力阻止时代新生儿的降世。中国社会已出现了现代文明的曙光。

在中国社会即将按部就班地步入现代资本主义社会、完成社会形态的转换之际，它的发展程序被内部强力和西方列强所打乱。

清朝相对于明朝在社会形态上虽然落后，但在力量上则较为强大。虚弱的明朝被彪悍的马背民族所击垮。社会虽然保持了封建专制外形，但其内腹则急剧退化。从原始部落奔入近代社会的游牧民族，对以农耕文明为主要形态的中华灿烂文化知之不多，对其社会功用也不甚明了，因而对文化在社会发展中的作用认识不足。因此，它不仅不能将其先进性发扬光大，反而进行限制和销毁，它接受的只能是社会的专政工具和神权思想。它迷信强力，建立了一个类似于欧洲中世纪那样的神权和暴力的联合统治机器；它及时行乐，腐化堕落，使中国封建社会在专制和腐朽层次上复归，更加扼制了社会的进步，使中国社会更加虚弱，因而无力抗御外敌的掠夺和入侵。

自然屏障在西方先进生产力所铸造的坚船利炮面前不足以成为保持中国世情纯洁性、发展自然性的保障。中国社会在自然发育过程中被西方先行者强行并入其发展序列，成为它们发展资本主义的附庸，中断了中国资本主义“自然生长”之路，中国社会被推向了半殖民地半封建的境地，充当着西方列强廉价劳动力、廉价原材料供应地、商品倾销地和资本投资场所。

西方列强的侵入，一方面堵塞了中国自行发展资本主义的既定道路，另一方面又使得中国资本主义因素更加扭曲地畸形生长，使中国社会有可能跳过资本主义发展形态而实现社会主义。类似的情形，马克思在1853年就已论及。在《中国革命与欧洲革命》、《不列颠在印度的统治》、《不列颠在印度统治的未来结果》等文中，马克思在谴责殖民统治和掠夺对印度等东方国家造成灾难的同时，指出正是这种现代工业文明“充当了历史的不自觉的工具”。① 它起着“消灭旧的亚洲式的社会”和“在亚洲为西方式的社会奠定物质基础”的破坏和建设的双重作用。② 具体说来，这种历史作用主要是：实现了复兴社会的首要前提——政治统一，并用现代联络手段将其巩固下来；入侵者训练出殖民地赢得独立的必需条件——军队，这是殖民地人民自己解放自己并保卫自己免遭侵犯的可靠保证；创办改建社会的新的和强有力的因素——自由报刊，形成舆论阵地，完成宣传组织任务；培养具有现代管理知识和欧式科学的社会管理阶层，完成社会管理的机构设置；现代化交通工具将殖民地与世界联

① 《马克思恩格斯文集》第2卷，人民出版社2009年版，第683页。

② 《马克思恩格斯文集》第2卷，人民出版社2009年版，第686页。

结成一体，消除了孤立状态，促进了社会进步。除此之外，更重要的作用是：

第一，它摧毁了封建社会存在的基础——自然经济，解放了人的“历史首创精神”。自然经济是封建社会赖以生存的物质基础。它闭关自守、细小刻板，“使人的头脑局限在极小的范围内，成为迷信的驯服工具，成为传统规则的奴隶，表现不出任何伟大的作为和历史首创精神”。① 自然经济的本质是自给自足，使人形成了狭隘的自满意识。它形成了人身依附关系，限制了劳动者的创造热情和主动精神。而“不列颠的蒸汽机和科学在印度斯坦全境彻底摧毁了农业和制造业的结合”。② 资本主义生产方式、现代科学等因素摧毁了男耕女织式的田园风味的自然经济，使封建制存在的物质基础趋于瓦解和消失，为新社会的创立清除了基础障碍。新的生产方式的建立，资本主义因素的增长，否定了人身依附关系和特权等级思想，解放了社会生产力。然而，随着封建制的瓦解，社会建立的不必然是资本主义制度，而只是使资本主义因素有所发展和增加。殖民地人民是“不会收获到不列颠资产阶级在他们中间播下的新的社会因素所结的果实的。但是，无论如何我们都可以满怀信心地期待，在比较遥远的未来，这个巨大而诱人的国家将得到重建”。③ 在伟大的无产阶级社会革命支配了资产阶级时代的成果之时，人民才会真正品尝到胜利的甜美酒浆，④ 迎来独立和富强。

第二，它创建了无产阶级大军。西方列强要掠夺殖民地的物质财富，必须将铁路修到那里，要将机器、设备、技术带进矿场和工厂。这样就将先进的生产力移植到了贫瘠的封建土壤上，使得中国社会已经出现的资本主义成分畸形、快速生长，产生出工人阶级——社会主义制度的创建者。尽管近代中国的工业发展带有殖民

① 《马克思恩格斯文集》第 2 卷，人民出版社 2009 年版，第 682 ~ 683 页。

② 《马克思恩格斯文集》第 2 卷，人民出版社 2009 年版，第 681 页。

③ 《马克思恩格斯文集》第 2 卷，人民出版社 2009 年版，第 690 页。

④ 参见《马克思恩格斯文集》第 2 卷，人民出版社 2009 年版，第 691 页。

性质，并在西方列强操纵、允许的范围内扭曲生长，但是，“一旦把机器应用于一个有铁有煤的国家的交通运输，你就无法阻止这个国家自己去制造这些机器了”。① 资本主义性质工业的发展，使得工人队伍异军突起，社会革命的力量业已形成，加之民族资本与官僚买办资本、西方列强内部、资本主义与封建势力、劳动大众与帝国主义、封建主义和官僚资本主义等错综复杂的矛盾，为革命势力在空隙中生存发展提供了可能。半殖民地半封建的上层建筑较之于完整的资本主义上层建筑对新社会因素的抑制作用、对革命势力的镇压能力要弱小得多，也为社会革命的成功提供了条件。

第三，它激起了社会民众的反抗心理。由于社会整体财富匮乏，加之外强的掠夺、内豪的盘剥，社会劳动者阶层只能在贫困线上挣扎。中国工人阶级所处地位比西方社会工人阶级更加悲惨。他们除了受资产阶级剥削外，还要受帝国主义和封建势力的剥削和压迫，所受压迫的严重性和残酷性是任何阶级都没有的，也是其他国家工人阶级所没有或罕见的。他们的经济地位决定了他们只有同帝国主义、封建主义和官僚资本主义作殊死的斗争，推翻“三座大山”，才能从根本上摆脱剥削和压迫，改变贫困的处境。在极端贫困条件下生存着的劳苦大众，本能地对生存和生活的向往，又使得他们似乎对西方的消费品颇有好感。然而，罪恶的鸦片贸易，一方面使他们“自得其乐”，满足了他们对生的渴求和对死的恐惧的精神需求，在幻想中忘却现世的苦难；另一方面又使得社会心理不平衡更加加剧，加速了社会不满情绪的增长和反抗意识的觉醒。诚如马克思所言：“历史好像是首先要麻醉这个国家的人民，然后才能把他们从世代相传的愚昧状态中唤醒似的。”②这种在长期重压下的不平衡心理一旦失控，便会形成冲天的怒吼；加之中华民族在危难之际所显示的团结一致，在血脉中流淌着的强烈的生存欲望和强大的凝聚精神，又使得中国人民的自主独立愿望空前高涨，社会形成了建立新社会制度的物质基础、阶级力量、社会心理。近代中国社

① 《马克思恩格斯文集》第2卷，人民出版社2009年版，第689页。

② 《马克思恩格斯文集》第2卷，人民出版社2009年版，第608页。

会走到了变革的前沿，有可能不经历完整资本主义发展阶段，先于发达资本主义国家步入社会主义阶段。

社会发展的“特色道路”、中国社会的发展特性，使中国社会在社会形态上再一次走在世界整体推进序列的前列。中国社会发展的特殊道路，决定了中国社会主义建设必然是独特的发展道路。“中国道路”据以形成的规律依据即客观逻辑就在于此。

二、中国道路的历史逻辑

由众多不同质料的社会因素搅拌而成的近代中国社会，引起了社会诸方的不满以及各自谋求建立适应自己利益的社会制度的斗争，矛盾交错，动荡不已。封建统治者想恢复过去，复古者，现实不许。中外资产者欲“全盘西化”，西化者，传统不容。仁人志士则谋求革新，但求新者，道路不明。中华志士前仆后继，救国良策未觅、报国之志未果而命运悲烈，其努力也付诸东流，留下些启迪来者的思考课题。有的人愚昧忠君成为封建道统的殉葬物；有的人盲目排外，沦为中外敌对势力联合剿杀的牺牲品；有的人复古图变，逆历史潮流而动；有的人西化谋新、自欺欺人；有的人在新旧军阀间纵横捭阖而事与愿违；有的人则壮志未酬含恨而去。凡此种种，均因未寻找到符合中国国情的变革道路，在现实面前败下阵来。中国历史表明，许多革命先驱，许多政党和政治派别，都没有找到民族解放和国家振兴的道路。旧民主主义革命走到了尽头，历史将变革中国社会的神圣使命交给了无产阶级及其政党。十月革命一声炮响，给中国送来了马克思列宁主义。1919 年的五四运动，中国的工人阶级以豪迈的气概登上了历史舞台。马克思列宁主义与中国工人运动相结合，产生了中国共产党。从此以后，中国革命的面貌就焕然一新。毛泽东及其战友们继往开来，开始了“中国道路”的艰辛探索及实践历程。简要阐述毛泽东关于中国革命和建设道路的理论与实践，演绎中国道路的历史逻辑，归纳其启示，对于我们今天认识“中国道路”的完整性和科学性，进而认识和谐社会建构的历史必然性和合理性都是必要而有益的。

毛泽东在革命生涯的早期便以极大的热情关注革命的手段、任务、主要对象、依靠的力量、指导思想、具体途径等问题。稍后，毛泽东高瞻远瞩，将中国革命放入世界整体中系统考察研究。他运用阶级分析法，探索符合中国社会的解放道路。毛泽东指出，十月革命的胜利开创了人类历史的新纪元。自此之后，世界无产阶级所进行的社会革命就具有了社会主义革命的性质。他主张对近代中国施以“大规模改造”，其手段“主用俄式”,① “用阶级专政的方法”,② 武装夺取政权；革命的对象是帝国主义、封建主义和官僚资本主义的联合统治，革命的领导力量是工业无产阶级，“一切半无产阶级、小资产阶级，是我们最接近的朋友”，是革命同盟军，同时还应争取中产阶级的左翼，扩大统一战线，最大限度地孤立、打击主要敌人,③ 以赢得民族解放和国家独立，完成新民主主义革命，为社会主义革命创造条件。

毛泽东基于对中国社会的透彻了解和深邃研究，吸取孙中山的教训，十分懂得亲自抓武装对于实现社会变革的重要性。他亲手缔造了革命武装，创建根据地，实现了党对军队的绝对领导，独创性地开辟了革命的“中国道路”——农村包围城市，武装夺取政权。这是近代中国取得革命胜利的可靠保证。抗战期间，毛泽东倡导结成国际反法西斯统一战线和民族统一战线，利用帝国主义国家内部矛盾，团结一切可以团结的力量，孤立、打击日本帝国主义。通过独特的解放道路，赢得了民族解放和国家独立，完成了历史赋予中国人民转换社会形态的伟大使命，迎来了中华大地的曙光，开创了历史的新篇章。

新中国成立前夕，在党的七届二中全会上，毛泽东及时指出全党工作重心由乡村转移到了城市，“必须用极大的努力去学会管理城市和建设城市”,④ “要依靠工人阶级发展国营企业”，将消费城

① 《毛泽东文集》第1卷，人民出版社1993年版，第1页。

② 《毛泽东文集》第1卷，人民出版社1993年版，第2页。

③ 参见《毛泽东选集》第1卷，人民出版社1991年版，第3～9页。

④ 《毛泽东选集》第4卷，人民出版社1991年版，第1427页。

市变成为生产城市。他明确提出了全党一切工作都应“围绕着生产建设这一个中心工作并为这个中心工作服务”的战略任务。为搞好经济建设，毛泽东特别提到必须“统制对外贸易”。他指出，必须同“外国人做生意”，搞对外开放，“首先同社会主义国家和人民民主国家做生意，同时也要同资本主义国家做生意”。① 在会上毛泽东还提出了著名的拒腐防变的忠告。

在创建社会主义经济基础、进行社会主义改造时期，毛泽东创造性地运用赎买政策，和平、顺利地完成了“一化三改”，使社会在平稳中过渡到了社会主义建设时期。社会主义建设伊始，毛泽东即开始了中国工业化、国家现代化的发展道路研究。他首创社会主义基本矛盾论，提出了革命就是解放生产力的论断。中华人民共和国成立之初，社会主义发展模式唯一可资借鉴的是前苏联的体制，加之当时国际形势的特殊性，中国被迫“一边倒”，与资本主义国家做生意的大门被西方自行关闭，学前苏联是我国的唯一选择。当时，苏联模式确有其优越性。它很快地医治了战争创伤，创造出了“华沙速度”，令世人瞩目，发展速度明显快于同期的资本主义国家。然而，就在那时，毛泽东便敏锐地观察到苏联模式的弊端。在《论十大关系》一文中，毛泽东指出，“最近苏联方面暴露了他们在建设社会主义过程中的一些缺点和错误”，我们应引以为戒。比如：处理重、轻、农的关系问题。前苏联注重发展重工业而忽视发展轻工业，特别是农业的“粮食产量长期达不到革命前最高水平的问题”。“像一些东欧国家由于轻重工业发展太不平衡而产生的严重问题”。由于“片面地注重重工业，忽视农业和轻工业，因而市场上的货物不够，货币不稳定”的问题。其后谈到应处理好经济建设与国防建设的关系，应“降低军政费用的比重，多搞经济建设”，防止单纯发展军备而影响经济建设。在论及处理中央与地方关系时，毛泽东谈到学习资本主义发展经验问题。在其后的“中国和外国的关系”问题中，他再次提到在结合中国实际学习马列主义的同时要“学习资本主义国家的先进的科学技术和企业管理方法中合乎

① 《毛泽东选集》第4卷，人民出版社1991年版，第1435页。

科学的方面”，如“工业发达国家的企业，用人少，效率高，会做生意，这些都应当有原则地好好学过来，以利于改进我们的工作”。① 这种“引进”思想至今仍闪烁着真理的光芒。

毛泽东开创的中国社会主义发展道路贯穿着唯物辩证思想，如正确处理“十大关系”即十对矛盾，调动一切积极因素为社会主义事业服务；以经济建设为中心，同时抓精神思想文化建设；以工业为主导，农轻重协调发展；自力更生为主，争取外援为辅；在主要自我发展的同时还与外国“做生意”；在主要与友好国家做生意的同时还与资本主义国家打交道；在学马列、学其他社会主义国家建设经验的同时，还学西方资本主义先进管理经验、科学技术、组织措施；既调动中央的积极性，又调动地方、人民群众的生产积极性；既坚持计划为主，又保留商品货币；既独立自主又广交朋友；既自身革命又支援世界革命。如此等等，充满着中国气息和中国风味的“中国建设道路”，在中华人民共和国成立初期所发挥的综合效应是有目共睹、举世称道的。

简略的论述是为了理性反思。毛泽东进行的探索实践给我们以怎样的启示呢？

第一，坚实的马列素养是理论探讨的思维前提。马克思主义虽然诞生于资本主义欧洲，但它不具有狭隘的“欧洲意识”。工人阶级的世界性、先进性、实践性、阶级性和革命性，形成了马克思主义理论的世界性、先进性、科学性、实践性、阶级性和革命性。因而它能超越地理疆域的限制和民族心态的差异走向世界，成为世界无产阶级革命运动的行为指南，成为中国共产党人的指导思想。这样的思想是中国革命和建设取得胜利的理论保证。毛泽东研读马列，掌握其精神实质，如理论联系实际、实事求是的思想路线、阶级分析法、唯物辩证法、实践观点、群众观点、武装斗争、党的领导，如此等等，是毛泽东理论探索的前提条件。正因为毛泽东拥有了这样的思维原则，才使得成功的理论及实践成为可能，才有“中国道路”的马克思主义特征。

① 参见《毛泽东文集》第7卷，人民出版社1999年版，第23～44页。

第二，深厚的传统文化造诣是马克思主义中国化的理论基础。众所周知，毛泽东的中国传统文化造诣极深。历史典故信手拈来，每每恰到好处；史实之镜，现实借鉴，往往事半功倍。尤其是中华传统文化中的哲学思想——唯物论和辩证法思想，毛泽东更是得心应手，运用自如，既表述了马克思主义基本原理，使马克思主义中国化变成亿万斯民的精神武器，又能唤醒民众同心同德，化作强而有力的社会洪流，实现伟大社会变革，更能切中时弊，提出解决现实问题的良方。

第三，透彻的现实研究是完成理论联系实际的必要条件。理论必须符合实际，只有掌握十分丰富的现实材料才能了解事物的性质，把握实际的脉搏，捕捉客观的动态，才能提出切合实际的指导思想以指导现实实践。毛泽东非常重视对现实的了解和对国情的研究。他深入实际，深入群众，调查研究，集思广益，尊重群众的首创精神，从群众中来到群众中去，反对本本主义、主观主义、“左”“右”倾机会主义、教条主义和经验主义，在亲手掌握第一手材料的基础上实现了切合中国实际的马克思主义研究。

第四，求实的理论勇气是进行“中国道路”探索与实践的内在动力。马克思主义每一步的发展，毛泽东思想的形成和完善，无不贯穿着解放思想、实事求是、突破传统、发展创新的理论勇气。若没有思想解放的求实精神，就没有晚年马克思关于东方社会跨越资本主义“卡夫丁峡谷”的设想，就没有列宁的“一国胜利说”及社会主义制度的诞生，就没有斯大林的“一国建成社会主义论”和社会主义基本经济规律论，就没有毛泽东“农村包围城市、武装夺取政权”的中国革命道路，就没有中国不同于苏东发展模式的探索与实践，就没有邓小平“建设有中国特色社会主义”理论的提出。求实是为了更好地发展理论，求是则更有利于实践的成功。解放思想不是背离马克思主义，而是在马克思主义的精神原则指导下更好地实事求是。两者相得益彰，既繁荣了理论，又推动了社会进步，保证了事业的成功。“中国道路”既是解放思想、实事求是的结晶，又是进一步解放思想的基础，它是中国革命和建设事业必定胜利的可靠保证。

第五，始终不渝地坚持以经济建设为中心的方针是实现“中国道路”的必由之路。马克思主义基本原理告诉我们，人们可以超越一定的社会形态，但不可超越必经的物质基础条件。近代中国进入社会主义社会是时代发展的历史必然，但在经济、生产力上则只能循序渐进，不可跳跃。社会主义制度的建立不是对现存物质条件的超越，而是为社会物质生产力以快于资本主义制度条件下的发展速度的发展提供了条件。我国用几年的时间便完成了社会主义经济基础的创建，用十几年的时间初步建成了工业化基础，比起资本主义国家的同类发展不知快了多少倍，这便是社会主义制度优越性的突出表现。以经济建设为中心是社会主义制度的本质要求，也是毛泽东率先明确提出的一切工作的指导方针，可惜的是这一正确方针未能得到始终如一的贯彻执行，在处理物质革命和文化思想建设关系问题上偏离了毛泽东思想的正确轨道。一个社会制度的最终建立必经三大革命：社会革命是前提，物质革命是基础，文化革命是保障。这三者在资本主义制度确立过程中已显示出了它们的规律性及历史作用。若脱离物质革命搞文化革命，其一，思想脱离了物质基础。脱离了物质基础的“革命思想”虽可形成但不会持久，必须有与之相适应的物质条件加以保护使之得以保持长久。其二，物质基础若滞后增长，不仅使超常理性生成的思想成果不能自发带来物质利益，而且思想成果也将不能自保，甚至有可能成为落后物质条件发展的桎梏。

理论是行为的先导，伟大的理想是人们行为的路标，然而有效的理论必须切合实际才能发挥引导人们前行的功能。建设与一定社会形态内在要求相符合、相适应的社会生产力基础和物质基础，是社会制度最终巩固和确立的必要前提。与此同时，建设与之相配套的科技文化、思想道德、意识形态等精神文明则是社会主义制度得以顺利发展的精神保证。两者应携手共建，配套而行，共同完成“中国道路”的路基及“双轨”职能。

三、中国道路的实践逻辑

上述“启示”既是毛泽东实现中国式发展道路探索的基本特色，

也是邓小平在新的历史时期实现“中国道路”探索的基本原则。在关于社会主义建设的“中国道路”的摸索实践中，毛泽东对苏联模式虽有所触动、突破，却并未摆脱苏联模式的框架，形成一套类似于苏联模式的中国社会主义建设思路。邓小平继承了毛泽东开始的中国社会主义建设道路的探索，并完全摆脱了苏联模式的缠绕，真正找到了一条中国式建设和改革道路。在改革开放的创新时期，率先明确而系统地提出了“建设有中国特色的社会主义”理论。这一时代的马克思主义理论，是毛泽东思想的继承和发展，是保证20世纪70年代开启的改革开放事业顺利进行的理论保障，是“中国道路”实践的必然逻辑延伸。

邓小平指出：“无论是革命还是建设，都要注意学习和借鉴外国经验。但是，照抄照搬别国经验、别国模式，从来不能得到成功。这方面我们有过不少教训。”①借鉴和学习外国建设经验对于新生的社会主义中国来说尤为重要。但第二次世界大战后形成的社会主义国家几乎无一例外地搬用移植苏联模式，中国也是如此。苏联模式以中央集权、高度计划为总体特征；以党代政，干部实行委派制，对上负责，全部决策权集中在中央，梯级分解，纵向控制，层层下达，垂直启动；国家计划具有法律效力，生产指标对各部门、各企业有极大的制约性，政府、企业以完成计划指标为基本任务；国家统一调控物资分配，重视实物平衡，忽视经济效益；重视财政平衡，轻视金融作用，财政拨款是企业生存和发展的生命线，而金融机构与企业则为横向联系；国家统一工资，统一定价；国家重视对国民经济的宏观控制。这种模式在工业化初期起着十分重要的作用，效益明显。这主要是因为：第一，它保证了在经济文化相对落后的国家实现人民政权对国民经济的领导和驾驭；第二，能集中全社会的力量在较短时间内按照国民经济整体需要，较快地完成工业化基础建设和重大科研项目的实施；第三，它能保证宏观调控，在一定时期内比较好地避免了企业的大幅度波动；第四，它能较好地保证社会物资的有效分配，物价稳定，货币稳定，有利于社会

① 《邓小平文选》第3卷，人民出版社1993年版，第2~3页。

稳定。

然而，随着工业化的发展和社会国民经济的发展，这种体制的负面效应越来越凸显出来：其一，长官意志、衙门作风、官僚主义在经济行为中的破坏作用开始暴露；其二，它搞单一的公有制，排斥了市场调节作用，不利于生产力的发展；其三，企业缺乏生产自主权，缺乏积极性和创造性，生产效率低；其四，它促使决策者重视新建项目以显示政绩，而忽视对老企业的革新改造，设备更新慢，吸收科技能力低，企业发展后劲不足；其五，计划的刚性调控对企业的影响太大，若计划失误，结构性比例失调难以预测，社会将出现全局性的经济失误，企业又不免陷入大起大落的恶性循环之中；第六，重实物出厂，轻效益增长，有的企业生产越好效益反而越差；第七，出现"钓鱼式"套取财政拨款的企业，保护了落后，国家财政也难以承受；第八，消费市场单向决定，消费者无选择权利和选择余地，社会消费心理长期得不到尊重和满足。苏式经济模式缺陷的关键在于：它排斥市场，加之计划的权威性，一旦计划失误那么其损失将是全局性的，而且计划也难以较快地予以有效干预。另外，由于企业无自主灵活性和生产主动性，因而无力有效地干预消费和满足消费，计划也难以实现其整体功能。

在"一边倒"时期，我国建立了一个类似于苏式体制的经济模式，失去了自己的独特性，背离了生产力的客观要求，在实际运行过程中，它虽对社会起着一定甚至是很大的促进作用，但社会生产力发展潜能未能得到充分释放。毛泽东虽觉察到苏式体制的弊端，但并未触动其建构主体骨架和基本原则。在和平与发展的新时期，为了参与国际竞争的需要，对传统模式进行改革是必要的。正如邓小平所言："这场革命既要大幅度地改变目前落后的生产力，就必然要多方面地改变生产关系，改变上层建筑，改变工农业企业的管理方式和国家对工农业企业的管理方式，使之适应于现代化大经济的需要。"①但是如何制订改革方案呢？改革之初，可供借鉴的是南斯拉夫和匈牙利模式。

① 《邓小平文选》第2卷，人民出版社1994年版，第135～136页。

率先改革的南斯拉夫建立的可以说是“自治市场经济”，其特征一是在不改变生产资料国家所有的前提下，将生产资料的所有权与使用权、经营权予以分离，由企业—联合劳动者组织支配使用生产资料，企业享有独立的经营权；二是实行城乡联合，相互配套，相互启动，形成一个个独立的整体；三是工厂实行工人自治，政府不干预工厂企业的经营活动；四是政府不负责资金及原材料的配给和调拨，工厂只负责向政府交税；五是企业间是商品货币关系，相互间的投资与产品价格由市场调节；六是国家用法律的手段保护企业，用经济的手段影响企业，而不直接干预企业的生产和经营。这种“自治市场经济”以分权为基础，既尊重了工人的主人翁地位，发挥了企业的自主性和积极性，又发挥了市场的导向作用，因而工厂经营灵活，工人有生产积极性。然而，由于它排斥了政府的宏观调控和有效干预，必然带来一系列问题：国家不能通过控制企业的投资方向和规模，从而国民经济比例失调难以避免；完全的工人自主权在分配中的作用必然使得社会消费基金膨胀而积累基金不足，社会生产整体发展缓慢，工人生产积极性难以持久；由于工厂企业自行决定投资领域，容易造成投资的盲目性，短期行为加剧。短平快项目投资过热，经济秩序混乱，价格容易失控。因此，自发的自主性不利于国家的发展和社会的稳定。由于宏观失控，微观虽“活”，但若企业盈利则企业就得益，若企业亏损则国家承担，因而微观也不能真正活起来，企业更不能有效地参与国际竞争。由此观之，南斯拉夫式经济模式只有分权而无集中，只有市场而无计划，只有企业的短期行为而无国家的长远规划，企业虽然走向了市场但“活”而“乱”，经济非政治化但经济问题最终引出了政治问题，导致了社会的动荡。这种教训说明：改革发展动力完全依赖企业的自发自主性是不稳固、不持久的；排斥国家的必要计划和控制不利于国民经济协调发展，价值规律的作用也难以正常发挥；城乡经济联合体若能良性互动则能相互支撑、正常运转，若农业歉收或工厂倒闭则相互破坏、危及整体。南斯拉夫式经济模式的失败为我国建立有中国特色的社会主义经济模式提出了更高的要求，也证明了走中国特色社会主义改革道路的必要性和科学性。

改革深化之初，国内有人主张学习匈牙利模式。匈牙利政治变动之前的改革是较为成功的。但它为什么最终失败了呢？匈牙利经济运行模式以集中与分权相结合为特征。集中与分权实际上是计划与市场的关系在调控方式上的反映。这种模式，第一，以国家所有制为主，其他经济成分并存；第二，国家有计划，但计划只具有指导性，国家不直接下达指标给企业；第三，国家运用价格、工资、信贷等手段引导企业；第四，价格“三轨制”，计划价格、波动价格、市场价格并存；第五，企业自主经营有活力，国家宏观调控有计划。因而这种体制下的企业既有活力又有压力，生产既有计划又有市场，宏观基本可控而微观也能搞活。但是，由于国家计划只是指导性的，对企业的制约作用弱而见效慢，调控手段弱，必然以破坏为代价；价格多重性，市场发育不健全，价值规律导向不灵，价格容易失控；由于匈牙利靠近西方市场，国家可以较快地从西方市场组织回干预市场、平抑物价的物品，使得物价上扬的强劲性在短期内暴露不足，为西方操纵国内市场提供了需要和可能。事实证明，西方通过操纵大众的消费心理培养亲西方的情感，在匈牙利政治变动中起着基础性破坏作用。这些教训也说明：在市场经济条件下国家计划特别是关系到国计民生、战略策略的重要方面的计划应有法律效力和权威性；对西方市场不能依赖过分，应防范它对市场的控制进而控制国家的生产；价格必须“单轨”，在物资供应总量不足的情况下，“多轨”必然造成化公为私、损公肥私的事件，这会瓦解社会主义上层建筑赖以生存的物质基础。

经过分析比较，可以得出结论：我们过去照搬外国经验，也起了些好的作用，但总的来说是不成功的，必须走自己的道路，建设有中国特色的社会主义。“把马克思主义的普遍真理同我国的具体实际结合起来，走自己的道路，建设有中国特色的社会主义，这就是我们总结长期历史经验得出的基本结论。”①现在看来，邓小平的号召极富远见，这是中国社会长治久安、平稳过渡、快速发展的可靠保证。把马克思主义同中国的实际相结合，走自己的路；在社会

① 《邓小平文选》第3卷，人民出版社1993年版，第3页。

主义的发展道路问题上，强调走自己的路，不把书本当教条，不照搬别国模式，以马克思主义为指导，以实践作为检验真理的唯一标准，解放思想，实事求是，尊重群众的首创精神，建设有中国特色的社会主义。这就是“中国道路”实践逻辑的必然结论。

四、中国道路的现实逻辑

社会主义制度的建立，开创了劳动人民自我解放的新历程。这个历程的前进方向必然是人类社会的彻底解放。在人类社会彻底解放的历程中，存在着若干相互联系的发展阶段。如果把中国特色的解放道路、建设道路和改革开放道路看成是相互衔接的不同发展阶段的话，那么，1919 年至 1949 年，是中华民族赢得民族解放、独立自主的 30 年；1949 年至 1979 年，是全方位建立社会主义制度基础、开启建构和谐社会之旅的 30 年；1979 年至 2009 年，则是建设小康社会、为建构和谐社会奠定社会基础的 30 年。2009 年开启的新 30 年，建构社会主义和谐社会更是直接的现实任务。这就是说，中国道路的客观逻辑、历史逻辑和实践逻辑，演绎到中国特色社会主义事业跨入“科学发展”的历史阶段，建构社会主义和谐社会便顺理成章地成为现实逻辑，被推到了时代的前台。从这个意义上讲，建构社会主义和谐社会是中国道路的逻辑必然和现实展开。

1. 统筹兼顾、综合平衡

作为马克思主义普遍真理与中国具体实际“第一次结合”的理论成果，毛泽东思想具有厚重的问题意识和浓郁的理论色彩，创造性地回答了在一个经济文化相对落后的东方大国如何建党建军、如何武装夺取政权和如何建立社会主义制度等一系列根本问题。在社会主义建设道路方面，毛泽东运用马克思主义的立场、观点和方法，遵循科学社会主义理论规定的一般原则，对中国社会主义建设道路进行了比较全面的探索：第一，社会主义改造完成后，社会的主要矛盾是人民对于经济文化迅速发展的需要同当前经济文化落后状况之间的矛盾。全党和全国人民的工作重点已由改变生产关系转变为集中力量发展生产力。第二，创立社会主义社会基本矛盾学说，为社会主义改革提供了理论依据。第三，在理论上对社会主义发展阶段进行了探讨，提出了社会主义发展分阶段的思想。第四，提出实现四个现代化的任务和两步走的社会主义建设战略目标和步骤，并且强调科学技术的作用。第五，关于经济建设的方针，提出要以重工业为中心，同时必须注意发展农业和轻工业，建设规模要和国力相适应，既反保守，又反冒进，在综合平衡中稳步前进。第六，提出了涉及经济体制改革的若干思想。要适当改变过分集中的倾向，改革集权的、僵化的体制，适当扩大地方和企业的权力。允许一定范围的个体经济等非社会主义因素存在，以利于生产力的发展。可以允许私营经济在一定范围内存在。第七，提出价值规律是一个伟大的学校的观点，提出发展社会主义商品生产。第八，对外开放方面，提出我们的方针是一切民族、一切国家的长处都要学，政治、经济、科学、技术、文学、艺术的一切真正好的东西都要学，洋为中用，调动国内外一切积极因素来加速我国的社会主义建设。第九，政治生活方面，宣告大规模的急风暴雨式的群众性阶级斗争已经基本结束，正确处理人民内部矛盾已成为国家政治生活的主题，要扩大社会主义民主，健全社会主义法治。共产党和民主党派要“长期共存，互相监督”。第十，文化科学方面，要实行“百花齐放，百家争鸣”的方针。既要反对教条主义，又要反对修正主义。宣布知识分子已经成为工人阶级的一部分，号召向科学进军。第十一，提出“爱国一家”，“爱国不分先后”的思想和和平解决台湾问题的倡议。这些有益探索，形成了一个比较系统的关于全面建设社会主义社会的重要思想。

毛泽东关于社会主义社会基本矛盾的思想，蕴涵着丰富的和谐思想。他说：“在社会主义社会中，基本的矛盾仍然是生产关系和生产力之间的矛盾，上层建筑和经济基础之间的矛盾。不过社会主义社会的这些矛盾，同旧社会的生产关系和生产力的矛盾、上层建筑和经济基础的矛盾，具有根本不同的性质和情况罢了。”①资本主

① 《毛泽东文集》第7卷，人民出版社1999年版，第214页。

义社会的矛盾表现为剧烈的对抗和冲突，表现为剧烈的阶级斗争。社会主义社会的矛盾恰恰相反，它不是对抗性的矛盾，而是基本适应基础上的非对抗性矛盾。这种性质的矛盾实质上是总体和谐基础之上的矛盾。因此，社会主义社会能够实现统筹兼顾、综合平衡。

毛泽东关于社会主义社会的平衡发展思想，开创了中国社会主义社会和谐发展的思想先河。毛泽东认为，“世界是由矛盾组成的。没有矛盾就没有世界。我们的任务，是要正确处理这些矛盾”。① 事物自身具有既对立又统一的矛盾关系，这是一切事物发展的动力和源泉。和谐就是事物内外部矛盾双方的对立统一，是事物发展的一种平衡状态，和谐不是没有矛盾。恰恰相反，和谐是由矛盾所构成的一种平衡状态，或是矛盾解决所达至的一种平衡状态。正确处理矛盾，就是依据矛盾性质的客观要求，遵循矛盾性质所需要的方式和途径，解决矛盾，达到平衡和谐。从辩证认识社会矛盾出发，主张推动社会和谐发展，是毛泽东社会主义建设思想形成的重要方法论基础。

毛泽东特别倡导统筹兼顾、综合平衡。他说：“所谓平衡，就是矛盾的暂时的相对的统一。过了一年，就整个说来，这种平衡就被矛盾的斗争所打破了，这种统一就变化了，平衡成为不平衡，统一成为不统一，又需要作第二年的平衡和统一。这就是我们计划经济的优越性。事实上，每月每季都在局部地打破这种平衡和统一，需要作出局部的调整。有时因为主观安排不符合客观情况，发生矛盾，破坏平衡，这就叫做犯错误。矛盾不断出现，又不断解决，就是事物发展的辩证规律。”②事物的发展总是平衡与不平衡的统一。平衡是相对的，不平衡是绝对的，由不平衡到平衡，又产生新的不平衡，再到新的平衡。平衡和不平衡的矛盾，在各个方面、各个部门、各个部门的各个环节都存在，不断地产生，不断地解决。因此，要统筹兼顾各方利益。

“统筹兼顾，适当安排”，是毛泽东建设社会主义的一个重要

---

① 《毛泽东文集》第 7 卷，人民出版社 1999 年版，第 44 页。

② 《毛泽东文集》第 7 卷，人民出版社 1999 年版，第 215 ~ 216 页。

思想，也是辩证系统观的集中体现，最初是在《论十大关系》中作为经济工作方针提出来的。《论十大关系》强调在社会主义经济建设实践活动中，要走以“农、轻、重为序，以农业为基础、工业为主导”的工业化道路；重工业、轻工业与农业要协调发展，沿海工业和内地工业要协调发展，经济建设和国防建设的关系要协调发展；要发挥中央和地方两个积极性；正确处理国家、生产单位和生产者个人的关系，“兼顾国家、集体、个人三者利益”；注意发挥企业的积极性，允许企业有一定的“独立性”；强调国家、工厂和工人，国家、合作社和农民，都必须兼顾：“无论只顾哪一头，都是不利于社会主义，不利于无产阶级专政的。这是一个关系到六亿人民的大问题，必须在全党和全国人民中间反复进行教育。”①毛泽东在《关于正确处理人民内部矛盾的问题》一文中明确指出：“我们的方针是统筹兼顾、适当安排。”②不仅经济工作要统筹兼顾，其他各方面的工作也要统筹兼顾。“无论粮食问题，灾荒问题，就业问题，教育问题，知识分子问题，各种爱国力量的统一战线问题，少数民族问题，以及其他各项问题，都要从对全体人民的统筹兼顾这个观点出发，就当时当地的实际可能条件，同各方面的人协商，作出各种适当的安排。”③

总之，统筹兼顾、协调各方、适当安排、综合平衡，实现经济、政治和文化的和谐发展，是毛泽东对社会主义建设规律的深刻把握和揭示。毛泽东对适合中国国情的社会主义发展道路所进行的有益探索，形成了今天建构社会主义和谐社会的思想源头，对于落实科学发展观、全面建成小康社会，都具有重要的实践价值。

2. 发展是硬道理

对立统一的和谐世界是不平衡的，在众多的矛盾中有主要矛盾，在同一矛盾中有主要的矛盾方面。因此，必须抓住主要矛盾和矛盾的主要方面。社会主义中国的改革开放事业同样如此，必须抓

① 《毛泽东文集》第7卷，人民出版社1999年版，第31页。

② 《毛泽东文集》第7卷，人民出版社1999年版，第228页。

③ 《毛泽东文集》第7卷，人民出版社1999年版，第228页。

住解决中国问题的主要方面——发展。发展是解决中国问题的根本，发展才是硬道理。

发展是建构和谐社会的实质和核心。邓小平的发展观是重点发展与全面发展相结合。长期以来，人们普遍认为，社会主义社会的优越性就是“绝对平等”，只有绝对平等才是社会和谐的基础，因此注重调整分配关系，而忽视生产力的发展。邓小平突破了这种错误的思想观念，他说：“坚持社会主义的发展方向，就要肯定社会主义的根本任务是发展生产力，逐步摆脱贫穷，使国家富强起来，使人民生活得到改善。”①他认为，社会主义社会的本质是“解放生产力，发展生产力，消灭剥削，消除两极分化，最终达到共同富裕”。② 从我国国情出发，将解放和发展生产力，提高人民生活水平，走共同富裕之路，作为发展的根本内容和实现社会和谐的前提条件。

经济发展是社会发展的物质基础。邓小平强调：“发展才是硬道理。”③发展经济，消除贫困，经济发展隔几年上一个新台阶，为实现社会和谐奠定坚实的物质基础。

在新科技革命方兴未艾的历史时期，经济发展得快一点必须依靠科技和教育。因此，必须物质文明与精神文明协调发展，大力发展社会主义精神文明。我国要实现工业、农业、国防和科学技术的现代化，迎接新科技革命的挑战和知识经济的洗礼，参与信息时代的国际竞争，必须坚持以经济建设为中心。但是，中心不是孤立存在的，中心与非中心是互为前提、相互依存的。若不加强精神文明建设，物质文明的建设也要受破坏，政治文明的建设也会走弯路。若单纯发展物质文明，文化建设、精神文明建设滞后，垮起来也只是一夜之间的事。我们要保证物质文明、政治文明建设沿着社会主义方向发展，保证我国现代化建设的社会主义方向，就必须建设好中国特色社会主义文化。1978 年 3 月，在全国科学大会开幕式上，

① 《邓小平文选》第 3 卷，人民出版社 1993 年版，第 264 ~ 265 页。

② 《邓小平文选》第 3 卷，人民出版社 1993 年版，第 373 页。

③ 《邓小平文选》第 3 卷，人民出版社 1993 年版，第 377 页。

邓小平明确指出："四个现代化，关键是科学技术的现代化。没有现代科学技术，就不可能建设现代农业、现代工业、现代国防。没有科学技术的高速发展，也就不可能有国民经济的高速发展。"①因为，科学技术是第一生产力。"过去也好，今天也好，将来也好，中国必须发展自己的高科技，在世界高科技领域占有一席之地。"②在世界高科技领域占有一席之地，就能够为民族和国家赢得立足之地，就能够在世界先进民族之林中拥有一席之地。

社会主义法治和民主是实现和谐发展的政治保证。邓小平深刻指出："没有民主就没有社会主义，就没有社会主义的现代化。"③他反复告诫人们："要继续发展社会主义民主，健全社会主义法制。这是三中全会以来中央坚定不移的基本方针，今后也决不允许有任何动摇。我们的民主制度还有不完善的地方，要制定一系列的法律、法令和条例，使民主制度化、法律化。"④他认为，必须进行政治体制改革，其根本内容是党政分开，进行政府机构的改革，精简机构。因此，只有对政治体制中的弊端进行有计划、有步骤而又坚决彻底的改革，"人民才会信任我们的领导，才会信任党和社会主义，我们的事业才有无限的希望"。⑤

3. 可持续发展

走生产发展、生活富裕、生态良好的文明发展道路，是21世纪中国道路的必然选择。

2002年8月14日正式出台的《可持续发展科技纲要（2001—2010年）》，突出了12个重点领域：人口数量控制、健康与重大疾病防治、食品安全、水安全保障、油气安全保障、战略矿产资源安全保障、海洋监测与资源开发利用、清洁能源与再生能源、环境污染控制与生态综合治理、防灾减灾、城市与小城镇建设、全球环境

① 《邓小平文选》第2卷，人民出版社1994年版，第86页。
② 《邓小平文选》第3卷，人民出版社1993年版，第279页。
③ 《邓小平文选》第2卷，人民出版社1994年版，第168页。
④ 《邓小平文选》第2卷，人民出版社1994年版，第359页。
⑤ 《邓小平文选》第2卷，人民出版社1994年版，第333页。

问题等，以满足可持续发展对科技的需求。

第一，科教兴国。在我们这样一个十多亿人口、资源相对不足、经济文化比较落后的国家，依靠什么来实现社会主义现代化建设的宏伟目标呢？具有决定性意义的一条，就是实施科教兴国战略。实施科教兴国战略是顺利实现三步走战略的正确抉择。“科教兴国，是指全面落实科学技术是第一生产力的思想，坚持教育为本，把科技和教育摆在经济社会发展的重要位置，增强国家的科技实力及向现实生产力转化的能力，提高全民族的科技文化素质，把经济转移到依靠科技进步和提高劳动者素质的轨道上来，加速国家的繁荣强盛。”①这就要求继续坚持科学技术是第一生产力的思想，真正把教育摆在优先发展的战略地位，努力提高全民族的思想道德和科学文化水平。把经济建设转到依靠科技进步和提高劳动者素质的轨道上来。这是实现我国现代化的根本大计。

第二，坚持可持续发展。在经济总量发展到一定规模的时候，党中央适时制定了可持续发展战略。也就是说，“在现代化建设中，必须把实现可持续发展作为一个重大战略。要把控制人口、节约资源、保护环境放到重要位置，使人口增长与社会生产力发展相适应，使经济建设与资源、环境相协调，实现良性循环”。②“可持续发展，就是既要考虑当前发展的需要，又要考虑未来发展的需要，不要以牺牲后代人的利益为代价来满足当代人的利益。”③不能吃祖宗饭，不能断子孙路。党的十四届五中全会提出，实现我国国民经济和社会发展的“九五”计划和2010年远景目标，关键是实现两个具有全局意义的根本性转变，即实现经济体制由传统的计划经济体制向社会主义市场经济体制转变，经济增长方式由粗放型向集约型转变。经济增长方式转变被列为国家一项重大的战略方针。中国面对“环境时代”的挑战作出了积极回应，使得中国可持续发展能力不断增强，生态环境得到改善，资源利用能力显著提高，促进

① 《江泽民文选》第1卷，人民出版社2006年版，第428页。

② 《江泽民文选》第1卷，人民出版社2006年版，第463页。

③ 《江泽民文选》第1卷，人民出版社2006年版，第518页。

人与自然的和谐，推动整个社会走上生产发展、生活富裕、生态良好的文明发展道路。

第三，走自主创新之路，建设创新型国家。随着综合国力的显著提高和全面建设小康社会的实践需要，全面实施科教兴国战略，走可持续发展之路，关键是要不断加强和推进知识创新、技术创新、体制创新，建设创新型国家。“创新是一个民族进步的灵魂，是一个国家兴旺发达的不竭动力。如果自主创新能力上不去，一味靠技术引进，就永远难以摆脱技术落后的局面。一个没有创新能力的民族，难以屹立于世界先进民族之林。作为一个独立自主的社会主义大国，我们必须在科技方面掌握自己的命运。”①科学的本质是创新。只有创新，才能追踪世界前沿，攀登世界科技高峰；只有原创性创新，才能在某些方面占领世界科技的制高点，成为世界前沿，引领世界潮流；只有创新才能实现生产力的跨越式发展；只有创新，才能加速科学技术成果向现实生产力转化的速度，才能为生产力的现实发展提供动能；只有创新，才能切实提高中华民族的整体科技素质，为实现中华民族的伟大复兴事业奠定人才基础。科技创新必须进行体制创新。体制创新是科技创新的制度保障。

第四，明确重申了哲学社会科学对于中国特色社会主义事业的重要性。不管是在改革开放之初还是在构建和谐社会的今天，社会上总有一些人，把现代化仅仅看成是科学技术的事情，认为在经济建设时期，自然技术科学才是科学，而哲学社会科学则不能算是科学，总是用异样的眼光看待哲学社会科学。殊不知，任何国家的现代化都有与之相应的理想、信念、思想观念、思维方式等现代化的哲学社会科学。“两种文化”的分离是不利于中国特色社会主义事业发展的。强调科学包括哲学社会科学是中国特色社会主义文化理论一以贯之的思想。就在改革开放刚刚启动之时，在面对科技工作者的讲话中，邓小平就明确讲到科学包括社会科学。江泽民也不失时机地再三重申这样的观点：“科学当然包括社会科学。自然科学是人类认识和改造自然的科学。社会科学是人类认识和改造社会、

① 《江泽民文选》第1卷，人民出版社2006年版，第432页。

促进社会进步的科学。"①他再三强调了哲学社会科学对于我国社会主义现代化建设的重要意义。在党的十五大报告中，他指出："积极发展哲学社会科学，这对于坚持马克思主义在我国意识形态领域的指导地位，对于探索有中国特色社会主义的发展规律，增强我们认识世界、改造世界的能力，有着重要的意义。"②这一思想在党的十七大报告中也得到了回应："繁荣发展哲学社会科学，推进学科体系、学术观点、科研方法创新，鼓励哲学社会科学界为党和人民事业发挥思想库作用，推动我国哲学社会科学优秀成果和优秀人才走向世界。"由此可见，哲学社会科学同自然科学一样是综合国力的重要组成部分，增强综合国力，坚持马克思主义在我国意识形态的指导地位，探索人类社会发展规律、中国特色社会主义的发展规律、中国共产党执政规律，培育人们的创新思维，增强我们认识世界和改造世界的能力，推动中国社会进步，都需要加强哲学社会科学研究。

第五，在全社会普及科学知识，树立科学观念，提倡科学方法，弘扬科学精神。由于现实直接效益的推动和利益的驱使，使得许多人仅仅看到科学知识的重要性，把科学的丰富内容肢解为科学知识，对科学观念、科学方法、科学精神等科学应有之义视而不见。这样的理解对于中国特色社会主义文化建设和事业发展同样是不利的，甚至是有害的。江泽民指出："我们要坚持用科学思想、科学精神武装全党同志和全国人民，努力提高全社会的科学文化水平……要把科技知识、科学思想、科学精神、科学方法的宣传和普及工作，作为精神文明建设的重要内容不断加强起来。"③完整地理解和把握科学的丰富内涵，在全社会普及科学知识，树立科学观念，提倡科学方法，弘扬科学精神，是正常发挥科学社会功能的必要。

---

① 《江泽民文选》第1卷，人民出版社2006年版，第434页。

② 《江泽民文选》第2卷，人民出版社2006年版，第34页。

③ 《江泽民论有中国特色社会主义(专题摘编)》，中央文选出版社2002年版，第268～269页。

4. 科学发展观

进入21世纪新阶段，我国社会发展面临的机遇和面对的挑战都是前所未有的。改革进入深水区，遇到的都是深层次的矛盾和问题；特别是我国经过30多年跨越式的大发展，在取得历史性伟大成就的同时，存在的矛盾和问题也是最多的，西方国家几百年中分阶段出现的矛盾和问题，在我国几乎同时一次性地出现了。因此，必须实行科学发展。党的十七大报告指出："深入贯彻落实科学发展观，要求我们积极构建社会主义和谐社会。社会和谐是中国特色社会主义的本质属性。科学发展和社会和谐是内在统一的。"

科学发展观是发展中国特色社会主义必须坚持和贯彻的重大战略思想，是我国破解发展难题、开辟发展新路的重要指导方针。切实转入以人为本的科学发展轨道已成为中国发展的当务之急。

党的十七大报告指出，进入21世纪新阶段，我国发展呈现一系列新的阶段性特征，主要是：经济实力显著增强，但生产力水平总体上还不高，自主创新能力还不强，长期形成的结构性矛盾和粗放型增长方式尚未根本改变；社会主义市场经济体制初步建立，但是影响发展的体制机制障碍依然存在，改革攻坚面临深层次矛盾和问题；人民生活总体上达到小康水平，但是收入分配差距拉大趋势还未根本扭转，城乡贫困人口和低收入人口还有相当数量，统筹兼顾各方面利益难度加大；协调发展取得显著成绩，但是农业基础薄弱、农村发展滞后的局面尚未改变，缩小城乡、区域发展差距和促进经济社会协调发展任务艰巨；社会主义民主政治不断发展、依法治国基本方略扎实贯彻，但是民主法制建设与扩大人民民主和经济社会发展的要求还不完全适应，政治体制改革需要继续深化；社会主义文化更加繁荣，但是人民精神文化需求日趋旺盛，人们思想活动的独立性、选择性、多变性、差异性明显增强，对发展社会主义先进文化提出了更高要求；社会活力显著增强，但是社会结构、社会组织形式、社会利益格局发生深刻变化，社会建设和管理面临诸多新课题；对外开放日益扩大，但是面临的国际竞争日趋激烈，发达国家在经济科技上占优势的压力长期存在，可以预见和难以预见的风险增多，统筹国内发展和对外开放要求更高。

科学发展观，第一要义是发展，核心是以人为本，基本要求是全面协调可持续，目的是促进经济社会和人的全面发展，根本方法是统筹兼顾。坚持以人为本，就是要以实现人的全面发展为目标，从人民群众的根本利益出发谋发展、促发展，不断满足人民群众日益增长的物质文化需要，切实保障人民群众的经济、政治和文化权益，让发展的成果惠及全体人民。全面发展，就是以经济建设为中心，全面推进经济、政治、文化建设，实现经济发展的社会全面进步。协调发展，就是要统筹城乡发展、统筹区域发展、统筹经济社会发展、统筹人与自然和谐发展、统筹国内发展和对外开放，推进生产力和生产关系、经济基础和上层建筑相协调，推进经济、政治、文化建设的各个环节、各个方面相协调。可持续发展，就是要促进人与自然的和谐，实现经济发展和人口、资源、环境相协调；坚持走生产发展、生活富裕、生态良好的文明发展道路，保证一代接一代地永续发展。

综上所述，中国共产党人把马克思主义普遍真理与中国具体实际相结合，创造性地创立和发展了中国化马克思主义，找到了民族独立的现实道路。中国共产党诞生以后，组织起了浩浩荡荡的队伍，开展了轰轰烈烈的运动，动员了千百万民众，团结和带领中国人民经过28年坚苦卓绝的斗争，取得了新民主主义革命的胜利，建立了中华人民共和国，开创了民族复兴、国家强盛的现实道路。

中华人民共和国成立以后，中国共产党成为执政党。在不长的时间里，党就领导和带领全国各族人民对农业、手工业和资本主义工商业进行了社会主义改造，顺利地实现了从新民主主义向社会主义的过渡，迅速恢复了遭到破坏的国民经济，巩固了新生的人民政权，建立了社会主义制度，为中国社会的未来发展开辟了无限空间。随后，党又领导全国各族人民进行工业、农业、国防和科学技术的“四个现代化”。尽管在探寻中国社会主义发展之路的过程中我们走了一些弯路，付出了一定的代价，但是仍然排除了种种干扰，克服了重重困难，取得了前所未有的巨大成就，巩固了社会主义制度，为中国社会主义事业的进一步发展奠定了基础。党的十一届三中全会以后，我们党开创了改革开放的新时期，在既往巨大成就的基础上，开始了新的长征。经过30多年的长足发展，今天的中国已经成为当今世界第二大经济体，成为具有广泛国际影响的国家。

胡锦涛在纪念中国共产党诞生90周年的大会上深情地说："90年来，中国社会发生的变革，中国人民命运发生的变化，其广度和深度，其政治影响和社会意义，在人类发展史上都是十分罕见的。事实充分证明，在近代以来中国社会发展进步的壮阔进程中，历史和人民选择了中国共产党，选择了马克思主义，选择了社会主义道路，选择了改革开放。事实充分证明，中国共产党不愧为伟大、光荣、正确的马克思主义政党，不愧为领导中国人民不断开创事业发展新局面的核心力量。"①这是对90年来党领导中国人民所取得的辉煌成就的高度总结和赞美，也是对中国共产党成为中国人民坚强领导核心历史必然性的充分说明和肯定。从这个意义上讲，当今中国建构社会主义和谐社会，是"中国道路"的逻辑必然，也是"中国道路"的逻辑展开。

五、重视对于和谐社会实践基础的研究

自党的十六届四中全会第一次明确提出"建构社会主义和谐社会"思想以后，特别是党的十七大报告提出"社会和谐是中国特色社会主义的本质属性"等思想以来，实现社会和谐、建构社会主义和谐社会问题，成为理论界研究的热点。现有研究成果，主要论及建构社会主义和谐社会的战略意义、和谐社会的本质特征、和谐社会与社会和谐、科学发展与社会和谐的辩证关系、和谐与矛盾等内容。但是，如何将实现社会和谐、建构社会主义和谐社会的思想转化为人们的实践活动、自觉追求的研究成果则相对薄弱。理论的深度研究和实践的深层呼唤，都需要我们从整体的视角，将社会和谐与实践问题联系起来研究，探讨两者的内在关联性问题，研究社会

① 胡锦涛：《在庆祝中国共产党成立90周年大会上的讲话》，载《人民日报》2011年7月2日。

主义和谐社会实现的实践基础问题。

毛泽东说："马克思列宁主义来到中国之所以发生这样大的作用，是因为中国的社会条件有了这种需要，是因为同中国人民革命的实践发生了联系，是因为被中国人民所掌握了。任何思想，如果不和客观的实际的事物相联系，如果没有客观存在的需要，如果不为人民群众所掌握，即使是最好的东西，即使是马克思列宁主义，也是不起作用的。"①马克思主义理论必须武装人民群众，指导实践，避免理论与实际脱节。同样，建构社会主义和谐社会理论也必须与现实的实践相结合，与人们的实践活动相契合。如果不与实践相结合，不化作人民群众的自觉行动，再好的理论也将是空中楼阁。理论如果脱离实际，远离实践，那么，理论与实践势必会成为"两张皮"。没有理论的实践是盲目的，脱离实践的理论是空洞的。与实践相脱离的理论就会被实践所抛弃，而脱离理论的实践将失之无序。和谐社会要靠全社会共同建设。党的十八大报告指出，"全党全国人民行动起来，就一定能开创社会和谐人人有责、和谐社会人人共享的生动局面"。和谐社会重在建设。和谐社会需要和谐实践。社会和谐关键在于人们的实践行为和谐，在于社会有和谐的实践主体；和谐实践主体及和谐的实践行为，需要有和谐的实践理念。和谐实践理念源于社会实践，在于社会凝练和培养，在于社会倡导。社会所倡导的和谐实践理念必须转化、内化、活化为实践主体的实践理念，成为人们实践活动的指导思想，从而转化为现实的实践活动，形成和谐实践，生发出"改变世界"的实践功能。这是实现社会和谐、建构社会主义和谐社会最深层的实践基础。

因此，研究社会主义和谐社会的实践基础问题是一个具有学术前沿性和重大实践性的研究课题，有重要的理论意义。

第一，探索实现社会和谐、建构社会主义和谐社会的实践途径，分析当代实践形式的特点及形成原因，深化中国特色社会主义实践论研究。随着实践的发展，特别是在和平与发展成为新时期时代主题的背景下，新科技革命浪潮风起云涌，经济全球化趋势日益

① 《毛泽东选集》第4卷，人民出版社1991年版，第1515页。

明显，人们交往频繁，联系密切，地球一村，世界一体，相互影响，竞争共存。人类“世界历史”的历程进入一个新的“全球化”阶段。在我国，改革发展已进入关键时期，一方面，科学发展、和谐发展、和平发展、建构社会主义和谐社会及和谐世界的战略思想正在成为人们的自觉行动；另一方面，经济体制深刻变革，社会结构深刻变动，利益格局深刻调整，思想观念深刻变化。这种空前的社会变革，会形成什么样的新的实践理念、新的实践形式？新的实践形式有什么样的新的特点？对人们的实践活动有什么影响？对中国社会及世界历史的发展进程有什么样的影响？新的实践形式和特点，需要什么样的实践理念加以合理地规范？建构社会主义和谐社会的伟大实践，使得社会实践在形式与内容等方面有了新的时代特色和内容。这些新的实践形式和内容必将产生新的实践主体，形成新的实践理念，需要新的实践规范；与此同时，社会必须提供新的实践理念及实践规范，对人们的实践行为进行合理的引导、规范，使其成为规范的实践主体，成为社会主义和谐社会的良性实践者。这样的实践者需要在社会的实践活动中予以培养和塑造。

第二，以科学发展观及和谐思想为指导，以建构和谐理念、培育和谐思维、规范人们的实践行为为宗旨，深化实践规范论研究。近年来，理论界在规范、实践规范等问题研究方面也有长足的进步，有诸多成果面世。如徐梦秋的《规范论的对象和性质》(载《哲学动态》)、《规范的基础和自由的中介》(载《哲学研究》)、赵剑英的《实践活动中规范和创新的矛盾及其科学解决》(参见《实践唯物主义研究》，中国人民大学出版社)、郭湛的《实践的权利和实践批判的权利》、徐梦秋的《科学规范：类型与功能》和《公平竞争和要价和形式》，等等，在规范概念、规范的形成、作用及创新、规范与自由的关系等方面有比较系统的研究。笔者的《实践规范论》(中国社会科学出版社 2006 年 6 月出版)系统地研究了实践规范问题，认为实践规范的核心问题是“实践规范的合理建构与有效实现”，包含着“合理的实践规范何以建构”和“实践规范如何有效实现”等具体问题，研究实践规范问题的主旨是推进实践规范合理化、实践行为规范化和实践主体自控化，促进人类实践活动进一步标准化、制度化、程序化、科学化、合理化和效益最大化。《实践规范论》认为，实践规范是对实践主体现实的实践活动产生影响、制约、范导效应的思想观念、价值原则、行为规则、活动方式等，包含着政治、法律、风俗习惯、道德观念、纪律、艺术、宗教、哲学等多方面内容及具体规范形式；在此基础上，论述了实践及其规范性、实践规范的生成与演进、实践规范的要素形式和特性、实践规范的合理性与合理度等问题；认为实践规范有价值导向、行为范导、目标实现、负向惩戒、正向安抚、精神整合和实践批判等功能，实践规范功能的实现有目标契合性、主体接受性、相互遵循性、社会制约性、需求创造性等特性。《实践规范论》初步形成了一个基本理论框架，为我们进一步研究实践及其规范问题提供了一种可资借鉴的学理基础。随着科学发展观、和谐思想的提出及理论界对科学发展观、和谐思想研究的深化，必须深入研究如何将科学发展观及和谐思想的社会实践功能实现的问题；研究用科学发展观及和谐思想规范人们的实践行为问题；研究如何使科学发展观及和谐思想与现实的实践主体相结合，转化、内化、活化成为人们的思维方式、实践理念和观念指导研究；如何培育和谐的思维方式，如何以和谐思维方式为指导，指导人们分析、处理、解决问题；等等。

第三，以提升人们和社会的实践认识行为的科学性、合理性、价值性、主体性、人类性、规范性与和谐性为目的，研究如何将社会规范内化为人们的自觉行为的内化机制，深化社会主义和谐社会理论研究。社会主义和谐社会理论是一个内容丰富的理论体系，在理论上研究其主要内容、深刻意蕴、逻辑结构、理论意义和实践价值，都是必要和重要的。但是，问题在于改变世界。说明世界的目的是为了更好地改造世界、造福人类。要更好地改造世界、造福人类，必须提升人们和社会的实践认识行为的科学性、合理性、价值性、主体性、人类性、规范性与和谐性。实践的成功是以合理的实践理念为基础的，而实践理念的合理性则依赖于理论的科学性。因此，在理论上研究社会主义和谐社会的实践基础问题，是实现和谐社会理论的实践价值及社会功能的必要内容和关键环节。

与此同时，社会主义和谐社会的实践基础研究对于规范人们现实的实践行为、实现建构社会主义和谐社会的战略构想，也有着重要的现实价值。

首先，加强建构社会主义和谐社会的实践基础研究，有利于社会的有序发展、规范发展、和谐发展。改革开放、社会主义现代化建设以来，我国社会取得了令世人瞩目的伟大成就，但也存在着许多尖锐矛盾和深层次问题。成就的取得及问题的存在，原因是多方面的，其中的重要而根本的原因则是理论上的。事实上，尽管我们是在理论相对准备不足的情况下“摸着石头过河”，确实有理论相对准备不足或理论滞后于实践的问题，但是，在指导思想、根本道路、基本原则等方面则是清醒而明确的，是一以贯之的。这也是我们在复杂的国际国内背景下，在深刻而剧烈变化的复杂环境中能够取得伟大成就的根本原因。而许多尖锐矛盾和深层次问题的产生主要不是理论问题，而是许多现实的实践背离了科学理论的问题，是实践问题。许多问题不是因为理论理念不全，不是因为社会规范不足，不是因为思想观念不清，而主要是因为从事实践活动的人有主观上的故意，即有意乱作为或不作为，如有法不依、执法不严、违法不究，如此等等，不一而足。这恰恰说明，仅仅有社会的科学理论是不够的，还必须将社会的科学理论、实践理念，转化、内化、活化为亿万实践主体的实践理念，从而实现社会的有序发展、规范发展、和谐发展。

其次，加强建构社会主义和谐社会的实践基础研究，有利于社会调节机制的建立和完善。经过60多年的发展，特别是改革开放、社会主义现代化建设30多年的发展，我国在经济总量上已经成为世界上有影响的发展中大国，成为新兴经济体“金砖国家”之一。但是，在经济利益分配领域，存在着分配不公、两极分化严重等突出问题，为此，必须建立和完善社会的利益调节机制，调节社会成员之间的利益格局。社会利益调节机制有多方面的内容，然而，对于人们实践活动的思想观念引导，则是其中重要的、紧迫的观念调节机制。相对于已有的其他调节机制，如法律、制度、规定等硬性机制而言，柔性的思想观念机制显得格外重要。

最后，社会主义和谐社会的实践基础研究，研究建构和谐社会、实现和谐思想的实践理念，有利于增强人们实践行为和社会秩序的科学性、规范性和合理性，提升人们生存和发展的价值。众所周知，以公有制为主体、多种所有制经济共同发展是我国社会主义初级阶段的基本经济制度。这一基本经济制度决定了我国现阶段实行的是以按劳分配为主体、多种分配并存的基本分配制度。因此，社会成员的根本利益是一致的，其利益诉求在总体上具有一致性。但是，在根本利益一致的基础上，所有制及实现形式、就业及收入形式的多样性等因素的客观存在，导致了人们利益诉求的多维性。多维的利益诉求形成了人们思想活动的独立性、选择性、多变性、差异性。面对这样的精神格局，社会必须提供有效的精神秩序，使社会的精神世界有序可控，从而成为团结和凝聚民族力量、激发民族热情与活力、提升民众生命的价值与意义和增强民族的向心力和凝聚力的精神动力，使民众在社会精神秩序的引领下步调一致地朝着共同目标迈进。和谐思想为社会成员提供了精神食粮，起到了积极引领社会实践的作用。和谐思想贴近实际，能够走入生活，走人人们的精神世界，与人们的精神需求相衔接。它依据不同的认识实践主体和价值主体的现实需求，有针对性地以不同的形式和方法实现个体的共识和认同，使人们的个人精神追求与社会的奋斗目标相衔接，提升人们的社会责任感、使命感，为和谐社会的顺利建构提供了现实可行的精神动力和思想保障，为提升人们生存和发展的价值，提供了切实可行的现实途径。

第一章　和谐社会及其建构条件

在进入改革开放第二个30年的当下中国社会，一方面，社会发展面临着新的时代任务和发展机遇；另一方面，社会矛盾和问题也异常突出和迫切需要解决。建构社会主义和谐社会，无疑是实现中国社会新的全面发展和从全局解决社会矛盾和问题的最重要的战略选择。建构社会主义和谐社会是我国社会实践发展的逻辑延续。和谐社会重在建设。和谐社会的建构需要经济、政治、文化、社会和生态等条件。然而，这一系列条件都必须通过人们具体的实践活动才能得以实现。因此，实践是建构社会主义和谐社会最基本的条件。特别是和谐实践。和谐实践是实现社会和谐、建构社会主义和谐社会最深层的基础。

一、“五位一体”的和谐社会

建构社会主义和谐社会是我国改革开放、社会主义现代化建设实践发展的逻辑延续。邓小平指出：“我们要在建设高度物质文明的同时，提高全民族的科学文化水平，发展高尚的丰富多彩的文化生活，建设高度的社会主义精神文明。”①在1992年的南方讲话中，他着重指出：“广东二十年赶上亚洲‘四小龙’，不仅经济要上去，社会秩序、社会风气也要搞好，两个文明建设都要超过他们，这才是有中国特色的社会主义。”②他一再强调，对物质文明和精神文明

① 《邓小平文选》第2卷，人民出版社1994年版，第208页。

② 《邓小平文选》第3卷，人民出版社1993年版，第378页。

要两手抓，两手都要硬。以江泽民为代表的共产党人在建设中国特色社会主义的伟大实践中，把有中国特色社会主义文化建设与物质文明、精神文明建设相提并论，在庆祝中国共产党成立70周年大会上的讲话中，江泽民明确指出，“有中国特色社会主义是社会主义经济、政治、文化的统一体”，并首次提出了“有中国特色社会主义文化”的概念。

经过30多年改革开放实践，我国社会发展到了一个新的历史阶段。2004年9月，党的十六届四中全会要求加强社会主义和谐社会建设，使社会主义物质文明、政治文明、精神文明建设与和谐社会建设全面发展。2006年10月，党的十六届六中全会通过了《中共中央关于建构社会主义和谐社会若干重大问题的决定》(以下简称《决定》)，适时地提出了建构社会主义和谐社会的战略构想。《决定》深刻指出，社会和谐是中国特色社会主义的本质属性，是国家富强、民族振兴、人民幸福的重要保证，认为社会主义和谐社会的基本特征是民主法治、公平正义、诚信友爱、充满活力、安定有序、人与自然和谐相处。

民主法治，就是社会主义民主得到充分发扬，依法治国基本方略得到切实落实，各方面积极因素得到广泛调动。民主政治作为和谐社会建设的首要内容，超越了以往的传统和谐社会观，从而使当代中国社会主义和谐社会的理想追求具有了新的时代精神。

公平正义，就是社会各方面的利益关系得到妥善协调，人民内部矛盾和其他社会矛盾得到正确处理，社会公平和正义得到切实维护和实现。公平正义主要体现在利益分配上。这种利益分配，并不仅仅是经济利益的分配，还包括政治利益、文化利益等的分配。公民应当享有的政治权益，对于各种生产要素的提供者来说，都是一样的，必须一视同仁。

诚信友爱，就是全社会互帮互助、诚实守信，全体人民平等友爱、融洽相处。诚信友爱不仅是中华民族的优良道德传统，而且也是人类文明的共同财富和普遍价值。一个社会要和谐发展，仅仅依靠法律和制度规范是远远不够的，必须借助道德的力量。而在人类的道德规范体系中，诚信友爱对社会的和谐发展最有价值。

充满活力，就是能够使一切有利于社会进步的创造愿望得到尊重，创造活动得到支持，创造才能得到发挥，创造成果得到肯定。充满活力的社会一定是一个开放的、流动的社会。在一个开放、流动的社会中，不同阶层的每个人都有机会通过自己的努力，上升到更高的层次，在形成一种人人努力，开拓向上的动力与精神的同时，使各种社会资源与生产要素通过自由流动与组合达到最佳配置，最终实现效益的最大化，因而是最有效率的。

安定有序，就是社会组织机制健全，社会管理完善，社会秩序良好，人民群众安居乐业，社会保持安定团结。和谐社会重在管理。要引导群众以理性合法的形式表达利益要求，引导人民在法律范围内解决矛盾纠纷。

人与自然和谐相处，就是生产发展，生活富裕，生态良好。建构社会主义和谐社会不仅要正确处理人与人之间的关系，而且要正确处理人与自然之间的关系。人总是生活在一定的生态环境中，需要不断地同自然进行各种物质、能量和信息的交流，并通过改造和利用自然来满足自己的需要。如果不能处理好人与自然的关系，就不能实现生产发展、生活富裕和生态良好的统一，即不能实现人与自然和谐相处。

民主法治、公平正义、诚信友爱、充满活力、安定有序、人与自然和谐相处。这28字所包含的内容蕴涵着新的和谐思想：民主法治、公平正义的政治文明——和谐政治；诚信友爱的道德文明——和谐关系；充满活力、安定有序的制度文明——和谐体制、和谐经济；人与自然和谐相处的生态文明——和谐环境。《决定》第一次把“和谐”写入我国社会主义现代化的目标，提出“建设富强民主文明和谐的现代化国家”。《决定》强调，要坚持以科学发展观统领经济社会发展全局，按照民主法治、公平正义、诚信友爱、充满活力、安定有序、人与自然和谐相处的总要求，以解决人民群众最关心、最直接、最现实的利益问题为重点，着力发展社会事业、促进社会公平正义、建设和谐文化、完善社会管理、增强社会创造活力，坚持走共同富裕道路，推动社会建设与经济建设、政治建设、文化建设协调发展。《决定》强调：我们建构的和谐社会，是在中国特色社会主义道路上，中国共产党领导全体人民共同建设、共同享有的和谐社会。这鲜明地提出和解决了建构社会主义和谐社会的主体和目的问题，是以人为本思想的深化和具体体现。

胡锦涛在党的十七大报告中指出，中国特色社会主义道路，就是在中国共产党领导下，立足基本国情，以经济建设为中心，坚持四项基本原则，坚持改革开放，解放和发展社会生产力，巩固和完善社会主义制度，建设社会主义市场经济、社会主义民主政治、社会主义先进文化、社会主义和谐社会，建设富强民主文明和谐的社会主义现代化国家。党的十七大报告提出了“四位一体”的社会主义和谐社会及其“四大建设”，即社会主义市场经济、社会主义民主政治、社会主义先进文化、社会主义和谐社会建设，突出了社会和谐在建构社会主义和谐社会历史进程中的重要作用。

在四位一体、四大建设的基础上，胡锦涛在党的十七大报告中，同时也提及生态文明建设和党的建设问题。这一思想，在2009年9月召开的中国共产党第十七届中央委员会第四次全体会议上，得到了明确的体现。全会提出要全面推进社会主义经济建设、政治建设、文化建设、社会建设以及生态文明建设，全面推进党的建设新的伟大工程。它表明，随着我国经济社会的发展，中国特色社会主义事业的总体布局，更加明确地由社会主义经济建设、政治建设、文化建设、社会建设“四大建设”，扩展为经济建设、政治建设、文化建设、社会建设、生态文明建设和党的建设这“六大建设”。这个“六大建设”的总体布局，反映出我们党对中国特色社会主义发展战略的谋划更加全面、协调、均衡，是协调、解决人民内部矛盾和其他社会矛盾的科学理念，从而进一步丰富和发展了中国特色社会主义的理论体系。

2012年11月8日，胡锦涛代表十七届中央委员会向中共第十八次代表大会作了题为《坚定不移沿着中国特色社会主义道路前进 为全面建成小康社会而奋斗》的报告。报告依据社会主义初级阶段的基本国情，提出了中国特色社会主义建设“五位一体”即经济建设、政治建设、文化建设、社会建设、生态文明建设的总体布局。“五位一体”总布局是一个有机整体，其中经济建设是根本，政治建设是保证，文化建设是灵魂，社会建设是条件，生态文明建设是基础。只有坚持五位一体建设全面推进、协调发展，才能形成经济富裕、政治民主、文化繁荣、社会公平、生态良好的发展格局，把我国建设成为富强民主文明和谐的社会主义现代化国家。

党的十八大报告明确指出："中国特色社会主义道路，就是在中国共产党领导下，立足基本国情，以经济建设为中心，坚持四项基本原则，坚持改革开放，解放和发展社会生产力，建设社会主义市场经济、社会主义民主政治、社会主义先进文化、社会主义和谐社会、社会主义生态文明，促进人的全面发展，逐步实现全体人民共同富裕，建设富强民主文明和谐的社会主义现代化国家。""富强民主文明和谐"是社会主义经济建设、政治建设、文化建设、社会建设和生态建设的具体目标。"富强民主文明和谐"构成了"五位一体"的社会主义和谐社会"五大建设"的总体目标。"五大建设"的建设目标，深化了对建构社会主义和谐社会的认识，内容更加全面，措施更加得当。在"富强民主文明和谐"总体目标之中，经济的富强是最基本的物质保证。经济不发展，人民不富裕，国家不富强，很难实现政治的民主、文化的文明和社会和生态文明建设的和谐。政治的民主是制度保障。没有民主就没有社会主义。人民民主是社会主义的生命，是实现人民当家做主、社会和谐的重要条件。文化的文明是和谐社会的精神支柱、精神纽带和精神动力。社会的和谐是基础。和谐的社会是经济建设、政治建设、文化建设、社会自身建设和生态建设的重要社会基础。没有这样的基础，社会主义和谐社会的建构将难以实现。生态文明建设是价值理念。不管是经济建设、政治建设、文化建设、社会建设，还是生态文明自身的建设，都必须遵循"生态文明"，实现生态平衡与和谐。

总之，我们要在特色、过程和状态三种意蕴上来理解"社会主义和谐社会"概念：

第一，社会主义和谐社会是"和谐的"社会，对我国社会主义社会一个发展阶段的特色的描绘。具体而言，社会主义和谐社会是特指中国特色社会主义建构过程当中，由小康社会迈向中等发达水平社会的一个新的发展阶段的特色；或者说是与全面建设和建成小康社会相伴随的一种社会状态，是在社会主义制度下，实现人与自然、人与社会、人与他人和人与自我的关系协调发展、融洽平衡的一种社会状态，而不是一个特殊的社会形态。

第二，社会主义和谐社会是“和谐地”建构的社会，是一个以实现和谐理念为实践目的的发展过程。或者说，是一个在和谐理念指导下，由不甚和谐，到比较和谐，到相当和谐的发展过程。社会主义和谐社会的具体内容体现了民主与法治、公平与效率、活力与秩序、科学与人文、人与自然的统一。这些内容也是我们在建构和谐社会的实践过程当中必须遵循的基本实践理念。在和谐社会的建构过程当中，和谐理念是指导、规范社会实践的实践理念。从这个意义上讲，和谐社会的建构过程也就是实践、实现和谐理念的过程。

第三，社会主义和谐社会不是一个单一的无差别、无矛盾的社会。多元、差异、矛盾是社会和谐的前提，也是社会主义和谐社会的前提。社会主义和谐社会不在于没有差异和矛盾，而恰恰在于正确地处理和协调矛盾，合理地解决差异。社会主义和谐社会是在解决矛盾的实践过程当中实现、达致的一种社会状态。

二、和谐社会与社会和谐

胡锦涛在《在省部级主要领导干部提高建构社会主义和谐社会能力专题研讨班上的讲话》中指出：“建构社会主义和谐社会，关系到最广大人民的根本利益，关系到巩固党执政的社会基础、实现党执政的历史任务，关系到全面建设小康社会的全局，关系到党的事业兴旺发达和国家的长治久安。全党同志都要从这样的战略高度，深刻认识建构社会主义和谐社会的重大意义，自觉承担起和谐社会建设的历史任务。”为了更自觉地建构社会主义和谐社会，必须在理论上进一步阐述和谐社会与社会和谐的关系问题。

社会主义和谐社会与社会和谐是什么关系呢？和谐社会即和谐的社会，凸显的是“社会”。毫无疑问，我们这里所说的和谐社会是特指社会主义和谐社会。区分和谐社会与社会和谐的关键是要区分狭义的和谐概念与广义的和谐概念、狭义的社会概念与广义的社会概念。社会主义和谐社会中的和谐与社会，都是广义的概念。胡锦涛说："我们要建构的社会主义和谐社会，是经济建设、政治建设、文化建设、社会建设协调发展的社会，是人与人、人与社会、人与自然整体和谐的社会，要贯穿于建设中国特色社会主义的整个历史过程。在实际工作中，我们既要从'大社会'着眼，把和谐社会建设落实到包括经济建设、政治建设、文化建设、社会建设和党的建设等在内的党和国家全部工作之中；又要从'小社会'着手，以解决人民群众最关心、最直接、最现实的利益问题为重点，着力发展社会事业、促进社会公平正义、建设和谐文化、完善社会管理、增强社会创造活力，走共同富裕道路，推动社会建设与经济建设、政治建设、文化建设协调发展。"①由此可见，"和谐社会"里的社会一词有"大"、"小"即广义与狭义之别。广义的社会里，社会是经济、政治、文化和(狭义的)社会的统一体；和谐则是包含着富强的经济、民主的政治、文明的文化与(狭义的)和谐的社会等内容，而富强的经济、民主的政治、文明的文化与(狭义的)和谐的社会之间应是相互影响、相互促进、相互协调的均衡、有序的关系。和谐社会指的是社会各要素处于相互依存、相互协调、相互促进的状态。因此，和谐社会里的社会是一个整体性概念，它涵盖了经济、政治、文化与(狭义的)社会；和谐社会里的和谐也是一个总体性概念，指的是社会各个领域、各个层面的协调稳定状态。

"社会和谐"即社会的和谐，凸显的是"和谐"。社会和谐有两种意蕴。

第一，作为与和谐社会里的经济、政治、文化相对应的社会，是狭义的社会。在这里，社会概念主要包括社会实施、社会福利、社会保障、公共服务、社会环境等与民生密切相关的社会件条件。这里的和谐是狭义的和谐，是指社会实施、社会福利、公共服务、社会保障、社会环境等自身及相互之间的协调、均衡状况。在这个

① 胡锦涛：《切实做好建构社会主义和谐社会的各项工作　把中国特色社会主义伟大事业推向前进》，载《求是》2007 年第 1 期。

意义上，我们说社会和谐是经济建设、政治建设、文化建设和社会自身建设的重要的社会基础，社会和谐是社会主义和谐社会的重要组成部分。(狭义的)社会和谐的关键在于社会建设。胡锦涛指出："社会建设与人民幸福安康息息相关。必须在经济发展的基础上，更加注重社会建设，着力保障和改善民生，推进社会体制改革，扩大公共服务，完善社会管理，促进社会公平正义，努力使全体人民学有所教、劳有所得、病有所医、老有所养、住有所居，推动建设和谐社会。"

第二，社会和谐表述的是广义的社会五大要素(经济、政治、文化、社会和生态)之间的和谐状况。例如，建设和谐社会，实现社会和谐。这里的社会和谐就是指通过一系列的实践活动所达致的和谐状态。在这个意蕴上，社会和谐与和谐社会是一致的。我们在这个意义上来理解"社会和谐是中国特色社会主义的本质属性"这一科学论断，就能够明了，这里的社会和谐与和谐社会是同义词，有双重意蕴，既强调了建构社会主义和谐社会是一个长期的实践过程，又说明了社会主义和谐社会是一个长期实践过程所达致的历史发展阶段。因此，必须建构社会主义和谐社会，推进社会和谐，实现社会和谐。

三、和谐社会的建构条件

建构社会主义和谐社会需要一定条件，同时也受这些条件的制约。具体来说，经济是基础，对建构和谐社会起决定作用；政治是保障，法制与制度建设为和谐社会的建构提供了坚强有力的刚性保障；文化是精神支撑，建构和谐社会需要文化提供智力支持；社会关系和谐是保证，是解决民生问题的主体所在；社会心理和谐也为建构和谐社会提供了重要的心理条件支持。而所有这些条件，又都是通过社会实践来实现的。

(一)建构和谐社会的经济基础条件

唯物史观认为，"人们首先必须吃、喝、住、穿，然后才能从事政治、科学、艺术、宗教等等；所以，直接的物质的生活资料的生产，从而一个民族或一个时代的一定的经济发展阶段，便构成基础，人们的国家设施、法的观点、艺术以至宗教观念，就是从这个基础上发展起来的，因而，也必须由这个基础来解释，而不是像过去那样做得相反”。① 经济是基础，对国家、政治和法的发展起决定作用；一定社会的道德、艺术、宗教、哲学的发展也最终由该社会的经济来决定。因此，当我们在探讨一定社会的基础问题时不应该到该社会的国家、政治、法、道德等上层建筑中去寻找，而应该到该社会的经济关系中去寻找。正如和谐社会的建构，其必然是以能够建构和谐社会的社会主义经济条件为基础的。如果这一基础条件不具备，不管建构社会主义和谐社会的理论上多完善，建构社会主义和谐社会的具体实践，在其现实性上，都不可能取得实质性的进步。

1. 建构和谐社会的物质基础条件

建构社会主义和谐社会，需要一定的物质基础条件作支撑。如不具备建构和谐社会的物质基础条件，建构和谐社会的任何社会实践只是徒劳。在我国，建构和谐社会应该首先发展生产力，加强经济建设，为和谐社会的建构奠定雄厚的物质基础。

第一，经验表明，经济落后不可能建构和谐社会。在我国历史上，对和谐社会的向往和设计是无数仁人志士的崇高理想和不懈追求。从古代儒家的“礼之用，和为贵”，“大道之行也，天下为公，选贤与能，讲信修睦。故人不独亲其亲，不独子其子，使老有所终，壮有所用，幼有所长，鳏寡孤独废疾者，皆有所养”，到墨家的“兼相爱，交相利”。再从近代太平天国洪秀全提出的“务使天下共享”，到康有为设想的“人人相亲，人人平等，天下为公”的和谐大同社会理想等，这些对美好、和谐社会的设想，深刻反映了几千年以来人们对和谐社会、和谐生活的不懈追求。鉴于农业时代落后的生产力水平和薄弱的物质基础条件，这些美好的社会理想最终摆脱不了沦为空想的命运。

① 《马克思恩格斯文集》第3卷，人民出版社2009年版，第601页。

中华人民共和国成立后的头30年，虽然社会主义建设取得了很大成就，但社会生产难以满足广大人民群众的基本需求，社会缺乏建构社会主义和谐社会的基本经济条件。改革开放以来，我国把工作重心转移到经济建设上来，经济建设取得显著成效：人民生活水平从脱贫到温饱，由温饱到小康，由整体小康再到全面小康，实现了质的飞跃。在20世纪80年代末，我国基本解决了温饱问题，90年代末基本达到小康。城乡贫困人口大幅度减少，2.5亿农村贫困人口中85%已经脱贫，贫困人口占农村人口的比重由30.7%下降到3%。城乡居民收入迅速增长，消费质量显著提升，消费结构更趋合理。小康的实现，为和谐社会的建构奠定了雄厚的物质基础。

第二，建构和谐社会，需要有雄厚的物质基础作支撑。加快经济发展是建构社会主义和谐社会的基础和前提。社会主义和谐社会的建构，从根本上说，决定于该社会的经济发展水平。社会主义和谐社会的繁荣与兴旺，离不开雄厚的物质基础条件的支撑。通常，“一个国家或地区，只有当经济得到快速发展，人民生活富足，社会才能和谐有序。相反经济不发展，人民生活得不到保障，这个国家或地区就会矛盾重重，很容易发生冲突、动荡，甚至被外敌入侵，在内忧外患的情况下，建设和谐社会根本无法实现”。①

改革开放30多年来，在党的正确领导下，社会主义现代化建设取得了举世瞩目的成绩。经济迅速发展，人民生活水平普遍提高，社会主要矛盾明显缓和，建构和谐社会的条件已初步具备。从1978年到2007年，我国GDP年均增长9.8%，远远高于同期世界平均3%左右的增长速度。城乡居民收入大幅增长，城乡居民生活质量不断提高，在总体上已经达到了小康水平。从1978年到2007年，城镇居民家庭人均可支配收入由343.4元提高到13785.8元，农村居民家庭人均纯收入由133.6元提高到4140.4元，扣除物价

---

① 阙洪坤：《加快经济发展步伐夯实和谐社会基础》，载《南方论刊》2005年第9期。

因素均增长了6倍以上。农村绝对贫困人口从2.5亿减少到1479万。① 中国社科院2011年1月12日发布的《亚太蓝皮书》指出，中国的经济总量已超过4万亿美元，居世界第二位。经济建设取得的这些辉煌成就是我们建构和谐社会的坚实基础。

第三，只有具备雄厚的物质基础，才能满足人民群众日益增长的物质文化需要，才能为和谐社会的政治、文化和社会建设提供基础条件。就我国现状而言，人民群众日益增长的物质文化需要同落后的社会生产力之间的矛盾，仍是我国社会的主要矛盾。这一矛盾体现为生产与消费之间的矛盾，是当前我国生产力不发达、整个社会物质利益不丰裕的直接结果。这一矛盾制约着社会主义和谐社会的建构。要消除这一矛盾，从长远和根本上讲，就是要努力发展社会生产力，增加物质财富的总量。

社会主义和谐社会是不断解决社会主义社会的主要矛盾，使生产力高度发展、人民的物质文化生活水平得到普遍提高的社会。胡锦涛指出，"我们要通过发展社会主义社会的生产力来不断增强和谐社会建设的物质基础"，"必须坚持用发展的办法解决前进中的问题，大力发展社会生产力，不断为社会和谐创造雄厚的物质基础"。② 由此可见，我们必须通过发展增加社会物质财富、改善人民生活，又要通过发展解决社会主要矛盾，不断促进社会和谐。

物质基础建设也为和谐社会的政治、文化和社会建设提供了基础条件。作为一个整体，建构和谐社会的经济建设对建构和谐社会的政治、文化和社会建设起决定作用。只有当建构和谐社会的经济条件建设上去了，与之相适应的政治、文化与社会建设才能蒸蒸日上，建构和谐社会的活力才会充分涌流。

2. 建构和谐社会的经济关系条件

和谐是一个不断化解矛盾的过程。中国共产党第十六届中央委

---

① 刘殿成：《建设和谐社会及必要性的经济背景分析》，载《当代经济》2009年第2期。

② 胡锦涛：《在省部级主要领导干部提高建构社会主义和谐社会能力专题研讨班上的讲话》，载《人民日报》2005年6月27日。

员会第六次全体会议，从中国特色社会主义事业总体布局和全面建设小康社会全局出发，颁布了《关于建构社会主义和谐社会若干重大问题的决定》。会议认为，建构社会主义和谐社会是一个不断化解社会矛盾的持续过程。我们要始终保持清醒头脑，居安思危，深刻认识我国发展的阶段性特征，科学分析影响社会和谐的矛盾和问题及其产生的原因，更加积极主动地正视矛盾、化解矛盾，最大限度地增加和谐因素，最大限度地减少不和谐因素，不断促进社会和谐。因此，在我国经济建设的过程中，实现生产力与生产关系、经济基础与上层建筑的和谐统一，实现经济区域发展、经济城乡发展的和谐统一是建构和谐社会的必然选择。

第一，实现生产力与生产关系、经济基础与上层建筑的关系和谐是化解社会基本矛盾的主要方面。同任何社会一样，社会主义社会的基本矛盾仍然是生产力与生产关系、经济基础与上层建筑之间的矛盾。不同的是，社会主义社会的基本矛盾具有非对抗性质，即社会主义社会的生产力与生产关系、经济基础上层建筑总体上是适应的。但这种相适用并不意味着就是完全和谐。例如，在我国存在着较为普遍的贫富差距，基尼系数偏高。这种现象的出现，其根源在于生产力与生产关系之间、生产资料公有制与公有制实现形式之间产生了矛盾，特别是在公有制企业或国有财产的占有与实现形式之间，出现了严重的不协调、不匹配和不一致等状态。再如，当今社会存在着经济发展迅速与政治、文化发展严重滞后的矛盾、存在着物质巨人与精神侏儒的失衡怪象。这些不正常的现象都深刻反映了一个不争的事实，即我国社会基本矛盾尽管是处于一种可控的状态，但整体上仍处于一种不完全和谐的状态。无疑，欲想建构和谐社会就必须彻底打破基本矛盾不和谐的旧局面，形成基本矛盾和谐的新局面。实现基本矛盾新和谐的根本手段是通过改革和发展，实现社会主义制度的自我调整、自我完善。“我们要遵循社会发展规律，主动正视矛盾，妥善处理人民内部矛盾和其他社会矛盾，不断为减少和化解矛盾培植物质基础、增强精神力量、完善政策措施、强化制度保障，最大限度激发社会活力，最大限度增加和谐因素，最大限度减少不和谐因素。”①为此，化解我国当前乃至今后的社会基本矛盾必须从两个方面发力：一方面，必须加大政治、文化事业的建设力度，使经济、政治、文化三者之间的发展在步伐上保持协调；另一方面，应该深化改革层面，特别是政治、文化体制改革，使三者之间形成和谐、均衡的良好状态。可以说，从社会基本矛盾入手促和谐，是抓住了建构和谐社会的根本；同理，也只有当这一层基本关系实现了和谐，社会才会和谐。

第二，和谐的城乡、区域经济发展关系是实现社会和谐的经济指标。当前，我国社会总体上是和谐的。但是，也存在不少影响社会和谐的深层次矛盾和问题，如两极分化，城乡、区域、经济社会发展很不平衡等。城乡、区域经济发展失衡、社会成员收入差距过大，已成为当前我国经济发展面临的严峻问题。这种失衡不但制约着经济的全面发展，而且影响着社会的稳定，最终引发社会的不和谐。因此，要建构和谐社会，就必须统筹城乡与区域经济协调发展，实现中国经济发展平衡。

实现城乡经济关系发展和谐是建构和谐社会的必要条件。城市与乡村是社会的两个基本组成部分，城乡结构是社会的基本结构。这种结构关系合理，有利于经济的均衡发展和社会的稳定；这层结构关系发展失衡，不仅会影响国民经济的和谐发展，还会严重威胁到社会的稳定。实际上，“城乡不和”渐已成为制约我国社会和谐的突出问题。因而，必须有针对性地采取积极措施，如加快建立有利于改变城乡二元结构的机制体制，推进农村综合改革，改革农业生产方式，促进农业不断增收、农村加快发展、农民持续增收；加大对农村基础设施建设力度，增加农村地区教育、卫生、文化等事业建设专项资金，形成维护农民权益的有效渠道，并最终实现城乡发展关系和谐等，这是我国建构和谐社会所面临的迫切任务。

实现区域协调发展是建构和谐社会的内在要求。按照经济发展水平，我国可分为东部、中部和西部三个地区。东部地区经济较为

① 胡锦涛：《在庆祝中国共产党成立 90 周年大会上的讲话》，载《人民日报》2011 年 7 月 2 日。

发达，其他两个地区的经济发展呈阶梯级递减。经济发展的这种级差分布反映了我国生产力的空间布局和经济结构空间分布上的失衡。而这种失衡必然会导致劳动力、资本、技术和信息等生产要素的单向流动，进而因经济失衡影响社会稳定。因此，落实区域发展整体战略，促进区域协调发展，形成分工合理、特色鲜明、优势互补的区域产业结构，推动各地区共同发展是建构社会主义和谐社会的内在要求。

3. 建构和谐社会的经济价值条件

建构和谐社会的经济价值条件表现为人民群众在经济利益上的一种平等和共享，具体而言，指共同富裕和发展成果共享。这两层经济价值条件，既是社会主义优越性的最大体现，又是和谐社会最本质的内容。

第一，实现共同富裕是建构和谐社会的经济价值追求。建构社会主义和谐社会必须坚持共同富裕的根本原则。邓小平曾多次强调，“共同富裕，这是我们所必须坚持的社会主义的根本原则”。① “社会主义最大的优越性就是共同富裕，这是体现社会主义本质的一个东西。”②共同富裕是社会主义的本质，也是和谐社会的本质。无疑，我们建构社会主义和谐社会必须走共同富裕的道路。只有走共同富裕道路，才能真正体现、实现社会和谐。事实上，如果贫穷落后能够建构起和谐社会，中国早应该在几千年以前就建构起和谐社会。如果部分人富裕能够建构起和谐社会，同理，中国也应该在几千年以前就建构起和谐社会。王朝更替、贫富兴衰，贫穷落后与部分人富裕的情况在中国历史上延绵几千年，为何在长达几千年的历史期盼中始终无法建构起和谐社会呢？道理很简单，因为贫穷落后本身就是社会发展的最大不和谐，部分人富裕也是如此。欲想真正实现社会和谐，建构起社会主义和谐社会，就必须坚持实现共同富裕的经济发展追求。可以说，共同富裕是建构社会主义和谐社会经济层面的核心价值观。如果没有人民的共同富裕，就不可能建构

① 《邓小平文选》第3卷，人民出版社1993年版，第111页。
② 《邓小平文选》第3卷，人民出版社1993年版，第364页。

社会主义和谐社会。这也是“公平正义”原则在经济价值关系中的具体表现。因此，我们在建构社会主义和谐社会的过程中，必须消灭剥削，消除两极分化，实现经济利益分配和谐。

第二，追求发展成果共享，是建构和谐社会的重要价值尺度。社会主义和谐社会的建构，必须依靠广大人民群众的力量，因而，和谐社会取得的一切成果，应当由人民群众共同分享。建构和谐社会，必须坚持以人为本。始终把最广大人民的根本利益作为党和国家一切工作的出发点和落脚点，实现好、维护好、发展好最广大人民的根本利益，不断满足人民日益增长的物质文化需要，做到发展为了人民、发展依靠人民、发展成果由人民共享，促进人的全面发展。

社会共享利益是和谐社会的本质要求。社会是人的社会，人类社会的和谐源于人与人之间利益的和谐。而做到人与人之间利益的和谐，关键在于人民群众共享社会、经济发展的成果。显然，我国要建构和谐社会，就必须“实现好、维护好、发展好最广大人民的根本利益”。除此之外，实现文明成果共享必须充实文明成果共享的各项条件：一方面，通过发展促和谐，把社会发展成果的蛋糕做大，使社会拥有足够的社会财富资源让广大人民群众共享；另一方面，应该健全社会公平制度，保障人民群众共享发展成果的机会公平，保证民众共享社会资源的基本权益。一句话，只有当人民群众可以共享社会改革开放的成果的时候，社会和谐才能真正实现。

（二）建构和谐社会的政治保障

发展社会主义民主政治是建构和谐社会的政治保障。从政治视角看，和谐社会的建构离不开中国共产党的领导，其在整个建构过程中担负着领导者、倡导者和组织者的重要角色。同时，我们只有进一步深化政治体制改革，实现社会主义民主法制，建立比较完善的社会政治制度，才能为社会主义和谐社会的建构提供坚强有力的政治保证。此外，激发民众政治参与活力，形成民众广泛参与政治生活的新气象，实现民主、自由、平等的价值诉求，也是建构和谐社会的重要条件。

1. 建构和谐社会必须坚持中国共产党的领导

建构社会主义和谐社会，关键在党。党在社会主义和谐社会的建构中起着领导核心作用，党的执政能力建设和先进性建设已成为推动社会主义和谐社会建设的强劲动力，为建构社会主义和谐社会提供了坚强有力的政治保证。胡锦涛强调，“中国共产党自诞生之日起就勇敢担当起团结带领人民实现中华民族伟大复兴的历史使命。继续推动中华民族伟大复兴进程，必须始终坚持党的基本路线不动摇，继续解放思想，坚持改革开放，推动科学发展，促进社会和谐，在新的历史起点上把中国特色社会主义伟大事业全面推向前进”。①

和谐的党群关系是建构和谐社会的题中应有之义。“90 年来党的发展历程告诉我们，来自人民、植根人民、服务人民，是我们党永远立于不败之地的根本。以人为本、执政为民是我们党的性质和全心全意为人民服务根本宗旨的集中体现，是指引、评价、检验我们党一切执政活动的最高标准。全党同志必须牢记，密切联系群众是我们党的最大政治优势，脱离群众是我们党执政后的最大危险。我们必须始终把人民利益放在第一位，把实现好、维护好、发展好最广大人民根本利益作为一切工作的出发点和落脚点，做到权为民所用、情为民所系、利为民所谋，使我们的工作获得最广泛最可靠最牢固的群众基础和力量源泉。”②中国共产党是建构和谐社会的倡导者、领导者和组织者。广大人民群众是建设和谐社会的主力军。人民群众必须在共产党的领导下参与和谐社会建构的具体实践，他们是党的建构和谐社会理念的践行者和体现者。如果没有中国共产党的正确领导和组织，广大人民群众就无法自发形成先进的、科学的和系统的建构和谐社会的理念，人民群众建构和谐社会的实践活动就具有盲目性、涣散性和不连

① 胡锦涛：《在庆祝中国共产党成立 90 周年大会上的讲话》，载《人民日报》2011 年 7 月 2 日。

② 胡锦涛：《在庆祝中国共产党成立 90 周年大会上的讲话》，载《人民日报》2011 年 7 月 2 日。

续性。旗帜就是方向。没有党这面旗帜的科学指引，建构和谐社会的理想就只能是美丽的幻想。

2. 完善的社会政治制度是建构和谐社会的刚性保证

社会公平正义是社会和谐的基本条件，社会政治制度是实现社会公平正义的保证。完善社会政治制度，对保障社会公平正义，保障人民的基本权利和利益，引导公民依法行使权利、履行义务极为重要。“发展社会主义民主政治，必须坚持中国特色社会主义政治发展道路，关键是要坚持党的领导、人民当家做主、依法治国有机统一。”①可以说，完善的社会主义社会民主政治，既是建构和谐社会的政治手段，也是实现社会和谐的政治保证条件。

完善的社会主义民主政治制度是建构和谐社会的政治要求。实现社会主义民主制度化、规范化和程序化，是保障人民享有广泛民主权利，依法实现民主选举、民主决策、民主管理、民主监督，丰富民主形式的制度保证。民主政治制度化是建构和谐社会的政治制度核心。民主制度是以公民权利为最基本的价值理念，“民主体制内在地、逻辑地包含着权利诉求、正义伸张体制和权力约束机制；民主机制能对社会运行中出现的各种矛盾进行有效处理与约束。在多元利益相互矛盾和冲突的条件下，民主体制与过程提供了利益表达、磋商、协调的制度和平台，能沟通与整合各种利益关系，使社会矛盾和冲突始终保持在可控的状态，实现社会的动态平衡；民主政治能维持政权合法性，保持政权权威和政治稳定”。② 因而，“我们要积极稳妥推进政治体制改革，以保证人民当家做主为根本，以增强党和国家活力、调动人民积极性为目标，扩大社会主义民主，建设社会主义法治国家，发展社会主义政治文明”。③

完善的法律制度，是建构和谐社会的法制保障。和谐社会必定

① 胡锦涛：《在庆祝中国共产党成立 90 周年大会上的讲话》，载《人民日报》2011 年 7 月 2 日。

② 赵春丽、李捷：《论社会主义和谐社会的政治制度根基》，载《理论与现代化》2007 年第 2 期。

③ 胡锦涛：《在庆祝中国共产党成立 90 周年大会上的讲话》，载《人民日报》2011 年 7 月 2 日。

是法制化的社会。通过完善法律制度、健全法律体系，依法保障公民的基本权利和自由，使各项社会工作的运作做到有法可依、有法必依、执法必严、违法必究，逐步实现社会主义法制化，是建构和谐社会的必然趋势。法律是维护社会主义的刚性尺度。从这个角度讲，和谐社会的建构不外乎是一个实现社会公平正义和完善社会主义法律制度的同步过程。社会公平正义是法制建设的预期价值选择，而法制建设又以维护社会主义的公平正义为己任。建构和谐社会必须坚持民主法治原则。“加强社会主义民主政治建设，发展社会主义民主，实施依法治国基本方略，建设社会主义法治国家，树立社会主义法治理念，增强全社会法律意识，推进国家经济、政治、文化、社会生活法制化、规范化，逐步形成社会公平保障体系，促进社会公平正义。”①

完善司法体制机制，是实现社会和谐的司法保障。众所周知，法治是实现社会公平正义的基本途径，而要实现法治社会，必须首先做到司法公正。如果没有司法公正，就不可能有社会公正；没有社会公正，就绝对不可能实现社会和谐。因此，坚持司法为民、公正司法，推进司法体制和工作机制改革，建设公正、高效、权威的社会主义司法制度，发挥司法维护公平正义的职能作用，是建构和谐社会的内在要求。在建构和谐社会的过程中，司法公正是实现社会和谐的坚强后盾，它已成为保护公民权益不受侵害，维护社会公平主义的保障线。充分发挥司法公正在调节社会问题、化解社会矛盾、消除社会冲突中的作用，对建构和谐社会是大有裨益的。“总之，我们要不断推进社会主义民主政治制度化、规范化、程序化，进一步把我国社会主义政治制度的优越性发挥出来，为党和国家兴旺发达、长治久安提供更加完善的制度保障。”②

---

① 参见《中共中央关于建构社会主义和谐社会若干重大问题的决定》，新华网，2006 年 10 月 18 日。

② 胡锦涛：《在庆祝中国共产党成立 90 周年大会上的讲话》，载《人民日报》2011 年 7 月 2 日。

3. 社会政治生活实现民主、平等、自由的价值诉求是建构和谐社会的政治要求

民主、平等和自由是人们在长期的政治生活中得以普遍认可和寻求的理想政治价值目标和政治状态。三者相互关联，互为条件，共同构成建构和谐社会的政治价值取向。

社会主义民主的本质是人民当家做主。人民是国家的主人，他们在党的领导下，依法共同管理国家和社会事务，共同维护和实现人民自身的根本利益。建构社会主义和谐社会是人民群众的事业。在建构和谐社会的过程中，只有广大人民群众广泛行使自身当家做主的主人翁的权利，充分发挥自身的主动性、积极性和创造性，才能又快又好地建构起和谐社会。要保证人民当家做主行使主人翁的权利，必须进一步推进我国社会主义政治制度的自我完善和发展；继续扩大公民有序政治参与，健全民主制度，丰富民主形式，拓宽民主渠道，保证人民依法直接行使民主权利。只有这样，坚决贯彻落实人民当家做主，才能把社会上各种各样的力量和广大的人民群众凝聚起来，发挥他们的活力，使他们积极主动地投身到和谐社会的建构中去。

平等，表现为社会普遍追求的一种政治理想和价值追求。在不同国度、不同视角，平等具有不同的含义。在我国，法律明确规定，公民在法律面前人人平等。这种平等，可理解为行为主体平等，即人格平等、权利平等和机会平等。平等内在地蕴涵着公平与均衡的价值要求。在任一具体社会，平等的实现程度映射出了该社会的进步和优越程度。和谐社会是凝聚社会主义进步与优越性的社会。因此，和谐社会的建构必须以追求平等为其价值条件，即通过发展，在社会中建构起人民在地位上同等、在权利上同等、在人格尊严上同等的普遍价值关系。可以说，平等是建构社会主义和谐社会的合理性依据。

实现人的自由是和谐社会的建构方向。通常，自由包含两层含义：政治上的自由指行使法律许可范围内的权利；哲学上的自由指人对必然的认识和把握，即人只有掌握必然才能获得自由。社会主义和谐社会的自由观是坚持以人为本的自由观，其内在地包含上述两层含义。一方面，社会保障公民可以行使法律许可范围内的一切权利的权利；另一方面指通过社会发展，使人们逐步摆脱控制，实现自主和人的全面发展的自由。这两层价值关系，是建构社会主义和谐社会的重要价值条件，它体现了一种不同于其他社会形态、其他国家的新的、更高的价值追求。

（三）建构和谐社会的精神支撑条件

文化作为一种精神成果，承担着建构和谐社会的重要精神职责。我们必须"通过发展社会主义先进文化来不断巩固和谐社会建设的精神支撑"。① 和谐文化是和谐社会机体的重要组成部分，是建构和谐社会的文化条件和精神手段。建构和谐社会离不开和谐文化建设。

1. 和谐文化是社会主义和谐社会的灵魂

和谐文化作为一种思想上层建筑，它在很大程度上决定着和谐社会的精神面貌。就和谐社会本身而言，良好的社会氛围、舆论、社会情操以及民族精神、和谐价值理念与社会共同理想的形成都离不开和谐文化的建构作用。其在整个和谐社会的建构过程中，通过不断引导、调控和规范人们的思想和行为，矫正不和谐的文化因素乃至经济、政治因素，从而不断地推动和谐社会的建设与发展。并且，和谐文化如同和谐社会的旗帜与灵魂，它能够融合社会精神差异、同化社会思想矛盾，整合社会各方力量，凝聚社会各阶层的人们，齐心协力地参与和谐社会建设实践。可以说，和谐文化是全体人民团结进步的重要精神支撑，是社会和谐所必需的凝聚力、向心力和感召力的文化源泉。和谐文化对和谐社会建设具有智力支持、观念引导、思想保证和精神支持等作用。毋庸置疑，和谐文化建设是和谐社会建设的重要任务，和谐文化是社会主义和谐社会的灵魂。

总而言之，和谐文化是实现社会和谐的精神手段，它对和谐社

---

① 胡锦涛：《在省部级主要领导干部提高建构社会主义和谐社会能力专题研讨班上的讲话》，载《人民日报》2005 年 6 月 27 日。

会的建构起巨大的能动作用。我们建构和谐社会，必须依赖于和谐文化建设营造和谐的社会氛围，培育和谐的社会环境，形成和谐的思维理念，陶冶和谐的心理情操等。和谐文化对建构和谐社会所起的作用是独特的。如果失去和谐文化的精神支撑，建构和谐社会的实践就会步履维艰。

2. 只有加强和谐文化建设，才能不断满足人民群众日益增长的文化生活需要

当前，我国存在着严重的文化生产与文化消费不对称的问题。具体而言，我国文化生产的质量和数量都不能满足广大人民群众日益增长的物质文化需求。在质量上，我国文化产品多而不精，产品质量整体有待提升；在数量上，文化产品的产出难以满足广大人民群众日益扩大的文化需求。此外，我国的文化发展存在严重的地域与城乡差距。东部沿海地区及大中城市文化建设水平较高，文化事业发展迅速。而对于广大中西部地区，特别是农村地区，文化建设进度较慢，资源总量不足。而今，我国文化发展的这种失衡已严重影响到了和谐社会的建设进程。要消除这种失衡，促进社会和谐，就必须以和谐思维引导我国和谐文化建设。必须全面推进文化体制改革，大力推进文化创新，更好地保障人民群众的文化权益，使和谐文化成果在质上提升、在量上不断增加，以推动我国文化事业发展的大繁荣。从多维度、采取多种举措实现文化发展与文化成果享有之间的和谐，是我国新形势下文化建设的新趋向。文化建设的最终目的就是满足人民群众的文化需求，实现文化事业发展和谐。

（四）建构和谐社会的社会保证条件

社会问题突出的社会不是和谐社会。在我国，建构社会主义和谐社会必须首先加大力度，集中力量协调各种利益关系，着力解决民生问题。这是建构社会主义和谐社会的根本切入口，也是建构社会主义和谐社会的保证条件。在解决民生问题的同时，进一步完善社会管理，保持社会安定有序，实现社会生活各个方面有章可循；社会活力得以充分激发，形成团结和睦的社会新气象，是建构和谐社会的内在要求。

1. 加强社会事业建设，着力解决民生问题，是建构社会主义和谐社会的根本所在

改善民生，是建构和谐社会的重大课题。只有改善民生，才能不断满足人民群众日趋多样化的物质文化需求，维护和保障人民群众的合法权益。改革开放30多年来，我国社会开始由生存型向发展型转变，但同时面临着日益突出的两大社会矛盾：经济迅速增长同发展不平衡；人民群众日益增长的对公共产品、公共服务的需求同公共产品、公共服务供给不足甚至严重短缺之间的矛盾。目前社会的诸多问题，包括就业、教育、医疗、社会公正、社会保障等问题，都是这两大矛盾的具体反映。因此，保障和改善民生，促进社会和谐，是实现全面建设小康社会宏伟目标的必然要求。“推进社会建设，要以保障和改善民生为重点，着力解决好人民最关心最直接最现实的利益问题。要坚持发展为了人民、发展依靠人民、发展成果由人民共享，完善保障和改善民生的制度安排，把促进就业放在经济社会发展优先位置，加快发展教育、社会保障、医药卫生、保障性住房等各项社会事业，推进基本公共服务均等化，加大收入分配调节力度，坚定不移走共同富裕道路，努力使全体人民学有所教、劳有所得、病有所医、老有所养、住有所居。”①

就业是民生之本。实施积极的就业政策，发展和谐劳动关系。把扩大就业作为经济社会发展和调整经济结构的重要目标，实现经济发展和扩大就业良性互动，是解决民生问题的根本途径。稳定的就业已成为社会稳定的调节器，同时也是增加工人收入、提高工人生活水平的重要条件。此外，完善收入分配制度、规范收入分配秩序是实现社会公正、保护民生、缓和社会矛盾的重要条件。我国应该“按照公平、合理、共享的原则三管齐下地理顺收入分配关系”，② 提高低收入者收入水平，逐步扩大中等收入者比重，有效调节过高收入，坚决取缔非法收入，以实现社会公平，促进共同

① 胡锦涛：《在庆祝中国共产党成立90周年大会上的讲话》，载《人民日报》2011年7月2日。

② 郑功成：《和谐社会民生为本》，载《瞭望新闻周刊》2005年第15期。

富裕。

教育是民生之基。深化教育改革，促进教育公平已势在必行。当前我国，“城乡教育资源配置失衡、教育支出日已构成城乡居民家庭沉重的负担、贫困地区与贫困家庭子女受教育的机会被相对剥夺”。更为严重的是，“教育机会的不公平正成为社会不公平的加速器”。① 对此，国家必须树立公平、均衡发展的教育理念，坚持公共教育资源向农村、中西部地区、贫困地区、边疆地区、民族地区倾斜，逐步缩小城乡、区域教育发展差距，推动公共教育协调发展。这是改善民生的根基之所在。

社会保障是民生之安全网，是调节社会的稳定器。它为全体社会成员，特别是处于边缘、弱势地位的群体提供基本生活保障和服务。我国社会保障存在的问题是保障体系建设滞后于经济社会发展；保障覆盖面过于狭窄以及保障力度不够。建构社会主义和谐社会急需解决这些保障问题，尽快建立起比较完善的社会保障制度。这要求我们一方面必须健全社会保障体系，广泛拓展保障覆盖面。另一方面必须促使筹集社会保障资金的渠道多元化，全面提升社会保障力度，促使社会保障建设与经济发展相协调，与社会发展相适应。

2. 完善社会管理，保持社会安定有序是建构社会主义和谐社会的基本要求

社会管理就是政府通过制定系统规范的社会政策和法规，管理和规范社会组织、社会事务，培育合理的现代社会结构，调整社会利益关系，回应社会诉求，化解社会矛盾，维护社会公平和社会秩序，建设经济、政治、文化、社会与自然协调发展的社会环境。推进社会管理，旨在化解社会矛盾，解决社会问题，实现社会和谐。

从我国当前现状来看，社会问题较多。如教育、科技、文化和医疗卫生等社会公共事业发展与经济发展失衡；社会公共服务需求与公共服务供给严重脱节；公共服务产品分配不均；城乡在不同程度上出现就业难、看病难、上学难等民生问题。这些民生问题是建

① 郑功成：《和谐社会民生为本》，载《瞭望新闻周刊》2005 年第 15 期。

构和谐社会亟待解决的问题，它们深层次地反映了社会管理缺位或管理不足的境况。因此，要想建构和谐社会，我们就必须加强和完善社会管理，推进社会管理体制机制和制度创新，集中力量解决社会中的突出、紧急的民生问题，最大限度地激发社会活力，增加社会和谐因素，减少不和谐因素。简而言之，完善社会管理是建构和谐社会的重要内容，反过来，建构和谐社会又是完善社会管理的根本目的所在。

此外，完善社会管理有助于实现社会的安定有序。和谐社会是安定有序的社会。社会安定就是社会平安、稳定，包括人与人之间关系和睦、人们心理平和。在建构和谐社会的过程中，正确处理改革、发展和稳定的关系，实现社会安定团结，具有十分重要的意义。“正确处理改革发展稳定关系，实现改革发展稳定的统一，是关系我国社会主义现代化建设全局的重要指导方针。发展是硬道理，稳定是硬任务；没有稳定，什么事情也办不成，已经取得的成果也会失去。这个道理，不仅全党同志要牢记在心，还要引导全体人民牢记在心。”①当然，社会稳定不应该是死气沉沉、死水一潭，而应当是和而不同、活而不乱、活而有序的状态。和谐社会也是有序的社会。社会有序是指经济、政治、思想、文化、社会生活各个方面有章可循。这里的“章”，包括法律、制度、体制、机制、秩序、规范，等等。② 社会各项事务在“章”的引导和规范下有条不紊、自觉自主地运作，呈现出和谐有序的理想状态。

3. 激发社会活力，促进社会团结和睦是建构和谐社会的生机之源

社会活力是社会进步、发展的重要条件，是社会兴盛、和谐之源。社会主义建设的经验表明，激发社会活力，调动广大人民群众建设社会主义的热情，是建构和谐社会的必经之路。为此，我们必

① 胡锦涛：《在庆祝中国共产党成立 90 周年大会上的讲话》，载《人民日报》2011 年 7 月 2 日。

② 虞云耀：《社会主义和谐社会的安定和有序问题》，载《党政干部文摘》2005 年第 4 期。

须坚定不移地深化改革，破除各种发展障碍，完善公平竞争机制，健全现代产权制度，不断解放和发展生产力，坚持把创新精神贯穿到和谐社会建构的各个环节上，这是激发社会活力，实现社会和谐的重要条件。因此，“要加强和创新社会管理，完善党委领导、政府负责、社会协同、公众参与的社会管理格局，建设中国特色社会主义社会管理体系，全面提高社会管理科学化水平，确保人民安居乐业、社会和谐稳定”。① 另外，我们还必须调动一切积极因素，激发社会活力，营造鼓励人们干事业、支持人们干成事业的社会氛围，进而放手让一切劳动、知识、技术、管理和资本的活力竞相迸发，让一切创造社会财富的源泉充分涌流，真正做到人尽其才、物尽所有、各尽所能、各得其所。

值得注意的是，社会活力的激发不能仅仅局限于经济领域。经济活力的激发是社会活力激发的重中之重，但政治活力与文化活力的激发对建构和谐社会也同样重要。激发社会活力是一个系统工程、长期工程，我们应当从经济、政治、文化三个方面着手，坚持不懈，调动最广泛的建设力量参与和谐社会的建设。

和谐社会不只是充满活力的社会，它还应该是团结和睦的社会。建构和谐社会必须最大限度地激发社会活力，促进党政关系、干群关系、民族关系、宗教关系、阶层关系、海内外各同胞关系的和谐，实现全国各族人民的大团结。实现全国各族人民的大团结是建构和谐社会的先决条件，是全面激发社会活力的前提，反过来，激发社会活力能增进社会大团结，促进社会和谐。因而，建构社会主义和谐社会必须激发社会活力与促进社会大团结双管齐下，在激发社会活力的过程中实现社会团结和睦、社会和谐的双重目标。

（五）建构和谐社会的心理支持条件

建构和谐社会需要和谐社会心理的支持。和谐社会心理指社会成员在认知、情感、意志、行为等活动过程中表现出来的平衡自

---

① 胡锦涛：《在庆祝中国共产党成立 90 周年大会上的讲话》，载《人民日报》2011 年 7 月 2 日。

然、乐观愉悦、协调统一和对外界事物的平静适度、默契融洽、充满善爱、能与社会同步的心理状态。① 和谐社会心理是实现社会和谐的心理条件，是激发建构和谐社会活力，达成建构和谐社会共识，引导建构和谐社会实践的心理因素。

1. 和谐社会心理是实现社会和谐的晴雨表

社会和谐与否，一方面外在表现为各种社会关系、社会行为是否和谐，另一方面内在体现于人们的社会心理是否和谐。社会心理和谐是衡量社会和谐的主观尺度；社会和谐的实现受社会心理和谐实现程度的影响和制约，二者相辅相成、紧密联系。一般而言，和谐的社会心理引导、调控和激励着人们建构和谐社会的具体实践活动，反过来，社会和谐的实现程度又决定和引发和谐的社会心理的产生。从经验和现实可以看出，社会心理是基于社会建设和社会发展所形成的一种心理意识，由个人组成的群体社会心理意识是表征社会和谐与否的晴雨表。这种内在联系不仅表现在建构和谐社会的结果上，更表现在建构和谐社会的实践中。通常，社会心理状况如何会直接影响个体乃至群体的社会行为，不和谐社会心理不能适应或很难对客观世界的变化做出客观分析和评价，引发的是社会行为的失范，必然对和谐社会构成潜在威胁；和谐社会心理支配和调节着主体进行冷静客观的思考、分析和判断，勇于面对现实，增强心理承受能力，平衡自己的心态，主动适应环境，能够使社会行为趋于理性。②

2. 和谐的社会心理是建构和谐社会的重要指标

建构社会主义和谐社会离不开社会成员的心理和谐，健康和谐的社会心理是建构和谐社会的重要内容。建构社会主义和谐社会必须注重促进人的心理和谐，加强人文关怀和心理疏导，引导人们正确对待自己、他人和社会，正确对待困难、挫折和荣誉。加强心理

① 包晓：《和谐社会心理及其建构》，载《中共郑州市党校学报》2007 年第 5 期。

② 樊金山：《和谐社会视野下的社会心理变迁及其优化》，载《桂海论丛》2008 年第 6 期。

健康教育和保健，健全心理咨询网络，塑造自尊自信、理性平和、积极向上的社会心态。现实中，那种不健康、不和谐的社会心态大量存在。这种存在不仅影响个人生活质量的提高，还引发了不少社会问题、造成多种社会矛盾，并最终影响社会主义和谐社会的建构进程。相反，健康、和谐与积极的社会心理“不仅是社会成员发挥积极性、创造性、同心同德、精诚团结的前提条件，而且这种心理状态本身就是人们生活质量提高的重要标志”。① 因此，我们应当在全社会倡导健康和谐的社会心理，把形成和谐的社会心理纳入建构社会主义和谐社会的整体日程中来。“倡导健康和谐的社会心理，就是要把和谐确立为社会发展的目标，树立以非对抗的、对话协商的方式解决社会矛盾的思维方式，形成诚信友爱的行为准则，营造相互尊重、相互关爱、相互体谅、相互帮助的社会风气，培育坦诚、大度、宽容、开放的社会心理。”②通过倡导，在全社会形成和谐的社会心理共识，并通过建立培育和谐社会心理的完整机制，使和谐社会心理的形成达到制度化、规范化、有序化和多样化。这样，健康和谐的社会心理的形成就能融入和谐社会建构的整体进程中去。

3. 和谐的社会心理是建构社会主义和谐社会的催化剂

众所周知，实现社会和谐的中心环节是人，实现社会和谐的逻辑起点也是人。但这个人不是社会中的个体——某一个人，而是群体或社会整体。只有当构成社会整体的个体实现了普遍的和谐，社会整体和谐才能实现。和谐的社会心理是社会个体和谐素质的一部分，也是促进个体和谐最为重要的社会心理条件。具备了这一条件，社会个体就能“合理地处理个人与他人、个人与社会、个人与自然的错综复杂的关系，做到融入集体、融入社会、融入自然……

① 包晓：《和谐社会心理及其建构》，载《中共郑州市党校学报》2007 年第 5 期。

② 李德周：《注重建设和谐的社会心理》，载《思想政治工作研究》2008 年第 5 期。

实现人自身身心、人与人、人与社会、人与自然之间关系的和谐”。[①] 无疑，和谐的社会心理对建构和谐社会具有十分重要的促进作用。首先，和谐的社会心理能够促进社会民主法治与公平正义的实现。和谐的社会心理能够内在地激励人们积极主动地参与各项社会事务，推动社会法制建设，维护社会公平正义，其不失为规范、引导和调适人们的社会行为、化解社会矛盾，融合社会关系的十分有效的支撑手段。其次，和谐的社会心理是激发社会活力的重要元素。和谐的社会心理能够提高人们建构和谐社会的热情，增强人们的创造活力，活跃全民共建和谐社会的良好氛围。最后，和谐的社会心理能够促进人们生活质量的整体提高。社会心理和谐是个体身心和谐的重要条件，个体身心和谐又是社会整体和谐的必要条件。和谐的社会心理能够提升人们抵御精神疾病的能力，也有助于提高个体品性，形成健康、乐观向上的精神状态，进而促进生活质量的整体提升。

（六）建构和谐社会的实践条件

上述建构社会主义和谐社会的条件，如经济基础条件、政治保障条件、文化支持条件、社会关系保证条件、社会心理条件等，都是通过社会实践来实现的。实践是建构社会主义和谐社会最深刻、最现实的实现条件。

1. 在本质上，实践是人民群众创造历史的活动

我们习惯将人类的行为、活动、交往、生活、存在、发展等方式即“自由的有意识的活动”方式称为实践。从这个意义上讲，实践是人的生命活动特性的直接呈现，是人区别于其他生物生存及活动方式最根本、最显著的“类”标记。笔者认为，作为人类行为方式的标志，实践是人自觉能动地在一定规范的制约和指导下展开的现实、感性的具体的活动。

首先，实践是人自觉能动的活动。实践是人自觉能动的活动，

① 史艳红、巩建华：《心理健康教育：打造和谐社会的心理基础》，载《社会科学论坛》2006 年第 4 期。

是说实践是人们自由自觉的社会活动。这样的活动特性揭示了人在世界中的主体性地位和实证性功能。从主体方面看，对象性的现实是人的本质力量的现实，是人的本质力量的展开，是人的本质力量的确证。人的感性活动是世界的现实基础，是生成现实感性世界的主体性原因。而现实的感性世界则是反思、反观、说明人的实践行为的实证材料。从这个意义上讲，一方面，实践是现实对象世界生成的原因，也是我们认识对象世界和从事新的实践活动的原因。这两个"原因"可以说是实践的主要功能。另一方面，实践是人、人类与对象世界的互渗互塑过程，是实现人的自然化和自然的人化的双向互动过程，其目的就是不断地在人与对象世界的互渗、互塑、互动过程中，展示人的功能，提升人的存在价值，完善并实现人的本质，实现人类解放，建构人类与对象世界和谐统一的世界。

实践是人的意识性和社会性活动，说明了人们日常生活中的实践活动的特性。哲学实践概念是对人们实践活动特性的总体性概括，是对人们种种具体的感性活动的提炼和升华。人们的实践活动，尽管包含着人们的个体特性，但在本质上则是在一定实践观念的指导下的整体性协调行为。人们的实践活动，归根到底是为了满足人们不同层次、各个方面和不同发展阶段的生活需要，实现人自身的价值，进而实现人类社会的价值。因此，实践活动或感性活动就是人的现实活动。但是人的自然需要具有社会属性，其活动也拥有社会性。有意识的生命活动把人与动物直接区分开来。人的生活超越了生物本能需要，把生活本身视为目的与手段的统一。有意识的生命活动构成了人的千姿百态、丰富多彩乃至意义和性质迥异的现实生活，使得人的自然属性也获得了社会的总体性和生活的普遍性，成为社会属性。社会属性一方面使得人的现实生活具有了双重需要：满足自然生存需求的需要和满足社会价值需求的需要；另一方面使得人的现实生活超越了现在而具有了未来向度。

人之所以能够生活在未来，是因为人拥有认识未来、确证未来、超越现实的能力——意识。实践活动的意识性，意味着实践活动是指向未来目标的现实活动。意识使人的现实与未来结合了起来，使现实的必然性充满了偶然性，使客观的规律性与人的主观能动性、主体自我的价值取向性结合了起来，使人的现实生活面向未来，使人的现实活动指向未来。未来理想成为现实生活的价值目标，未来需要成为现实需要的行为指向。因此，人的实践活动是生活手段与生活目的、现实与未来、感性的现实活动与理想的价值追求、必然规律性与偶然随机性的统一。

其次，实践是人在一定规范的制约和指导下展开的现实、感性的具体的活动。说实践是人的感性活动、现实活动、具体活动，是说人的生存发展方式具有现时性、普遍性和总体性。具体而论，现实生活中的具体的人是现实实践活动的主体或实践活动的承担者。抽象言之，作为一个哲学概念，实践是对人的类本性和人类特征的整体性、总体性、主体性的揭示和概括。而人的现实活动、感性活动、具体活动是在意识指导、操纵下的自主自由行为，是需要用一定的实践规范加以调控的社会行为。在形式上，人的自由表现为人的对象性活动的普遍性、多样性和自主性。人的自主自由活动是建立在对对象、现实的必然性的认识基础之上的，其间也充满着偶然性。人们对对象、现实的必然性和偶然性的认识可能是真理性认识，也可能是谬误；即使是真理性认识，也具有相对性。因此，作为一个普遍性和总体性哲学概念，人的感性活动即自由的有意识活动——实践表示的是人的现实活动的全部内容。人的现实生活是当下的感性活动，在时间特性上具有现时性。当然，这个现时性是包含着过去、现在和将来的人的社会性现时性。在内容上，实践是实践意识、实践观念、实践行为的多样性与总体性的统一。实践意识是个体意识、经验意识与社会意识、超验意识、自由意识、终极关怀的统一。实践行为是理性行为与非理性行为的统一；是日常行为、功利性行为与伦理道德、审美享受等文化活动的统一；是创造物质文明与创造精神文明、制度文明、政治文明活动的统一；是合理的、科学的、进步的行为与非合理的、非科学的、非进步的行为的统一；是对人类整体生存发展具有正面效应的活动与具有负面效应的活动的统一；是物质形态活动与非物质形态活动的统一；是实在的实践方式与虚拟的实践方式的统一；是追求人类自由和解放的现实活动与有悖人类自由、人类整体性价值、人类解放活动的统一。因此，实践概念在总体上揭示的是人类所从事的物质的和精神的创造活动。在本质上，实践是人民群众创造历史的社会活动。

2. 实践具有规范性

就实践主体而言，实践主体具有自我意识和自我规范能力。作为一种自由的有意识的活动，实践是人们现实的活动、感性的活动，是以自身为目的的活动。实践具有规范性。实践的规范性意味着：

第一，实践主体的实践活动是遵循多种规定性的规范活动。实践具有外在的规定性和内在的冲动性。作为人的类特性的直接呈现，实践显现着人的存在和发展方式。在实现人的本质特性的过程中，实践既遵循着外在的尺度即外在的规定性，又遵循着自我尺度即内在的规定性；既实现着外在的尺度，又实现了自我，是外在的规定性和内在的冲动性的统一。同时，实践活动是生物属性与意识属性的统一，是确定性与非确定性的统一，是必然性与偶然性的统一，是遵循自然规律与社会规范的统一。这里所说的多个方面的“统一”即实践活动得以进行、实现的“实践规范”。种种实践规范，对于实践活动的开展及顺利进行均有着指导、制约、调控等规范作用。

第二，实践主体的实践活动是在一定实践目的指导下的自觉活动。实践目的就是实践的目标，是引导实践活动的观念指导。正是对于实践目的的自觉向往和有意追求，使得实践主体的实践活动成为在一定的实践目的规范下的有计划、有目的的自觉能动活动。

第三，实践主体的实践活动是不断地追寻理想、完善自我、塑造自我的自创(价)活动。在实践目的指导、导向、规范下的人的实践活动，是不断地追寻理想、完善自我、塑造自我的创价活动。依据价值、实现价值、创造价值、完善价值是人的实践活动自觉性、能动性的意义之所在。这样的创价活动不仅提升了实践主体的存在价值，而且使得实践客体也具有了价值属性和意义。在实践的基础上，实践主体与实践客体得以结合成为一个矛盾统一体。在这样的统一体之内，实践主体与实践客体构成了改造与被改造、认识与被认识的关系和价值关系、审美关系。这种丰富的多重关系意味着，实践客体不是与实践主体简单对立的外在存在，而是与实践主体的价值世界、意义世界和审美生活密切关联的意义存在、价值存在，是实践主体内在世界的有机构成部分，成为实践主体创造意义世界、价值世界和审美生活"精神食粮"。它参与到了实践主体的创价活动之中，分享了实践主体创价活动的欢乐。

第四，实践主体的实践活动是自我确证、自我实现的自决活动。实践是依据实践者的自我意愿而开展的自我决定行动，是人的价值的自我展示活动，也是实现自我价值的根本途径。通过实践方式的展示和实现，人的存在及其价值得到了自我确证。这样的确证、实现方式是实践者的自主决策、自我约束、自我发展的自我展示。自决不是天马行空式的绝对自由，而是在一定社会的实践规范制约下的自控行为。因此，自决与自控是相互影响、相互制约的。

第五，实践主体的实践活动是遵循自己创造的实践规范的自控活动。人具有自己立法、自己遵守的自控能力。遵循人类自己所创造的实践规则，是人的行为特征与非人类行为特征最本质、最重要的区别。正是这样的自控性，使得人的实践方式具有了自我设计、自我实现的主体能动性。也正因如此，实践者必须自负其责，对自己的行为承担相应的社会责任。

第六，实践主体的实践活动是不断超越自我、否定自身的自批判、自否定的自组织活动。人、社会、实践均是自组织、自平衡的"生态系统"。实践方式是一种自我规定、自我实现的自否定、自组织、自实现的方式。在与外界的物质、能量和信息的交换过程当中，实践主体自己得以自平衡、自进化和自发展。而且，这个自平衡、自进化和自发展，是在自批判、自否定的基础上实现的，是不断地自我超越，超越自我现有的存在状态，不断地获得新的意义、新的价值、新的内容，从而在更广、更高、更深远的层次上获得人的存在意义和价值。这样的活动实质上也就是实践主体的自我规范、自我完善的"自实现"活动及其过程。

第七，实践主体的实践活动是不断提升自己的实践自觉、调整自己的实践目的、完善自己的实践规范、实现自己的实践理想的自主活动。"人作为自为的、自觉的存在物，也必然是一种自主的存在物……人始终有着强烈的自主意识和自主能力：人是他周围世界以及自身的主体；人是主动地同外界事物建构起对象性关系的；在人和周围事物的关系中，人始终占主导性的地位，是人支配物而不是物支配人；人对外界对象和自己的行为有着自主的选择性和评价性；人是可以自己主宰自己，自己支配自己的；人是自己生活的主人。"①这样的人必然是能够在实践活动中不断地提升自己的实践自觉、调整自己的实践目的、完善自己的实践规范、实现自己的实践理想的自主的人，从而使其实践活动充盈着浓郁的自主性。同时，自主活动也体现并实现着实践主体的主体性。

第八，实践主体的实践活动是实践主体追求自己理想、实现自己目的的自由活动。实践是人的自由本性的显现，自由品性是实践的精髓。人们的实践活动张扬着人的自由本性，实践是实现人的自由本性的必由之路和康庄大道。然而，自由是对必然的认识和对客观规律的利用，自由是遵循实践规范的自由。"人在客观现实的基础上具有一定程度的'意志自由'。人同外界客体的物质的、能量的和信息的'交流'是开放自由的，人同什么客体建立什么样的关系是有一定的自由选择性的，人对自己的活动也同样具有选择的自由度。"②意志自由是自由活动的观念先导，它体现了实践主体追求理想、实现目的的意愿，也是实践规范性意蕴的集中反映。毋宁说，实践的自觉性、自创性、自决性、自控性、自组织性和自主性，都包含着自由精神，都是以实现自由为根本目的的。人的实践活动的自由特性，深刻地反映了人的实践活动的价值取向和发展方向，也是对实践规范性意蕴的最好诠释。

3. 实践社会功能的实现依赖具体的实践形式

实践主体的实践活动及其过程是实现实践社会功能的现实基础。或者说，正是现实的具体的实践形式及其承载着的社会功能，

① 王永昌：《实践活动论》，中国人民大学出版社 1992 年版，第 102 页。

② 王永昌：《实践活动论》，中国人民大学出版社 1992 年版，第 102 页。

为实现社会的思想观念、理想目标提供了现实依据。现实生活中的具体的人是现实实践活动的主体或实践活动的承担者。人的现实生活是当下的感性活动，在时间特性上具有现时性。当然，这个现时性是包含着过去、现在和将来的人的社会性现时性。在内容上，实践形式是实践意识、实践理念、实践行为的多样性与总体性的统一。实践意识是个体意识、经验意识与社会意识、超验意识、自由意识、终极关怀的统一。实践行为是理性行为与非理性行为的统一；是日常行为、功利性行为与伦理道德、审美享受等文化活动的统一；是创造物质文明与创造精神文明、制度文明、政治文明活动的统一；是合理的、科学的、进步的行为与非合理的、非科学的、非进步的行为的统一；是对人类整体生存发展具有正面效应活动与具有负面效应活动的统一；是物质形态活动与非物质形态活动的统一；是实在的实践方式与虚拟的实践方式的统一；是追求人类自由和解放的现实活动与有悖于人类自由、人类整体性价值、人类解放活动的统一。种种具体的实践形式承载着实现实践社会功能的职责。现实的具体的实践形式丰富多样，有着层次和性质上的差异性。因此，实践社会功能实现的样态、方式、途径和效果也有其差异性。

4. 和谐社会呼唤和谐实践

社会和谐的关键在于人们实践行为的和谐，实现社会和谐、建构社会主义和谐社会最深层的现实基础是和谐实践。所谓和谐实践，是指以和谐实践理念为观念指导、以和谐为实践目的的实践活动。和谐实践是和谐思维方式、和谐实践理念、和谐实践主体与和谐实践行为的统一。

思维方式是“在民族的文化行为中，那些长久、稳定、普遍地起作用的思维方法、思维习惯、对待事物的审视趋向和众人认可的观点”。① 和谐思维方式是这样一种思维方式：“首先，和谐思维方式是从和谐的维度或视域观照对象，和谐成为其观察问题和分析

① 张岱年等：《中国思维偏向》，中国社会科学出版社 1991 年版，第 1 页。

问题的坐标系和切入点。其次，和谐思维方式以和谐为基本原则和价值取向，把和谐贯穿于人的认识和实践的全过程。再次，和谐思维方式的主要内容是深入事物内部，揭示矛盾或系统的同一性、协同性、平衡性、互补性在事物发展中的作用及作用的内在机理。最后，和谐思维方式以追求和促进事物的和谐发展为根本目的和最终归宿。"①

实践理念是指实践主体在具体的实践活动之前，就建构起的关于未来实践活动过程和结果的一种观念模式或理想蓝图，是一种指导与支配现实实践活动的意向性观念。和谐实践理念主要有协同理念、合作理念、自由理念、宽容理念和正义理念等。和谐实践理念源于社会实践，在于社会凝练和创建，在于社会倡导。社会所倡导的和谐实践理念必须转化、内化、活化为实践主体的实践理念，成为人们实践活动的指导思想，从而转化为现实的实践活动，生发出"改变世界"的实践功能。

实践主体是实践活动的载体、承担者。因此，任何实践活动都是现实的、具体的，都是实践主体的对象性感性活动。从这个意义上讲，实践主体的实践活动是实践客体的选择者，是客观对象成为现实的实践客体的决定者。现实的实践活动总是具体的实践主体与具体的实践客体的具体历史的统一。和谐实践主体则是指以和谐实践理念为观念指导、以和谐为实践目的、从事现实实践活动的人。由和谐实践主体所从事的现实的实践活动，就是和谐实践行为。和谐实践行为是和谐实践理念的直接呈现，是实现和谐社会的直接实践基础。

党的十七大报告指出："建构社会主义和谐社会是贯穿中国特色社会主义事业全过程的长期历史任务，是在发展的基础上正确处理各种社会矛盾的历史过程和社会结果。"和谐社会的建构是一个从比较和谐到全面和谐的长期发展历程，是正确处理、协调各种社会矛盾的社会结果。作为一个长期、复杂的建构过程，和谐社会形

---

① 韩美群：《和谐思维方式的界定及其基本特征》，载《光明日报》2007年5月15日。

成和谐实践、需要和谐实践、呼唤和谐实践。全面和谐的和谐社会是建立在长期发展基础上的社会结果。

首先，和谐社会形成和谐实践。中国社会在总体上是和谐的。这是一个基本的客观事实和价值判断。因为，从改革开放、社会主义现代化建设时期起，和谐实践就已经在我国社会的实践领域逐渐形成和发展。改革开放、社会主义现代化建设的目的，就是实现社会主义制度的自我调节、自我完善和自我发展，实现工业、农业、科学技术和国防的现代化。这本身就是一个以发展为动力、逐渐实现社会和谐的发展过程。特别是党的十六届六中全会明确提出建构社会主义和谐社会的战略构想以后，和谐社会的建构实践就更加自觉。在改革开放、社会主义现代化建设及自觉建构和谐社会的实践过程中，社会必然会形成和谐的实践理念，形成和谐的实践行为。

其次，和谐社会需要和谐实践。和谐社会的建构是一个长期复杂的、从比较和谐到全面和谐的历史过程。与和谐社会建构过程相伴随的必然是大发展。在生产力水平总体不高且发展不平衡的现实情况下，大发展在很大程度上是以大破坏为代价的。这必然导致人与自然关系的不和谐。与此同时，与改革开放、社会主义现代化建设相伴随的必然是人们社会关系、物质利益格局、人的生存发展境遇的大调整。这一大调整必然导致人与人、人与社会、人与自我之间的波动甚至冲突，这必然导致人自身的不和谐。也就是说，在和谐社会建构过程当中，必然伴随着不和谐。这就需要社会建立必要的调适人与自然、人与人、人与社会和人与自我关系的调节机制，使得和谐社会的建构过程有序、和谐。社会的调节机制是由多要素组成的，其中有法律、法规、条例、规章制度等有形的调节机制，也有思想观念、精神信仰等无形的调节机制。但是，不管是法律、法规、条例、规章制度，还是思想观念、精神信仰，都必须转化、内化为实践主体的实践理念，形成和谐实践，才能发挥现实的影响和作用。因此，建构和谐社会的实践活动，必然要求社会提供和谐实践理念，必然要求人们的实践行为和谐。和谐实践是达致(作为结果的)和谐社会的现实道路。

最后，和谐社会呼唤和谐实践。建构和谐社会是一个具有重大意义的发展战略。作为一个发展战略，和谐社会的建构必然是在社会提供的和谐思想、和谐观念指导下的自觉实践活动和过程。实践的成功依赖于理论的科学。要达致（作为结果的）和谐社会，必须创建和谐实践理念。其一，必须对当代中国社会形成的具体的实践形式进行理论总结，特别是分析其新的时代特征，总结、分析改革开放以来所形成的实践形式，概括、提炼出新的实践理念；其二，必须从理论上研究、创建新的实践理念，对当下正在进行的实践活动予以观念指导。要运用文化的相对独立性及能动作用的原理，研究和谐思想、和谐观念，特别是将和谐思想、和谐观念转化为实践主体的和谐实践理念，使社会实践能够在社会提倡的和谐实践理念的引领、导向和规范下，形成和谐实践。

5. 和谐实践与和谐理念

作为人们的观念活动与观念的对象性活动，理论与实践构成了相互促进的关系。一方面，实践形成理论，另一方面，理论推进实践。一般而言，随着新的实践的出现，新的理论也随之诞生。任何理论都是时代的产物。然而，新的理论一经形成，理论自身的特性，就会促使理论走在实践的前面，引领新的实践。在这里，遵循理论自身发展的逻辑，创新理论，至关重要。

理论与理念同样是相互促进的关系。理论是概括地反映现实的概念、原理的体系，是系统化的理性认识。理念是理论的意蕴，是理论所蕴涵的看法、思想、观念。理念一般可区分为理论理念与实践理念。所谓理论理念，是指蕴涵着一定看法、思想、观念的概念和原理的知识体系，即理论。在这里，理论与理论理念是同一的。理论总是蕴涵着看法、思想和观念的理论，是蕴涵着理念的理论。而理论理念，总要通过一定的理论形式表现出来。两者的区别主要是侧重点不同而已。理论主要突出其知识体系；理论理念则主要凸显其看法、思想和观念。

如前所述，实践理念是指实践主体在具体的实践活动之前，就建构起的关于未来实践活动过程和结果的一种观念模式或理想蓝图，是一种指导与支配现实实践活动的意向性观念。首先，它是一种理念，是以理念形态存在着的看法、思想、观念，是还没有外化的、观念性的东西。其次，它是实践理念，是即将付诸实践的看法、思想、观念，即进入实践主体思维领域、成为实践主体即将行动的观念指导，实践理念具有“直接现实性”的特性。这是实践理念区别于理论理念的显著特点。在实践主体的实践活动中，实践理念与实践直接同一。实践是展开了的、显现着的实践理念，实践理念是隐性的实践。由此可见，在根本上，理念主要是指实践理念。因为，任何理论理念，如法治理念、可持续发展理念、和谐理念等，都是为实践服务的，都必须转化为实践理念，成为现实实践的观念指导。和谐实践与和谐理念也是这样。一方面，和谐实践形成和谐理念。当下我国所进行的建构社会主义和谐社会的实践，促使人们形成和谐的看法、思想、观念。另一方面，和谐理念促进和谐实践。和谐实践是和谐实践理念的过程和结果。

发挥和实现和谐理念在建构和谐社会过程中的社会功能，关键在于理论创建和社会倡导。首先，对当下我国所进行的建构社会主义和谐社会的实践，对人们所形成的、不系统的和谐理念，社会必须给予总结、提炼、概括，形成理论理念。理论创建是和谐理念的社会功能发挥和实现的前提。因此，没有和谐的理论，就没有和谐的行动。应该说，和谐文化就是关于和谐理念的知识体系。建设和谐文化是时代赋予我国理论工作者的神圣职责。

其次，和谐理念的现实功能在于社会的倡导。仅有和谐的理论是不够的，还必须把理论变成实践理念，成为现实实践活动的观念指导。因此，社会所倡导的和谐理念，必须通过一系列的理论形态，通过文学艺术等形式，转化、内化、活化为社会所教育、普及、倡导的行动指南。实现和谐理念的重要途径，就是要在全社会倡导和谐文化、提倡和谐思维、培育和谐主体、规范社会行为。

第二章 当代中国社会的实践形式

具体的实践形式必将随着时代实践主题、实践主体的变化而发生变化，不断地形成新的实践形式。与改革开放、全面建设小康社会、建构社会主义和谐社会等时代实践主题相联系，与新科技革命及经济全球化浪潮相适应，当代中国社会的实践形式也发生着深刻的变化，主要有实在实践、虚拟实践和模拟实践等具体形式。这些实践形式，有的是传统就有的，有的是新出现的。不管是传统的还是新出现的实践形式，都既有实践形式的一般特性，又有新的时代内容和特点。

一、实在实践

(一)实在实践及其特征

实在，是相对于"虚在"而言的。实在实践是指现实的人的感性的、对象性的一种活动。这类实践形式的主体是从事着现实的实践活动和认识活动的人。实在实践的主体在实践活动中具有自主性和能动性，他担负着提出实践目的、操纵实践工具、改造实践客体，从而控制和驾驭实践活动的多重任务。实在实践的客体是实在实践活动和认识活动所指向的对象。现实物质世界当中的客观物质事物并不都是实在实践的客体，只有那些进入主体活动的领域，同主体发生功能性关系，主体活动所指向的客观事物才能称为实在实践的客体。客观事物能够成为实践的客体、不仅取决于这些客观事物的自在本性，同时也取决于人的本质力量的发展程度和水平。所以客体同主体一样都是历史的范畴。客体的基本类型有自然形式的客体、社会形式的客体和精神形式的客体。

实在实践具有如下特征：第一，客观现实性。实在实践是客观的物质活动，实在实践的要素、过程和结果都是客观的。第二，自觉能动性。实在实践是现实的人有意识、有目的地改造客观世界的活动，具有目的性、自主性和创造性。这种自觉能动性是现实的人区别于动物的特点，也是实践发展水平的标志之一。第三，社会历史性。实在实践不是孤立的个人的活动，而是社会活动，并受着一定历史条件的制约。

（二）实在实践的基本形式

一般来说，实在实践是"创造性"实践，包括三种基本形式：生产实践，包括物质生产实践、精神生产实践以及人自身的生产实践；交往实践，即人们处理社会内部各种社会关系的实践；科学实验。这三种基本形式之间是相互联系、相互制约的。其中，物质生产实践是最基本的实践活动，是决定其他一切活动的东西。与任何社会形态一样，当下我国社会的实在实践形式也包括这三种基本形式，当然也有其新的时代内容。

1. 生产实践

生产实践属于实在实践形式，也是人类最基本的实践形式之一。它伴随着人类社会的产生和发展并对其发展起着决定性作用。生产实践又分为物质生产、生产关系的生产、人自身生产及精神生产四种具体形式。

第一，物质生产。物质生产实践是人们获得生活资料的活动，既是人类社会形成的前提，也是人类繁衍、精神生产和社会持续发展的可靠保证。人类要生存，就必须世代进行劳动，进行生产实践。物质生产实践把人与自然既区别开来又联系起来，实现着人与自然之间的物质、能量变换。正如马克思所说："一切人类生存的第一个前提，也就是一切历史的第一个前提，这个前提是：人们为了能够'创造历史'，必须能够生活。但是为了生活，首先就需要吃喝住穿以及其他一些东西。因此第一个历史活动就是生产满足这些需要的资料，即生产物质生活本身，而且，这是人们从几千年前直到今天单是为了维持生活就必须每日每时从事的历史活动，是一切历史的基本条件。”①通过物质生产劳动，人类获取了生存的物质资料，使人类世代繁衍和精神生产成为可能。因此，生产实践是所有实践活动得以产生的基础和前提。这类实践形式较为突出地呈现出物的客体性特点。物质生产是以客观物质的存在为前提的。没有自然界，没有感性的外部世界，人类就什么也不能创造。

物质生产作为人类活动，其实质就是对自然界的改造，使大自然符合人类的需要。人与自然的关系是由人主导的。在漫长的历史岁月中，人与自然是和睦相处、和谐共存的。但是，工业革命以后，人类中心主义抬头，它提倡一切以人类的利益为中心，对大自然进行无情的索取与开采。由于人类对于自然界的认识能力与改造能力受到人类科学技术手段的限制，人类对自然界的改造的实际结果并不一定会符合人类自身的目的与自然生态自我平衡的要求。人类的生产实践对于自然界的实际影响会出现两种相反的结果。一种结果是人通过物质生产引起外部世界朝着满足人的需要、合乎人的目的方向变化，这就是生产实践活动的正面影响。这种影响符合人类生存与发展的真正需要，在人类历史长河中这种影响占据主导的地位，有利于人类自身的生存和发展，有利于人类社会历史文明的持续与保存。同时这种影响符合自然生态的平衡，符合自然规律的要求。另一种物质生产的结果引起的外部客观世界的变化不符合人类自身生存与发展的需要，不符合生态平衡与环境保护，是一种对人类社会与自然世界的负面影响。在一定的时间限度内，虽然暂时性地满足了部分区域人群的需要，但最终却毁灭了一定人类社会的文明与人类自身。正如恩格斯所言：“我们不要过分陶醉于我们人类对自然界的胜利。对于每一次这样的胜利，自然界都对我们进行报复。每一次胜利，起初确实取得了我们预期的结果，但是往后和再往后却发生完全不同的、出乎预料的影响，常常把最初的结果又

① 《马克思恩格斯文集》第9卷，人民出版社2009年版，第559～560页。

消除了。"①现代物质生产的发展已使人类获得了征服自然的力量，同时也开始日益严重地破坏人类和自然界的生态平衡并污染人类赖以生存的自然环境，使人们深深感觉到自然界报复的威胁。如果人类再不重视和解决这个问题，就会毁灭人类自身。因此，在人类的生产实践中不仅要看到人和自然的斗争，还要看到人与自然的和谐相处。

历史有惊人的相似之处。毋庸讳言，在我国进行改革开放、现代化建设的今天，物质生产也走着大体相同的道路：在物质生产过程中，一方面，我国取得了世人瞩目的巨大成就；另一方面，环境污染、资源浪费、生态恶化等也达到了触目惊心的程度。因此，必须实践科学发展观，实现科学发展、和谐发展、和平发展。

第二，生产关系的生产。在人们的物质生产过程中必然形成一定的生产关系。生产关系又称社会生产关系、经济关系，在本质上是人们之间的社会物质关系。生产关系是人类社会存在和发展的基础。狭义的生产关系是指人们在直接生产过程中结成的相互关系，包括生产资料所有制关系、生产中人与人的关系和产品分配关系。广义的生产关系是指人们在生产的过程中结成的相互关系，包括生产、分配、交换和消费等诸多关系在内的生产关系体系。

第三，人自身的生产。人自身的生产是人类进行自我繁衍、自我发展的客观活动。人自身的生产有两种情形，一是生命的自我延续，二是生命被生产。人的自身生产，归根到底在于他是作为客体不断地被生产，使社会不断增长作为实践需要的主体的人，促使人的本质力量在不断自身生产的过程中提升、完善和实现。人是实践的发动者、承担者，没有持续不断的人自身的生产，就没有实践的延续。人自身的生产既是实践发展的源泉和动力，又是其他实践产生和发展的前提。

然而，人自身的生产是一种特殊的自然物质的生产，也是特殊的社会关系的生产。"生命的生产，无论是通过劳动而生产自己的

① 《马克思恩格斯文集》第9卷，人民出版社2009年版，第559～560页。

生命，还是通过生育而生产他人的生命，就立即表现为双重关系：一方面是自然关系，另一方面是社会关系”。① 因此，人自身生产的特殊性就在于它是实践主体的人自身类的生产，因而也是自然关系和社会关系的双重生产，是现实实践主体和潜在实践主体的统一。人按照自身的类的需要繁衍后代，是实践主体创造的物的人化。这种实践方式与物质生产实践相比，有明显的区别，并且有着密不可分的联系。

第四，精神生产。人们在创造物质文化的同时，还从事创造精神文化的实践活动。精神生产是实践主体以精神文化的生产为目标，并以对象化的形式为社会创造和提供精神食粮的客观活动。尽管精神生产离不开社会的物质生产，但它又有自己的独特性。与纯粹的精神存在所不同的是，它除了需要人的主观精神活动相伴随，还需要以大脑以外的其他物质性活动作为手段，并且活动结果也不仅仅是活动者的大脑里的一种精神财富，而是表现为供社会享用的精神产品。

人类精神生产的成果主要表现为科学和艺术、道德、宗教、哲学等具体形式。在《〈政治经济学批判〉导言》中，马克思简要地叙述了人类掌握世界的方式问题。他说：“具体总体作为思想总体、作为思想具体，事实上是思维的、理解的产物；但是，决不是处于直观和表象之外或驾于其上而思维着的、自我产生着的概念的产物，而是把直观和表象加工成概念这一过程的产物。整体，当它在头脑中作为思想整体而出现时，是思维着的头脑的产物，这个头脑用它所专有的方式掌握世界，而这种方式是不同于对于世界的艺术精神的，宗教精神的，实践精神的掌握的。”②在这里，马克思把人类掌握世界的方式主要区分为两种：科学理论方式与实践精神方式。“把直观和表象加工成概念这一过程”是以感性认识到理性认识、以具体到抽象的飞跃，是形成具体总体即整体的过程。这种掌握世界的方式是科学理论方式。科学理论方式主要表现为科学这一

① 《马克思恩格斯文集》第1卷，人民出版社2009年版，第532页。

② 《马克思恩格斯选集》第2卷，人民出版社1995年版，第19页。

具体形式。与科学把握世界的方式不同的是实践精神的方式。马克思认为这种方式主要是以艺术、宗教，实践的形式来体现的。艺术、宗教和实践的精神方式主要体现为艺术、宗教、道德、哲学等表现形式。它们与科学精神方式都是从具体的对象出发去揭示、认识对象的特性。通过精神生产产生的精神产品外化并表现为物的形态，具备物质的基本属性，所以可以将精神生产称为实践的基本形式。

2. 交往实践

人们处理社会关系的实践即交往实践是第二个人类最基本的实践形式。“社会关系的含义在这里是指许多个人的共同活动，不管这种共同活动是在什么条件下、用什么方式和为了什么目的而进行的。”①马克思在《哲学的贫困》中说：“社会关系和生产力密切相联。随着新生产力的获得，人们改变自己的生产方式，随着生产方式即谋生的方式的改变，人们也就会改变自己的一切社会关系。手推磨产生的是封建主的社会，蒸汽磨产生的是工业资本家的社会。人们按照自己的物质生产率建立相应的社会关系，正是这些人又按照自己的社会关系创造了相应的原理、观念和范畴。所以，这些观念、范畴也同它们所表现的关系一样，不是永恒的。它们是历史的、暂时的产物。”②社会关系是历史地不断变化发展着的，人们的社会交往实践也是历史地变化发展着的。

社会交往是指通过人与人之间的实物或信息的传递和共享，主体与主体之间达到相互理解和相互协调，影响或改变主体间关系的一种人类活动。在处理社会关系的活动中，每个人或者每个群体都与其他人或者其他群体相互交往，彼此联系。他们互为主体，互相传递信息，而不是只将自己视为主体，把对方视为客体，来处理跟对方的关系。在交往中每个个体汇成不同的集团、阶层、民族、国家，并建构起多方面的社会关系。交往实践根源于人的社会性。社

① 《马克思恩格斯文集》第 1 卷，人民出版社 2009 年版，第 532 页。

② 《马克思恩格斯文集》第 1 卷，人民出版社 2009 年版，第 602 ~ 603 页。

会与人的关系是辩证统一的，社会是属人的社会，是人与人相互联系的有机集合体。个体的人又都是社会的人，个体的生存和发展离不开社会。为了能够生存和发展，个体的人就无形地要与其他人发生联系和交往，这样就构成了各种社会组织和社会集体。在日常生活中，每个人从事改造客观物质世界的活动都必须在某些方面、某种程度上依赖其他人的帮助和协作，都不可能孤立地进行。因此，将人们处理社会关系的实践称为社会交往实践更能体现实践活动的特点和内涵。

3. 科学实验

随着人类对于自然界与人自身的探索深度与广度的扩展，人类知识增加，人类的实践活动有了新的形式——专门性的科学实验。科学实验是实践主体为了能更好地认识世界而进行的一种探索性的客观活动。起初，人们为了达到某一目的而开展一些实验性的活动，科学技术的发展以及人探索认识世界的能力进一步增强，产生了有更为明确的目标的科学实验。它运用一定的设施和手段，探索客观事物的本质和规律。

与生产实践和交往实践所不同的是，科学实验不是伴随着人类社会的产生而产生的，而是到了封建社会末期、资本主义社会初期才真正产生的。这种科学实验是适合生产、社会和伦理等一切领域的活动形式。以生产为对象的科学实验就是通常所理解的自然科学家所从事的科学研究和实验的活动。以社会为对象的“科学实验”从 18 世纪以来英国注重实验科学的近代思想家和社会科学家们那里就已经开始了。

随着社会的发展和历史的进步，科学实验日益彰显出巨大的作用，它已经成为社会生产和生活中不可缺少并愈加凸显出重要性的社会实践。现在，世界各发达国家都把科学实验放在十分重要的位置上，抢占科学技术的制高点。我国也早已提出“科学技术是第一生产力”，正大力实施科教兴国的宏伟战略，高度重视并充分发挥科学实验的地位。1999 年，中国科学院根据国家经济、社会发展和国家安全等重大战略需求和战略性、前瞻性和创新性的基本定位，明确战略方向，凝练创新目标，研究确定了 9 大领域，即农业高新技术、人口与健康、能源、新材料、信息与自动化、空间科学与技术、生态与环境、地球科学和重大交叉科学前沿，并在这9个领域中细化出脑科学、纳米科技基础等78个领域前沿，以及转基因育种技术、空间材料科学等95个重点研究方向，计划投资7亿元，力争取得一批具有国际先进水平的研究成果。

二、虚拟实践

(一)虚拟实践及其特征

虚拟实践是一种伴随着人类社会科学技术的进步而逐渐兴起的人类活动，在当代属于较新的实践活动。一般说来，虚拟实践是一种具有“臆构性”色彩的实践。学者之间对于“虚拟实践”的概念还存在一定的争议。尽管不同的学者由于研究视角不同，可能对虚拟实践赋予不同的意蕴，但大体上是一致的。例如，有学者认为，虚拟实践是指“人在虚拟空间利用数字化中介手段进行的有目的、双向对象化的感性活动，是人利用数字化中介手段对现实性的感性超越”。① 有学者说，“虚拟实践方式本质上是虚拟主体对信息符号的处理”。② 通俗地讲，虚拟实践是指人们运用计算机、网络和虚拟现实(VR)等信息技术在电脑网络空间中有目的地进行的能动地改造和探索虚拟客体的一种客观活动。

1. 何谓“虚拟”

为了正确理解“虚拟实践”的内涵，我们首先要进一步理解何谓“虚拟”。

“虚拟”是标志人的超越性和创造性的哲学范畴。从特性上讲，它不是预成性的，而是生成性的；不是因循的，而是创造的。“虚拟”和“客观实在”相对，理解了客观实在，就理解了“虚拟”。在哲

① 张明仓：《虚拟实践论》，云南人民出版社2005年版，第86页。

② 李荫榕、王琪：《论虚拟实践方式》，《自然辩证法研究》2006年第3期，第52页。

学上，客观实在性是物质的唯一属性。辩证唯物主义认为世界是由物质构成的，运动是物质的根本属性。物质与物质的属性是辩证的统一，既没有离开了物质的属性，也不存在不具备属性的物质。人们正是通过对物质属性的把握逐渐认识物质的，即在现实世界中，人之所以能感受到物质的存在，就是因为物质属性能够被我们的感觉所感知。所谓客观实在性，列宁认为，“物质是标志客观实在的哲学范畴，这种客观实在是人通过感觉感知的，它不依赖于我们的感觉而存在，为我们的感觉所复写、摄影、反映”。① 物质具有可知性，因而感觉能够反映物质。在人类能应用光电技术之前，人类无法对已经发生或者正在发生以及未发生的人类活动进行复制、保存与拟制，所有的人类活动必须是实实在在发生的活动。发明与应用光电技术后，人类可以运用这些技术对人类社会活动进行复制、保存与拟制，例如拍摄照片、拍摄电影等，这样，人类不仅可以如同过去一样，运用人类的脑部记忆能力去记忆人类实践活动，还可以通过以硅晶体为介质的物质形式去记忆、存储人类社会活动。不依赖人类意识、不以人的意志为转移，但能为人的感觉感知的是客观实在。“虚拟”则是依赖人类感觉或者以其他物质为介质的“存在”，这样的“存在”在光电技术发明与应用之前，只能够依赖人类的脑部，人类可以通过假想而认为其“存在”。比如，在人类社会早期的活动中，虚拟是以想象、幻想为手段，建构了原始宗教神话和传奇、传说，并以此来把握世界、超越现实的限制。在语言文字产生及光电技术发明与应用之后，则多了一种所依赖的物质形式——以硅晶体为介质的物质形式，体现其“存在”。总之，所谓“虚拟”的存在，就是以某种物质形式为介质而体现其“存在”。

虚拟不是虚幻。虚幻仅仅是个人头脑中的幻想而已，没有可感知、可触摸的性质，是纯意识的产物，无法在其中从事实践活动。虚拟则不然，在虚拟的世界里，事物不仅可看、可听，还具有一定的可操作的性质。但是，虚幻虽不同于虚拟，却可以借助虚拟手段来表达，成为具体实践的依托。没有虚拟现实技术，这种设想的实

① 《列宁选集》第2卷，人民出版社1995年版，第89页。

现几乎是不可能的，虚拟现实技术给人类的幻想插上了翅膀，使人类可以无拘无束地在幻想的空间中飞翔，使人类的想象力得到最大程度的发挥，更充分地享受幻想王国中的自由。因此，虚拟现实技术对现实空间的模拟，大大增加了人们的实践机会和扩展了实践的自由程度。由于其所具有的种种物理属性以及可操作与交互的性质，人们可以利用它们来模拟现实，或者在虚拟的世界中从事种种在现实世界里不可能进行或是具有较大危险性的工作。尽管虚拟的事物非物质，但虚拟开辟了一个新的实践领域，正是在这个基础上，虚拟现实张扬着它的现实意义，也孕育着它的未来意义。

2.“虚拟实践”的主体与客体

当人类社会进入光电时代之后，随着计算机技术的发展，人类的活动领域进一步扩展，其活动形式也有着不同于传统的表现形式。在传统的技术背景下，人类活动作为社会实践，其主体是现实的人，实践的媒介与实践的结果都是客观实在的。即使以戏剧、小说的形式展现的艺术活动，也有客观可视的实践结果和媒介。如传统戏曲中，必须以真实的演员去扮演虚拟的戏曲中的人物，在真实的可视的舞台上进行表演。但在虚拟实践中，虽然实践主体仍然是现实的主体，仍然担负着提出虚拟实践的目的、操作虚拟实践工具、创设和改造虚拟实践客体、驾驭和控制实践活动等任务，但由于虚拟空间的开放性、隐匿性，虚拟实践媒介与结果以硅晶体为介质的物质形式展现，因此真实的实践主体在虚拟空间中其身份既可能与现实实践主体相一致，也可能因具有了隐匿性而变得不具有可信性。“虚拟实践”的“虚拟”性表现在真实的活动主体在自己所创设的虚拟活动空间中以虚拟主体的名义或者以自己的名义进行实践活动，这种实践活动的结果或者是虚拟的或者虽然具有虚拟性但与真实实践紧密相连。

从建构理念上说，虚拟现实技术对现实世界中客观事物的描述可以分为两种情况：其一是空间关系对应的描述，即虚拟物系与真实世界中的客观存在一一对应地在空间域中的描述，为人们提供了虚拟的空间，提供了虚拟的归属感和位置感；其二是时间关系对应的描述，即虚拟现实技术实现对某一过程的复制，在这种描述方式中，人们可以亲历历史，这种描述能力为人们提供了世界的时间流动，提供了对实践过程的支持。当然，这两种描述理念并不是严格地相分离的，第二种描述往往建立在第一种描述的基础之上。因此，虚拟实践的客体与实在实践的客体相比具有自身的一些特点。这类实践的客体不再是进入实践主体活动的范畴内的客观事物，而是以硅晶体为媒介而存在的信息。也就是说，实在实践的客体表现为不依赖实践中介的现实客观世界和人们的主观世界。虚拟实践的客体是信息数字化后再根据实践需要所得的组合，也就是由虚拟现实技术派生和创设出来的客体对象。实在实践的客体在于客观现实性。虚拟实践的客体与实在实践的客体的区别在于其虚拟性。虚拟实践活动用0和1组合的BIT数据来表现人类社会活动的信息，使现实客体具有的客观性消失。任何现实事物由于其自在性，本身包含着无数个可能发展的方向，但现实客观条件的限制使得只有一种可能性成为现实。而虚拟实践则可以把现实中不能再现的事物的其他潜质近乎真实地实现，这就使得“自在之物”第一次有可能完整地展示自己的本质。

综上所述，与实在实践相同，虚拟实践也是由三要素构成，即虚拟实践的主体、客体和中介，它们之间是一个动态的系统。如果我们说现实实践是主体在现实空间中运用中介工具改造现实客体的话，那么，虚拟实践则是虚拟主体在虚拟空间中以数字化技术为中介改造虚拟客体的活动。实在实践必须有实践的主体、客体和实践工具的现实到场才能进行，而虚拟实践的主体和客体都只是一种虚拟的数字化构成，不必现实到场，而且虚拟实践的中介创设虚拟客体。

3. 虚拟实践的特征

第一，虚拟实践必须依赖现代以人工智能为核心的信息技术。自人类学会使用符号以进行各种交流活动之始，实际上已经开始了部分虚拟化的实践活动，如人类以不可视的口头语言进行交流，以某些可视符号展示人类活动、表达人类的情感。如以绘画展现人类某些行为等。当人类进入光电时代之后，人类实践中的虚拟色彩逐渐增多，乃至出现了一些真正的虚拟实践活动，如参与网络游戏等。当前，这些虚拟实践活动具有一个显著的特点，即必须依赖以计算机技术为核心的光电技术、通信技术等现代技术，没有这些技术作为支撑，人类的这种虚拟实践活动是不可能进行的，也是不可想象的。用发展的眼光看，人类虚拟实践的界限就是人类信息技术发展的极限，特别是人工智能硬件与软件技术发展的极限。

第二，虚拟实践中实践主体的主观能动性得到极大限度的发挥。在虚拟实践中，由于以硅晶体为介质的物质形式可以在实践主体的意志之下拟制出各种人类活动，乃至想象出非人类活动，因此实践主体可以充分发挥自己的主观能动性，自由地进行各种虚拟的实践活动。例如在现实生活中，实践主体可能只是一个普通人，但在虚拟的时空中，可以把自己想象成一个达官显贵，进行一些虚拟的活动。

第三，虚拟实践的交互性。在虚拟实践中，不仅有人—机对话的交互，更有以计算机网络支撑的人—人之间的交互活动。虚拟实践的交互性具有不同于传统意义下的实践活动的特点：在传统意义实践中，人类交往受制于时空特性，具有即时性、“身体在场性”。虚拟实践却不同，由于不再受制于时空限制，人类交往可以不再是即时性的，也不再需要面对面、现实的“身体在场性”；在传统意义实践中，人类交往往往基于传统的血缘、业缘、地缘关系，而在虚拟实践中，人类交往基于网络而进行，大量陌生的、不同地域、不同行业、不同民族语言的人，在网络社会中实现了自由自在、平等的交往。正是在这种交往中，人们建立起了一种新型的社会关系——网缘关系。在这种网缘关系中，双方以获取信息和情感交流为目的，以心理认同和兴趣一致为黏合剂。这与以角色化、面具化、规范化和模式化为特征的现实生活交往形成鲜明的对照。①

第四，与实在实践的交融性。虚拟实践虽然是人类自身在虚拟的空间中进行以硅晶体为介质的实践活动，但由于人类自身的特点，这种虚拟实践对人类实在实践会产生巨大的影响，与实在实践

① 参见王琪、李荫榕：《虚拟实践的类型与特征分析》，《忻州师范学院学报》2008 年第 4 期。

相互交融。如通过电子仿真技术，人类模拟再现了某种科学实验的过程及结果，这种过程与结果可以用于人类实在实践，对实在实践活动进行一定的指导与影响。

（二）虚拟实践的具体形式

关于虚拟实践的形式，可以从不同的视角加以认识和规定。有学者认为，“狭义的虚拟实践也不是单一的，而是多种多样的。概而言之，人们目前经常谈论的数字化虚拟实践，主要包括两种情形：其一是在具有较高性能的计算机网络系统中进行的普通网络行为……其二是相对于虚拟现实（VR）系统的虚拟实践活动”。目前，在虚拟现实系统中进行的虚拟实践，则有仿真性虚拟实践、设计性虚拟实践、探索性虚拟实践等表现形式。① 我们认为，与实在实践形式一样，虚拟实践也可以划分为虚拟生产、虚拟社会交往与虚拟科学实验等具体形式。

1. 虚拟生产

虚拟生产也是一种现实的生产，其产品具有现实性。虚拟生产主要有两种形式。一是信息产品的生产。在虚拟生产中，以网络为平台，人类主要投入智力，生产符号化的产品。二是真实而现实的产品生产。与实在实践形式的物质生产相似，虚拟生产也生产出真实而现实的产品。例如，“现在，国际上出现了一种称作‘虚拟制造’的方式。所谓‘虚拟制造’，就是公司按市场需求运用计算机进行产品的开发研制和经营管理，掌握产品的核心软件技术和行销管理，而产品的硬件则通过向社会上的有关企业提出技术、成本和生产进度要求，由它们加以制造，然后由虚拟制造公司加以合成，嵌入核心软件。这样的虚拟制造公司本身基本上没有生产设备和生产线”。我国的沈阳就有软件开发公司开办的虚拟制造中心。②

2. 虚拟社会交往

虚拟社会交往是指虚拟交往主体之间、主体与电脑之间以及同

---

① 参见张明仓：《虚拟实践论》，云南人民出版社 2005 年版，第 131～136 页。

② 《江泽民文选》第 2 卷，人民出版社 2006 年版，第 397～398 页。

一主体的不同角色之间在虚拟社会中所形成的以信息或符号的传递为手段，以理解、协调、交流和认同为目的形成的同时或非同时的互动活动。①

"信息"是当代社会使用得最多、最广、最频繁的概念之一。它不仅用于表示人类社会生活的方方面面，而且还广泛用于表示自然界的生命现象和非生命现象。人们用来表示和规范自然、社会和人类思维种种现象和过程的信息概念，是社会的文化符号。在广义上，信息被理解为物质的一种属性，是物质存在方式和运动变化规律和特点的表现形式。在狭义上，信息被认为是一种消息、信号、数据和资料。虚拟社区社会交往的信息主要是狭义意义上的，主要是影响人们生产、生活、科学研究等活动的种种"自然"的和人文的消息、信号、数据和资料。

计算机在实质上是信息处理机。它不仅能处理数值信息，也能处理非数值信息（如文字、图像等），可把非数值信息转化为数字信息进行处理，其特点是快速、准确，是人脑部分功能的延伸，而在记忆、计算方面还要优于人脑。作为一种新的信息传递方式和交换方式，计算机及计算机网络的出现将极大地改变人类的生产和生活方式。在计算机构成的网络世界里，虚拟主体可以组成"真实的"虚拟社区，实现"真实的"虚拟社会交往。

在虚拟社区里，虚拟主体可以超越现实的身份限制和地域限制，以虚假的身份表达真实的意愿，特别是真实的身份不能、不便或不愿表达的意愿。这些意愿可能是积极的，也可能是对社会的稳定和发展形成现实危害的。加之在虚拟社区里，社会交往的虚拟主体成分复杂，难以辨认，外来的虚拟主体可以超越国界进入每个家庭，直接与虚拟社区的个人发展社会交往。在虚拟社区里，"志同道合"的虚拟实践主体足以形成真实的社会群体，形成难以捉摸的社会力量。在这种情况下，社会交往的复杂性更是难以预测。因此，加强对虚拟社区的渗透力、控制力、导向力，显得异常重要。

① 参见王琪、李荫榕：《虚拟实践的类型与特征分析》，《忻州师范学院学报》2008 年第 4 期。

3. 虚拟科学实验

虚拟科学实验是指在人类科学实验过程中，运用虚拟技术手段去显示、再现试验的具体过程以及人类自身感官器官无法感知的试验结果或者限于该结果的巨大威力，不能由人类直接感知。例如人类要想获知火山爆发的过程和对人类、自然界的恐怖后果，但人类无法制造一个真实的火山爆发试验，在虚拟技术没有发展以前，只能对火山自然爆发进行科学研究。这种研究具有一定的滞后性，也不能深入火山内部探测熔岩的熔化、喷发和冷却过程。在人类掌握了虚拟技术后，通过计算机虚拟火山爆发过程，科学家可以轻松地在计算机屏幕上显示火山爆发的各种具体场景，获得各类科学数据。再如科学家要了解核原子爆炸过程，便于和平开发、利用核能，现在就只能通过虚拟试验了。一方面核原子爆炸威力巨大，一旦发生不测，后果将不堪设想，可能导致人类自身的毁灭。对人类毁灭的恐惧限制了核试验的次数与试验当量。另一方面，在国际上，出于维护生态环境和世界和平的目的，一些国家参与缔结了禁止核试验有关的公约，禁止进行核试验。我国也宣布不再进行核试验。在这样的背景下，进行核试验以获得相关的科学数据以利于和平利用核能，只能借助虚拟技术，开展虚拟试验获得必要的科学数据。虚拟科学实验也是人类的实践形式。虽然试验结果具有一定的虚拟性，但这种行为一方面需要借助人类已有的科学知识，另一方面也通过这种实验活动获得了新的科学知识，并运用到人类社会的生产、生活中，推动了人类社会的发展。

近年来引起各国科技界、政府部门及相关国际组织广泛重视的“数字地球”，就是虚拟科学实验的典型形式。人们设想，把有关地球的海量的、多分辨率的、三维的、动态的数据，按照地理坐标集成起来，形成一个“数字地球”。人们借助于这个数字地球，在任何地方都可以按地理坐标了解到地球上的任何一地、任何一处的任何信息。数字地球以信息高速公路和国家数据基础设施为依托。随着信息传递的数字化、网络化，用户可以在办公室的终端或会议室的大投影屏幕上，按照地理坐标进行检索，身临其境地置身于千里之外的“实地”——电子沙盘之中，查看地形地貌的变化，河流水系的险情，还可以进行城市规划、退耕还林等模拟分析。近几年来，在互联网上推出了 VRML(虚拟现实造型语言)，为在互联网上实现虚拟现实，提供了技术支持。

我国有关部委、中科院、高校、各省市县在近 30 年间，已经积累了大量的原始数字化数据和相应的资料。“中国信息高速公路”等基础设施的建设为我国发展数字地球提供了通信支撑条件；国家四大计算机网络已具备了完善的信息基础平台。我国自主开发的地理信息系统软件日见成熟，正在稳步走向国际市场，将为我国的数字地球建设提供必要的软件支持条件。我国“863 计划”、“S863 计划”、“攀登计划”、“973 计划”、“8 金工程”、“北斗导航系统”等国家科技发展计划的实施以及我国高科技创新体系的建立，都为在我国建设数字地球提供了可靠的保证。另外，一大批有较高水平的科技知识分子和科技管理队伍，为实施数字地球提供了重要的人才保障。

三、模拟实践

(一)模拟实践及其特征

1. 模拟实践概说

模拟实践是随着人类社会的发展、科学技术的进步而出现的新的实践形式。一般而言，模拟实践是“功能性”实践。模拟实践也叫“仿真”实践，是指在一定的实验场景下，实践主体遵循事物本身的属性及规律，仿效实在实践，实现一定实践目的的实践活动。与实在实践相比，模拟实践的实践主体和实践客体都是真实的。模拟实践的实践主体同样具有客观实在性，是现实的、从事一定实践活动的人。在一定程度上，模拟实践的客体与实在实践客体相似，表现为其也是客观存在物。但是，模拟实践的客体有别于实在实践的客体。如果说实在实践的客体是自然的或人化自然的话，那么，模拟实践的客体则更多地具有“人为性”，是按照事物的属性及规律而人造的实验场所和环境。然而，模拟实践的客体，也不同于虚拟实践的客体。模拟实践的客体是真实存在的，不需要借助任何媒介就能存在的客观事物。模拟实践的主体与虚拟实践的主体相比，也有区别。虚拟实践的主体虽说是现实的人，但他在进行实践活动时既可以真实的身份出现又可以使用虚拟的化名，并且虚拟主体要达到实践的结果还需要借助数字化的中介工具，而模拟实践的主体则是真实的。

2. 模拟实践的特征

第一，模拟实践的实现需要主体建构一定的实验场景。模拟实践同实在实践以及虚拟实践一样，也是由三要素构成的，即模拟实践的主体、客体以及实现模拟实践的媒介。模拟实践的主体是现实的人，现实的人按照自己的实践目标、通过预设实践的客体以及预设一定的实践场所和环境来从事模拟实践活动。一般来说，其实践结果也是实践主体所能预期到的，具有预测性。

第二，模拟实践的客体有时不需要借助任何数字化媒介就能真实存在。模拟实践的客体是模拟实践主体选定的、设计的，有时不需要借助任何数字化的媒介就能真实存在。

第三，模拟实践的中介既可以是现实的工具也可以是借助虚拟技术派生的。实践的中介是实践主体借以作用于客体的工具，是联系主体与客体的桥梁。实在实践的中介是现实物质工具，虚拟实践的中介是虚拟技术(即数字化技术)，而模拟实践的中介则既可以是现实存在而不是派生的，也可以是由虚拟技术派生和创设的。比如在模拟教学当中，实践的中介就是客观存在的。在当代军事演习以及模拟战场当中，其实践的中介就是网络技术以及无线电通信设备等。

(二)模拟实践的形式

模拟实践的形式也表现在各个领域。比如，现代战争多采用模拟战争的实践形式。这种模拟战争由模拟实践的主体充当指挥员，借助现实的工具、以计算机技术为核心的光电技术、通信设备，指挥自己的部队驰骋在多维作战空间。该模拟系统，可以用多种方式对任何联合作战行动进行模拟演练，用途非常广泛。既可以由学员与教员进行对抗演习，也可在学员之间分两军进行对抗演习。这种模拟演练系统具有较高的仿真程度，计算机的光标只要指向任何一支部队，即可在显示屏上显示出该支队伍当前的坐标。系统提供的两军全程自由对抗功能，为指挥员充分展示指挥才能提供了舞台。指挥员的创造活力被激活，创新在这里不再是简单的口号，而是实实在在的行动。从图上对抗到兵棋对抗，再到作战模拟，是学习、研究战争方法和手段的历史性跨越。计算机作战模拟演练，实质上提供了一个“作战实验室”。在这个实验室里，利用模拟的作战场境，可以检验现实的作战策略，可以评估武器系统的效能，可以预测未来战争的样态，可以启发新的作战思想。军事模拟技术的每一次突破，都是向真实作战的日趋接近，作战模拟系统的研制成功更标志着人类在模拟实践方面的突破。

模拟实践除了模拟战争的形式外，还有许多其他形式的模拟实践行为。人类社会的生产、生活的各个环节中充满了模拟实践的具体形式。特别是各种形式的教育领域，广泛地采用模拟教学的形式，提高教学的质量和教学效率。例如在法学教学中，就广泛地采用了模拟法庭的实践形式，通过教师指导、学生模拟扮演原告、被告、法官、警察、证人等真实案件中的角色，熟悉各种法律制度在社会生活中的真实运用情况，学习各种法律条文和法学理论。同样的，在金融教育领域，也有股票、票据等有价证券买卖的模拟实践形式，通过参与这种模拟的金融实践，使得受教育者获得一定的亲身体验，熟悉、了解金融市场的真实运行情况。

四、实践形式的新特点

如上文所述，当代我国的实践形式主要有实在实践、虚拟实践和模拟实践等具体形式。这些实践形式，有的是传统就有的，有的是新出现的。不管是传统的还是新出现的实践形式，都既有实践形式的一般特性，又有其新的时代内容和特点。

第一，实践形式的多样性和差异性。毋庸赘述，当代我国社会的实践形式具有多样性和差异性。一方面，传统农业、传统工业的物质生产方式大量存在；另一方面，与高新科技相联系、与信息化建设任务相适应，产生了许多新的实践方式，如现代农业、现代工业、现代信息业、现代科学实验、虚拟实践、模拟实践等。

第二，实践主体的国际性和智能化趋势。实践主体是实践活动的发动者、活动者、行为者，即具体的从事实践活动的人。实践主体是在实践活动当中获得主体身份、角色、意义的。也就是说，现实的实践主体只有与现实的实践客体构成现实的实践关系的时候，才能获得实践主体的意义，才能以实践主体的身份，扮演实践主体的角色，成为实践主体。从这个意义上讲，实践主体是什么，是由实践客体决定的。由于实践内容的多样性，实践主体的角色、身份也是多样的。也就是说，具体从事实践活动的人，以什么样的实践主体身份出现在实践活动当中，是由其从事的实践活动的内容决定的。因此，实践主体的角色身份是多样的，是随着实践主体自身的变化、实践客体及实践中介的变化而变化的。因此，要到与其发生现实实践关系的实践客体那里去确定、认同实践主体的身份。特别是，在现代科技革命条件下，多重身份的实践主体，可以是以“人”的形式从事实践活动，也可以创造一个客体的“我”，以“虚拟人”的形式从事实践活动。因此，现实的“人”，能够充当实在实践、虚拟实践和模拟实践的实践主体。随着世界范围内科技革命的深入和信息网络时代的到来，智能化因素、科学技术因素作用的日益凸显，实践主体出现了许多新特点，逐渐呈现出国际性和智能化的趋势。

毫无疑问，实践主体具有民族性，即由一定民族群体成员作为实践活动的承担者而形成的一种独特属性，其实践方式也具有独特的民族性。但是，随着世界经济全球化现象的出现，人们交往范围日益世界化，信息、资本、人员等生产要素在全球范围内流动，不断扩大的交往促使民族性的人类实践活动日益整合成为全人类的总体实践活动，呈现出国际化的趋势。世界各个民族不约而同地、不同程度地参与到国际分工和国际交换体系中来，成为实践活动的主体。

与此同时，网络经济的发展使得人们的交往范围世界化，信息、资本等生产要素在全球范围内流动，不断扩大的交往促使表现为民族性的人类实践活动日益整合成全人类的总体实践活动，呈现出国际化的趋势。马克思、恩格斯曾在《德意志意识形态》中揭示了人类历史发展过程中将要呈现出来的这种全球性特征："各个相互影响的活动范围在这个发展进程中越是扩大，各民族的原始封闭状态由于日益完善的生产方式、交往以及因交往而自然形成的不同民族之间的分工消灭得越是彻底，历史也就越是成为世界历史。"①不同的民族、国家在普遍交往的碰撞、交流中，日益被纳入全球一体化的结构而成为世界性的存在，实践主体在不断发展的实践活动中，日益呈现出国际性的特征。实践主体实践方式的国际化主要有两方面的表现，一是民族的实践主体日益获得了国际性实践功能；二是境外其他民族的社会成员成为中国社会实践的主体。实践主体实践方式的国际化，反映了国际分工的深化及世界经济日益紧密的联系。

此外，当代世界新科技革命的步步深入和知识经济的高速发展，使得实践主体呈现出智能化、知识化的特点。20世纪50年代开始出现的以电子化为先导的第三次科技革命，对人类社会产生了广泛而深刻的全方位的影响，尤其是对改革开放、实现社会主义现代化的中国影响巨大。这次新科技革命，以人工智能、网络技术、新材料、新能源、生物工程、太空开发技术、海洋开发技术等科技群落为代表，使社会生产力的组织化、协作化和社会化程度更高了，也使得实践主体呈现出智能化、知识化的特点。例如，生产工具由主要使用人力到使用畜力、自然力，再到使用机器动力、电力、核动力，实践主体的自然力量越来越弱化，实践主体的智力智慧及其功能的延长——电子计算机等人工智能的出现和在实践过程中的广泛使用，使得实践主体远离直接生产领域或场所，而呈现出智能化的趋势。

第三，伴随着实践活动的日益深入，实践客体呈现出广泛性、

① 《马克思恩格斯文集》第1卷，人民出版社2009年版，第540~541页。

深刻性和人工化的趋势。随着人类实践能力的不断提高，被纳入主体对象性活动范围的客体不断增加，过去仅仅作为认识客体的事物变成了实践的客体，过去根本不为人知的事物进入人的视野，既成为认识客体又成为实践客体。马克思说过："工业的历史和工业的已经生成的**对象性的**存在，是一本**打开了的关于人的本质力量**的书。"①实践主体的对象化活动在广度和深度上是无止境的历史过程，造成了对象性世界的不断拓展，使新的实践客体不断出现，从而实践客体在广度和深度上不断扩大。通过实践客体我们可以透视实践主体能力及需要的发展变化，实践客体不断扩大和加深的过程，同时也就是实践的发展过程、人类历史的发展过程。

知识经济时代，实践本身的发展使实践主体需要层次化、丰富化，从而使得实践客体多样化、复杂化。当代生产和科技的发展为人类提供的大规模的智能工具系统，是对人的本质力量的社会性放大，同时又反过来丰富了主体的需要。随着实践的发展，人的需要越丰富，实践客体属性和关系越多，实践客体的发掘就越广泛、越深刻。

此外，实践本身的发展使对象世界扩大化，人们面对的信息量急剧增加，从而导致了实践客体的复杂化：在实践活动领域，人类所研究的一系列复杂系统都包含着巨大的信息量，人脑很难及时、准确地进行处理；在社会生活领域，人们的社会交往日益频繁，社会信息量也大幅度增长，人脑与处理巨大的社会信息、有效地组织社会生活的客观需求，形成尖锐的矛盾；在科学文化领域，人类科学知识的信息量呈几何级数增长，出现了所谓"知识爆炸"。科学技术的发展，使得实践客体不仅在量上，而且在质上发生了巨大变化。更重要的是，由于科技的发展，人们创造出了更多的新材料。这些材料具有智能化、复合化特征，物化着人类更多的智力、科学技术和文化知识。因此，急需借助人工智能，以人工智能来处理实践客体本身的发展变化。

第四，实践时空的叠加与高度复杂性。时间和空间是运动着的

① 《马克思恩格斯文集》第1卷，人民出版社2009年版，第192页。

物质存在的基本形式，是物质固有的普遍属性，时间和空间与运动着的物质是不可分的。辩证唯物主义承认时间、空间的客观性、绝对性和无限性，同时又承认时间和空间的具体形态和具体特性具有多样性、相对性和具体事物时空的有限性。社会历史时空是人的实践活动的存在形式，它必然随着人类实践水平的提高和实践形式的深化而不断呈现出新的特点。

社会历史时空是人类物质交往实践的产物。人类从各自孤立的民族走向世界历史，标志着人类实践活动的时空关系发生了变化，交往全球化实践时空呈现出高度复杂性并达到了全球规模。

实践时空是实践主体的实践活动的存在形式，它必然随着人类实践水平的提高和实践形式的深化而不断呈现出新的特点。20 世纪后半叶以来，在信息化、网络化技术的介入下，形成了以资本、产品和信息在全球范围内的流动为表征的全球性生产和交换体系，这种物质实践体系的流动性对实践主体提出了跨国、跨地区的要求，促使实践主体在更广阔的实践空间发生多维度、多层面的实践活动。特别是，这样的实践活动是与我国当前叠加的工业化、信息化、城镇化、国际化的时代课题相联系的，经济体制转轨的问题和社会结构转型的问题相互交织，前工业化的、工业化的和后工业化的发展问题集中显现，前现代的、现代的和后现代的现象并存，各种社会矛盾错综复杂，从而造成了叠加的实践时空、叠加的实践任务和多元的实践角色，使得实践的时间和空间高度复杂。

第五，实践手段的高新科技与实践的高效益性、虚拟性。实践手段是实践主体与实践客体联系的中介。实践主体通过实践手段将自己的本质力量对象化。在本质上，实践手段是实践主体实践功能的显现、展示和实践能力的放大、延伸、展开。在人类实践活动不断扩展的过程中，伴随着实践主体的进化发展和实践客体的深化扩大，实践手段也不断地进化。在当代新科技革命中，诞生了以电子计算机为核心的新型实践手段，这是实践技术中介系统历史发展过程中具有划时代意义的新的里程碑。由于电子计算机在生产领域的应用，机器工具系统在传统的发动机、传动机构和工具机或工作机三部分组成的基础上，加上了自动控制和调节装置，从而使机器大生产发展成为自动化大生产。科学技术间的相互渗透和信息、通信、交通等技术的发展，使得各种资源得到合理的配置和利用，从而大大提高了实践活动的经济效益和社会效益。

随着互联网的日益普及和虚拟现实技术的迅速发展，人类活动领域已向网络化的方向扩展。与此相应，一种新的实践方式——虚拟实践应运而生。在虚拟实践活动中，虚拟化信息传递工具已从模拟、类比方式转换为数字方式，人们必须以各种网络图标或象征符号作为其自身标志、行动中介和实践对象，信息技术介入人类生活、工作、学习的各个方面，从而极大地提高了人类的实践能力。

第六，全球化背景下分工的细化与合作的深化。当今的经济全球化现象，作为人类历史进程中的一个发展阶段，其运动和过程是全方位的。作为一种全球性运动和过程，经济全球化必将对我国社会物质生产产生巨大而深远的影响，促使社会分工更加细化，使得合作也随之深化。

自工业化浪潮以来，人类社会的相互联系不断加强，与日俱增。科学技术的发展，尤其是20世纪以来科学技术的巨大飞跃，促进了全球化历史进程由必然性向现实性的转化。首先，通信业的飞速发展和国际互联网的建立，使地球变得越来越小，使不同地域、不同行业的实践主体有可能彼此加强交流与合作。其次，电子信息技术的广泛应用，为现代生产提供了技术基础，经济活动产生了更加紧密的联系；现代交通运输工具和设施的发展大大缩短了不同地区之间的距离，使各地实践主体更加紧密地联系在一起，成为真正意义上的“国际化的生产体系”和“国际分工体系”。最后，商品、资本、科技、人才等不断地走向广阔的社会大市场，加上高科技的世界性、人类价值的巨大融合性以及人类经济形态客观规律的推动，都使得当代中国的生产方式在不断智能化的基础上分工细化与合作深化。

第七，人类利益的一致性与实践价值的冲突性。经济全球化在当代的发展使人类社会生活在此基础上跨越国家和地区的界限，人类将进入一个崭新的不同主体共生、共存的时代。以经济全球化为基础而展开的人类实践交往活动，凸显的是人类利益的一致性与互联性，正是这种利益的一致性，使人类成为一个“一荣俱荣，一损俱损”的共同发展的整体。

实践是人特有的改造客体的能动的物质活动。人所进行的一切实践活动从其根源上讲，都是为了满足人们的需要，实践活动总是受某种需要和利益的驱动，即实践主体在开始实践活动之前已经基于一定的价值意识、价值取向，把主体的需要、利益、目的、欲望、兴趣等综合起来，在主体意识中构造出“理想蓝图”，以此指导实践活动，达到自己的目的。因此，在交往过程中，当怀有不同利益需求的价值主体彼此相遇时，必然会出现因价值目的、价值取向、价值评价等的不同而导致的价值冲突。全球化过程就是一个充满矛盾和冲突的过程，世界在多元中共存，在同一中分异。也就是说，在经济全球化进程中，世界经济更多的是在多元化发展中，通过彼此的碰撞与磨合，才逐渐形成了互相理解、互相适应、互相提高、互相依赖的动态格局。因此，在全球化交往实践中，应建立科学、合理的实践规范理念，使实践活动沿着正确的价值取向发展。

第三章　当代中国社会的实践理念

人们的实践活动，总是在一定实践理念的指导下、实现一定实践目的的自觉能动活动。自觉能动的实践活动是实现社会价值目标的现实基础。随着当代中国社会实践形式的新变化，实践主体的实践理念也相应出现了许多新变化和新特点。研究当下中国社会的实践理念问题，是创建社会的和谐实践理念、形成实践主体和谐实践的必要前提。

一、实践理念及其生成

(一)实践主体与实践理念

实践理念与实践主体联为一体、密不可分。实践理念总是一定实践主体的实践理念。社会的实践活动是实践主体本质力量的展示，也是一定实践理念的对象化和外化。实践主体是指在实践—认识活动中，实践和认识活动的发动者、活动者、行为者，即具体的从事实践和认识活动的人。作为实践主体而存在的实体的人，必须是具有自我意识和实践能力的社会的人。实践主体也是一定思维方式、实践理念及实践行为的承担者。作为一定思维方式、实践理念及实践行为的承担者，实践主体具有社会性，其特性深受社会因素的影响和制约。因此，实践理念具有社会性。

首先，实践主体是在实践活动当中获得主体身份、角色、意义的。也就是说，现实的实践主体只有与现实的实践客体构成现实的实践关系，才能获得实践主体的意义，才能以实践主体的身份，扮演实践主体的角色，成为实践主体。从这个意义上讲，实践主体是什么，是由实践客体决定的。由于实践内容的多样性，实践主体的角色、身份也是多样的。也就是说，具体从事实践活动的人，以什么样的实践主体身份出现在实践活动当中，是由其从事的实践活动的内容决定的。实践主体的角色身份是多样的，是随着实践主体自身的变化、实践客体及实践中介的变化而变化的。因此，要到与其发生现实实践关系的实践客体那里，去确定、认同实践主体的身份。特别是，在现代科技革命条件下，多重身份的实践主体，可以是以“人”的形式从事实践活动，也可以创造一个客体的“我”，以“虚拟人”的形式从事实践活动。因此，现实的“人”，能够充当实在实践、虚拟实践和模拟实践的实践主体。从这个意义上讲，实践主体的实践理念同样是与实践客体的特性、实践的具体内容密切相关。

其次，实践主体主要由现实的基本经济制度所决定。随着经济全球化的深入发展及世界科技革命的深刻影响、信息网络时代的到来，当代中国的社会实践呈现出许多新的时代特点。社会实践的时代性促进了社会实践主体的发展进化，促使实践主体也出现了许多新特性，即逐渐呈现出多维性、国际化和智能化的趋势。考察、研究实践主体的这些新特性，对于认识现实实践理念的特点、倡导和谐实践理念、实现社会实践的和谐发展具有重要意义。

（二）实践理念及其内核

实践理念是相对于理论理念而言的，也称实践观念，是指实践主体在具体的实践活动之前，就建构起的关于未来实践活动过程和结果的一种观念模型或理想蓝图，是一种指导与支配现实实践活动的意向性观念体系。或者说，实践主体在开始进行实践活动之前已经基于一定的理论理念、价值判断、价值取向，把自己的需要、利益、目的、欲望、兴趣等综合起来，在主体意识中构造出“理想蓝图”，以此指导实践活动，达到自己的目的。因此，实践理念是理论理念转化为现实的实践行为的中介环节。作为社会性的实践理念，包括诸如实践目的、观念手段、观念计划等要素，但主要表现为实践目的。实践目的是实践理念的内核，观念手段、观念计划等要素都是服从和服务于实践目的的。

人的实践活动总是有目的的自觉能动的活动。“推动人去从事活动的一切，都要通过人的头脑，甚至吃喝也是由于通过头脑感觉到饥渴而开始，并且同样由于通过头脑感觉到饱足而停止。外部世界对人的影响表现在人的头脑中，反映在人的头脑中，成为感觉、思想、动机、意志，总之，成为‘理想的意图’，并且以这种形态变成‘理想的力量’。”①目的性是人类实践活动的显著特点，也是实践理念的核心内容。如果没有实践目的，实践理念就是空洞的、盲目的、无价值的、无意义的抽象观念。事实上，任何实践理念都是有目的的。即使是有意“无目的”，也是有目的的，“无目的”本身就是这种行为计划的目的。同时，目的也只有进入实践主体的实践活动及其过程之中，成为实践结构中的现实要素，才能成为现实的目的，成为实践目的。实践目的是人所特有的对象化活动的观念要素和支配力量，是人的实践活动所指向的观念性的实践结果。它使人的需要、满足需要的活动及其过程自觉化、能动化和目的化。作为实践理念内核的实践目的有这样一些特点：

一是观念性。“最蹩脚的建筑师从一开始就比最灵巧的蜜蜂高明的地方，是他在用蜂蜡建筑蜂房以前，已经在自己的头脑中把它建成了。”②实践目的是实践活动开始之前观念地存在于人的头脑中的实践结果，是一种观念形态的东西。文字、图表、图像等外在的“实践目的”，在其实现之前，也是以观念的形态存在着。观念形态的实践目的是先于实际实践结果的“观念结果”。观念性也可以说是超前性。因为作为一种观念，实践目的是对事物、对象的一种超前反映。在实质上，实践目的是还未实现的理想、信念，是实践主体即将进行的实践活动的目的指向和行为旨归。这样的理想和信念是对于未来目的的追寻。它指向未来，指导、支配实践主体即将

① 《马克思恩格斯文集》第4卷，人民出版社2009年版，第285～286页。

② 《马克思恩格斯文集》第5卷，人民出版社2009年版，第208页。

进行的实践活动。也就是说，这种指导、支配未来实践活动的意向性目的观念是实践主体在从事具体的实践活动之前就观念地建构起来了的关于未来实践活动的目的的一种观念模式或观念模型。这种观念模式或观念模型对于实践活动的过程和实践结果评价也起着一定的引导和制约作用。

二是否定性。实践目的的否定性，是指它的批判性和建构性。它是对事物、对象的一种批判性建构。实践目的虽然是因反映现实事物、对象而产生的，但它不是单纯地、直接地反映现实事物、对象，而是实践主体结合自身的需要对现实事物、对象的一种选择性、批判性反映。这样的反映意味着实践主体超越现实的意向和改变现实的要求。这样的批判性建构也就是创造性建构。实践目的是对现实的一种创造性的反映和建构，它蕴涵着实践主体的美好追求，它建构出更能满足人的现实需要、更完美的观念理想以满足实践主体变革现实的实践要求。

三是导向性。实践目的既是实践主体从事实践活动的一种动力因，也是整个实践活动过程之中的导向性因素。实践目的“作为一种力，它激起自身的外在化，作为一个原因，它就是自己的原因，或其结果直接就是原因”。① 实践目的是存在于实践过程之中的动力，是将主体思想观念外化为现实的实践过程和实践结果的原因。“劳动过程结束时得到的结果，在这个过程开始时就已经在劳动者的表象中存在着，即已经观念地存在着。他不仅使自然物发生形式变化，同时他还在自然物中实现自己的目的，这个目的是他所知道的，是作为规律决定着他的活动的方式和方法的，他必须使他的意志服从这个目的。”②实践目的是实践活动的出发点。作为人的有意识参与的生存发展方式，确立实践目的是实践活动得以进行的第一步。对于实践主体来说，有了实践目的才能进行实践活动。自觉的能动的实践活动是由实践目的支配的行动。观念地存在于人的头脑

① 黑格尔：《逻辑学》(下卷)，构一之，译，商务印书馆 1976 年版，第 430 页。

② 《马克思恩格斯文集》第 5 卷，人民出版社 2009 年版，第 208 页。

中的实践目的，作为实践活动的观念要素，引导并支配着人的实践活动，它贯穿于实践活动的始终，即使是在实践结果中，也有其“身影”——实践结果深深地打上了实践目的的烙印。“目的即包含效果在自身内，因此在效果里目的并没有过渡到外面，而是仍然保持其自身，这就是说，目的仅通过效果而实现其自身，而且它在终点里和它在起点或原始性是一样的。”①由此可见，实践目的既是实践活动的起始点，又是实践活动的复归点。这说明实践目的的导向性也是实践活动的制约性。也正是这样的制约性，促使实践结果尽可能地符合实践目的，从而尽可能真实地实现实践目的。

四是协调性。实践目的是人们从事实践活动的内在依据，是实践活动诸要素、诸方面、诸环节彼此联系、相互照应的纽带。在人们从事着的实际的实践活动之中，实践目的成为统一指挥的“协调员”。它将实践过程中的种种因素都协调起来，使实践活动成为有序的、协同的过程统一体，也使实践活动成为人们不断地自觉扬弃自我的进化过程。例如，实践目的使实践活动的对象成为现实的实践要素；实践目的使实践手段成为实现实践目的的手段，使实践手段的选择、运用、改进抑或创造新手段，都必然地受制约于实践活动的目的或有目的的实践活动，使“手段”成为现实的、实践的、有目的的手段。

五是不确定性。实践目的一旦确立，既是确定的，又是不确定的。在实际的实践过程中，它既充当着“导航员”和“协调员”的角色，又会在实践过程中有所修正或调整。因为，实践活动是一个动态的过程，在实践的运行过程之中，实践活动所面对的现实因素、环境、条件，是不断地变化着的，有的可能与原先所设想的因素、环境、条件相去甚远；实践主体的意识活动、心理状态也是不断变化调节的。因此，原先所设定的实践目的，不能不随之调整。这样的调整，一般而言是“微调”，但也有可能是某部分的根本性调整，甚至是否定原先的实践目的而重新确定新的实践目的。不管是原先确定的实践目的，还是经过调整后的实践目的，都是实践活动运行

---

① 黑格尔：《小逻辑》，贺麟译，商务印书馆1980年版，第388页。

过程中的观念先导。

实践目的的主要特点也是实践理念的主要特点。必须特别强调的是：实践目的的否定性、导向性、协调性，与实践活动一样具有“直接现实性”。同理，作为理论理念转化为现实的实践行为的中介环节，实践理念也具有“直接现实性”。“直接现实性”是实践理念区别于理论理念的根本特点。理论理念、思想观念等外在形式，必须通过实践理念才能转化为现实的实践活动，理论理念、思想观念等对于实践活动而言是比较间接的，而实践理念则是直接与实践活动联系在一起的。它是实践活动的观念预演，是现实的实践活动的直接导因，而现实的实践活动则是实践理念的直接展示和直接呈现。

（三）实践理念的生成

作为指导与支配现实实践活动的意向性观念体系，实践理念有其生成的客观依据。马克思说，有意识的生命活动构成了人自由自觉活动的类本质特性，从而将人与动物区别开来：动物只是按照它的物种尺度和需要来构造，人则懂得按照任何物种的尺度来进行生产，并处处将自己的内在意识对象化，按照美的规律来构造。① 在此，马克思提出了人的对象性活动的“物的尺度”、“人的尺度”及“美的规律”问题，也就是提出了实践理念的具体内容及生成问题。人的实践活动是有目的、有意识的创造性活动。这样的创造性活动必定遵循着一定的原则、标尺和法度，即“尺度”。这样的尺度是物的属性、人自身的自然属性和社会属性、人们的思想观念、社会的理想等的统一。

首先，实践理念是建立在实践主体对外在世界“物的尺度”认识程度及其成果基础之上的。在理论上，外在世界“物的尺度”主要有自然、社会和思维三大领域。在实践上，外在世界“物的尺度”及其三大领域，则主要是与实践活动相对应的实践客体。在价

① 参见《马克思恩格斯文集》第 1 卷，人民出版社 2009 年版，第 163 页。

值上，实践客体是人们实现目的、获得利益、满足需要的物质基础。因此，实践主体与外在世界有本体论、认识论、价值论等意义上的多重关系。在本体论意义上，外在世界“物的尺度”是独立自在的客观实在，具有本源性；在认识论意义上外在世界“物的尺度”，也有其先在性，这是唯物主义的基本立场。但是，在认识论意义上，与实践主体的实践—认识活动相关联的外在世界“物的尺度”，则是指与实践主体的角色意义相对应的、进入实践领域的、具有“属人”性质的认识客体。这是辩证法的基本原则。显然，认识客体“物的尺度”是与实践—认识主体的认识能力密切相关的。在认识成果基础上，实践主体所改造、变革的实践客体，则与实践—认识主体的实践能力密切相连。进一步而言，在实践基础上形成的价值意义上的外在世界“物的尺度”，更是渗透了实践—认识主体主观意愿的社会性实践成果。

由此可见，外在世界“物的尺度”的存在及其作用是一回事，人们对其的认识、理解、解释又是一回事，而人们在实践活动中的价值追求则更是另一回事。尽管如此，理论理念仍然是实践理念形成的必要条件。人们关于外在事物的要素、结构和功能、本质和规律、外部联系等的认识和知识，是进行对象化活动的理论基础，也是形成实践目的、观念手段和实践计划即实践理念的理论基础。如果没有这样的知识、理论，人们的“实践”就是盲目的。因为，如果没有理论理念，人们就不可能与外在事物实现“对接”，不可能得到外在事物的“认可”，不可能以外在事物接纳的方式进入外在事物的“领域”，实现对外在事物的改造和变革，实践活动就难以获得成功。因此，一方面，建立在对外在世界“物的尺度”的认识程度及其成果基础之上的人们关于外在事物的知识和理论，有其客观的依据，在对相同对象的认识、理解、解释上大体相似，其真理性的认识和知识则具有一致性。另一方面，人们认识能力的差异，使得知识水平、认识能力不同的人们那里所呈现的客观事物，又存在着层次、程度、意义和价值上的相对性、多样性和差异性，使得人们的实践理念也存在着多样性和差异性。实践主体的知识水平、知识结构、认识能力等直接关系到实践理念的具体内容。

其次，实践理念是建立在实践主体对自身“人的尺度”认识程度及其成果基础之上的。实践主体对自身“人的尺度”的认识有这样一些方面：一是对自身的本性的认识。人是什么？有人说，人是理性的化身，是有理性的动物；有人说，人是会说话、会制造工具的动物，是政治动物，是社会动物，是进行符号活动的动物；还有人干脆将人视为机器；也有人将人笼统地看成是文化历史的产物，或者说人是一种“存在”；有的人则将人“全面”地理解为“经济人”、“意识人”、“社会人”、“自动人”、“复杂人”。此类说法，不胜枚举。马克思从实践出发，认为“人的本质不是单个人所固有的抽象物，在其现实性上，它是一切社会关系的总和”。① 由此可见，人的属性是多方面的，而人的本质属性则是社会性。然而，也正是人的多侧面、多角色及多重属性，为形成人们关于人自身本性认识的多样性提供了可能，使得实践理念不可避免地具有主体性和多样性。

二是对自身需要的认识。实践主体从事实践—认识活动，归根到底是为了获得相应的利益，满足自身的某种需要，达到自己的某种目的。需要是多层次、多方面的，马斯洛认为，人的基本需要由低到高，依次是生理的需要、安全的需要、社交的需要、自我实现的需要、尊重的需要和超越性需要。归类言之，人的需要主要表现为物质利益、精神价值、超越自我的需要。一般而言，任何人都有物质利益、精神价值、超越自我的多层次、多方面的需要。但是，认识和实现这些需要是与实践主体个人的能力及特性密不可分的。一方面，实践主体对“外在价值”即“外得于物”的利益诉求，对“内在价值”即“内得于己”的价值诉求，生成并制约着人的需要；另一方面，实践主体的个人特性制约着需要实现的现实方面及其程度。正是这样的认识，使得实践理念深深地打上了实践主体个人特性的烙印。与此同时，个人的需要是时代的，是在一定的时代环境和条件下形成和实现的。这使得实践理念又带着时代的色彩。

三是对自身价值目标的定位。实践主体的利益诉求和价值诉

① 《马克思恩格斯文集》第1卷，人民出版社2009年版，第505页。

求，集中体现为对理想的我的目标设计和定位上。从一定的意义上讲，人是生活在未来的“理想动物”。超越现实、创造理想世界是人的最高价值追求，这是人类本性的最重要的特点。因此，具有超越现实性的实践理念总是与理想、价值、信念联系在一起的。理想、价值、信念是人之为人的根本。理想具有某种历史的和逻辑的必然性，是在人们头脑中预先建构起的世界未来图像。在未来的理想世界里，人们力求实现的是未来理想的自我。未来理想世界是现实社会生活实践的人们的前进方向。价值是一种功能和效应范畴，它所表示的一方面是通过人的创造活动主体实际地占有、享用、同化一定客体的数量、质量和程度，另一方面则反映着客体对于主体的生存和发展所具有的实际作用和效能。信念即自己认为可以确信的看法。正因为确信这样的看法，人们便有一种内在地执著实现这种看法的冲动。价值目标即人生目的，是指人们在实现自我价值关系中确立以满足社会和自我需要为行为出发点的目标指向。价值目标是价值追求在行为中的体现，它直接形成人生理想。价值目标的设定对人生活的意义特别是对人的精神生活产生着深刻的影响。价值目标可分解为社会角色目标、职业设计目标、道德伦理目标、生活范式目标等。对自身价值目标如何定位？对理想的自我如何设定？目标设定层次如何？目的本身的内涵价值怎样？如何实现自身的价值目标？如何超越当前现实、创造更美好的未来？这些直接关系到人们对实践目标的选择和确定，关系到实践理念的形成、确立及其特性。

四是对自身从事对象性活动的本质力量的认识。实践理念在很大程度上是建立在对人自身本质力量的真切把握基础之上的。人自身的本质力量也就是实现自身利益、需要、理想的现实能力和途径。实践目的的确定是一回事，实践目的的实现则又是另一回事。实践目的的实现是以实践主体自身从事实践活动的能力为前提的。“我”有多大的能力满足我的需要？有多大的力量去实现理想的我？通过什么手段来实现我的理想？对这些问题的回答，直接关系到实践主体形成关于实践目的、观念手段和观念计划等的具体内容。

最后，实践理念是建立在实践主体对“美的规律”认识程度及其成果基础之上的。人是追求美、创造美、欣赏美的超越性精灵，按照“美的规律”从事对象性活动是人特有的、最坚韧的、高层次的“卓越情结”。美是实践主体的一种和谐、愉悦、享乐、惬意、满足、安逸式的感悟。美是发现，实践主体由于获得新的认识——实践成果而充满美感。美是感受，利与善的和谐统一、创造性活动的心理体验，都能给实践主体以美的回馈。世界不缺少美。缺少的是发现美的心灵。美是契合，在美的观念导向下，对象的特性与主体的心灵相通，引起主体内心安逸感、归宿感等美的体验。这种体验表明，外在事物的属性及其形式与主体内心的追求、期盼之间的契合性，是形成美的源泉。美是发展，在追求美的过程中，实践主体不断地获得真理性的认识，将美的价值印在实践对象上。美是魅力，是主体发自灵魂深处的光焰。美是超越，超越自身的现况，不断地追求我的未来，不断地实现理想的我。美是卓越，是不断完善自己、超越自己、实现自己的意识和行为。美能唤起实践主体内心的热情，坚定地、理性地迈向理想的彼岸。实践主体是按照美的规律来改变世界、塑造自身的。在实践理念中必然浸透着实践主体的美的追求。

二、当代中国社会的实践理念及其特点

当代中国社会的实践理念，是指改革开放、社会主义现代化建设以来的“新时期”，我国社会逐渐形成的实践理念。作为指导与支配现实实践活动的意向性观念体系，当代中国社会的实践理念即现实中存在于我国社会的实践理念。在这里，实践理念有两层意蕴，一是指亿万具体的、以个体身份出现的实践主体的实践理念，即个体实践理念；二是指社会实践理念。社会实践理念是一种集合的、集体的实践理念，是建立在亿万实践主体基础之上的实践理念。两者是一般与个别的对立统一关系。一方面，实践主体个人的实践理念是千差万别、参差不齐的；另一方面，千差万别、参差不齐的个体实践理念，既具有社会性，同时也可以归纳为几种比较普遍的社会实践理念，它们是社会实践理念的基础和依据，是社会实

践理念的组成要素。因此，在本章的分析中，我们主要是在社会层面上使用实践理念概念的，包含存在于现实中国社会里的比较普遍的几类社会实践理念。

(一)当代中国社会实践理念的具体表现

当代中国社会的实践理念，是在正在进行着的社会主义和谐社会建构过程中形成和实现的。既然社会主义和谐社会是经济、政治、文化和社会的统一体，社会主义和谐社会是经济建设、政治建设、文化建设和社会建设的全面建设，那么，经济实践、政治实践、文化实践和社会实践就理所当然地成为当代中国社会最基本的实践形式。因此，实现现代化，建设富强、民主、文明、和谐的社会主义社会，就是当前中国人民从事经济实践、政治实践、文化实践和社会实践的实践理念最集中的体现。

1. 经济实践：富民强国理念

以经济建设为中心，富民强国，使人民财富充裕、国家力量强大是当代中国具有最大共识的实践理念。党的十一届三中全会以后，中国共产党作出把党和国家的工作中心转移到经济建设上来、实行改革开放的历史性决策，确立社会主义初级阶段的基本路线，开辟了建设中国特色社会主义的伟大道路，制定了分“三步走”基本实现社会主义现代化的发展战略，提出了社会主义的根本任务是解放和发展生产力、发展才是硬道理、解决中国所有问题的关键在发展、“两手抓、两手都要硬”等一系列重要思想，推动了改革开放和现代化事业迅速发展。改革开放30多年来，我们坚持以经济建设为中心，取得了举世瞩目的巨大成就。“以经济建设为中心是兴国之要，是我们党、我们国家兴旺发达、长治久安的根本要求。只有推动经济又好又快发展，才能筑牢国家发展繁荣的强大物质基础，才能筑牢全国各族人民幸福安康的强大物质基础，才能筑牢中华民族伟大复兴的强大物质基础。改革开放30多年来，我们坚持以经济建设为中心，推动社会生产力以前所未有的速度发展起来，这是我国综合国力、人民生活水平、国际地位大幅度提升的根本原因。今后，我们必须继续牢牢坚持发展是硬道理的战略思想，牢牢扭住经济建设这个中心，决不能有丝毫动摇。”①但是，我国仍处在社会主义初级阶段，仍处在新旧经济体制的转换过程中，仍处在深化改革、加快发展的进程中，仍然必须以经济建设为中心，到中国共产党成立100年时建成惠及十几亿人口的更高水平的小康社会，到中华人民共和国成立100年时建成富强民主文明和谐的社会主义现代化国家，实现中华民族的伟大复兴。

以经济建设为中心，富民强国的实践理念，在当代中国具有最大共识。它将亿万个实践主体凝聚成一个统一的实践整体。追求物质利益是实践主体首要的和基本的实践目的。这首先是由人的自然属性决定的。个人肉体组织的需要，使得人们必须首先创造能够供给人们吃喝住穿以及其他需要的生活资料。相对于主体需要而言，它们是其生存的最基本的条件，也是其最基本的利益之所在。从主体的一般本性来看，也只有当人们日益增长的物质需要得到一定的满足时，他们才能从事其他实践活动。

与此同时，追求物质利益也是由实践主体的社会属性决定的。这是人的有意识的社会性实践活动区别于动物本能式物质活动的根本之所在。正如马克思所言：“动物也生产。动物为自己营造巢穴或住所，如蜜蜂、海狸、蚂蚁等。但是，动物只生产它自己或它的幼仔所直接需要的东西；动物的生产是片面的，而人的生产是全面的；动物只是在直接的肉体需要的支配下生产，而人甚至不受肉体需要的影响也进行生产，并且只有不受这种需要的影响才进行真正的生产；动物只生产自身，而人在生产整个自然界；动物的产品直接属于它的肉体，而人则自由地面对自己的产品。”②由此可见，主体实践目的的确立、实现物质利益的方式方法、程度等都受制于社会条件。因此，主体确立并实现其物质利益实践目的的具体内容同样具有社会性。总而言之，社会上的一切主体（包括个体、集团、

① 胡锦涛：《在庆祝中国共产党成立90周年大会上的讲话》，载《人民日报》2011年7月2日。

② 《马克思恩格斯文集》第1卷，人民出版社2009年版，第162～163页。

国家）既围绕着实现其物质利益而展开实践活动，又都只能在一定社会历史条件下，实现着具体的社会物质利益目的。人的物质需要满足的发生是社会性的。在现阶段，物质需要的满足是以商品交换为基本方式的。商品交换在本质上是人们之间交换劳动的关系。劳动的形式是多样的，而劳动所获得的物质交换条件则是同一的。因此，就劳动方式而言，不管表现形式如何，都是直接或间接地进行物质交换的手段。

当代中国社会实践主体的实践理念也不例外，追求物质利益是其首要的和基本的实践目的。在此基础之上，形成了全民以经济建设为中心、富民强国的“集体意识”。从经济上看，我国实现了总体小康，2003 年我国人均 GDP 首次突破 1000 美元，2011 年更是达到 5414 美元，迈入“中等收入”国家行列。但是，不同所有制经济所决定的多元、多样的分配方式，加之地区、民族、职业、性别、年龄、知识、能力等方面的差异性，使得当代中国社会实践主体的富裕程度，也呈现出多样性、层次性和差异性。

世界著名的德国经济学家和统计学家恩格尔于 1857 年阐明了“恩格尔定律”，反映这一定律的系数被称为恩格尔系数。在统计学中，恩格尔系数是指家庭食品支出与家庭消费总支出的比值。推而广之，一个国家越穷，每个国民的平均收入中（或平均支出中）用于购买食物的支出所占比例就越大，随着国家的富裕，这个比例呈下降趋势。根据联合国粮农组织提出的标准，恩格尔系数在 59% 以上为贫困，50% ~59% 为温饱，40% ~50% 为小康，30% ~40% 为富裕，低于 30% 为最富裕。也就是说，一个国家或家庭生活越贫困，恩格尔系数就越大；生活越富裕，恩格尔系数就越小。据国家统计局的资料，1978 年，我国农村家庭的恩尔格系数为 67.7%、城市家庭为 57.5%；2003 年，这一比例降至 45.6% 和 37.1%；2007 年则降为 43.1% 和 36.3%。2011 年，城乡居民家庭恩格尔系数分别为 36.3% 和 40.4%。此前国家统计局发布的数据显示，我国恩格尔系数总体下降的格局没有改变，但降幅在逐步缩小。同时，部分年份出现反弹，如 2008 年明显高于 2007 年。相较于 2010 年，2011 年城镇家庭恩格尔系数为 35.7%，上升 0.6 个百分点，出现反弹。

根据国家统计局2011年1月发布的数据，2010年中国国内生产总值(GDP)为39.80万亿元，按可比价格计算，比上年增长10.3%，增速比上年加快1.1个百分点，人均GDP达到4280美元。这意味着中国年度经济总量首次超过日本，成为世界第二大经济体。同时，我国社会消费总额也在不断增长。2010年，全国社会消费品零售总额154554亿元，比上年增长18.4%。国家统计局数据显示，2011年城镇居民人均可支配收入21810元，比2002年增长1.8倍，扣除价格因素，年均实际增长9.2%；农村居民人均纯收入6977元，也比2002年增长1.8倍，年均实际增长8.1%。“十一五”时期，各项社会事业加快发展、人民生活明显改善。城镇新增就业5771万人，转移农业劳动力4500万人；城镇居民人均可支配收入和农村居民人均纯收入年均分别实际增长9.7%和8.9%；覆盖城乡的社会保障体系逐步健全。

《经济参考报》2011年8月4日报道，中国社会科学院城市发展与环境研究所8月3日发布了《中国城市发展报告No.4——聚焦民生》(以下简称《报告》)。《报告》称，到2009年我国城市中等收入阶层(报告将中国城镇居民中等收入阶层的家庭恩格尔系数上下限界定为0.373到0.3)规模已达2.3亿人，占城市人口的37%左右。中国城市中低收入阶层比重仍然偏高，所期望的“橄榄型”结构并未出现。《报告》还指出，自2000年以来，中国城市的贫困问题日益突出，近年城市贫困人口比重一直维持在7%以上。根据《中国统计年鉴2010》的数据，中国截至2009年底的城镇人口数为62186万人，城镇居民人均可支配收入为17175元。基于统计数据测算，中国目前城市贫困人口数大约为5000万人，是低保标准和受保人数的2倍左右。

依据恩格尔系数和当前我国实际情况，分析当代中国社会实践主体富裕程度的层次性，我们发现，当前人们现实的物质生活，绝大多数属于“小康型”。具体而言，一是温饱型。一般收入水平和消费水平的居民在我国仍是个非常大的群体，当代中国社会仍然存在着城市、乡村许多贫困人口。这个群体的消费水平虽然在逐年提高，但总体上仍维持在温饱型消费水平上。这个群体的要求不高，他们劳动所得的期望值也比较低，满足基本温饱需要即可。二是小康型。所谓小康型，即衣食无忧、有一般住房和经济实用型小车，有闲暇时间外出旅游等。这是当前中国社会实践主体日益增长的主流消费形式。三是豪华型。2012 年 7 月 31 日，胡润研究院和群邑智库联合发布了《2012 胡润财富报告》，根据该报告，截至 2011 年底，中国内地的千万富豪人数第一次突破 102 万人，比上一年增加了 60000 人，涨幅 6. 3%；其中亿万富豪人数已达 63500 人，比上一年增加了 3500 人，涨幅 5. 8%。在平均财富为 6300 万元的 503 位受访富豪中，平均年消费为 176 万元，比上年降低 9%；内地有 7500 个十亿富豪和 260 个百亿富豪。奢侈型消费主要存在于这部分人之中。据世界奢侈品协会发布的 2011 年最新报告，中国内地 2011 年的奢侈品市场消费总额已经达到 107 亿美元(不包括私人飞机、游艇和豪华车)，占全球份额的 1/4。① 这组数据既说明了我国国民的整体富裕程度有较大的提升，同时也暴露出我国现阶段收入分配、消费理念等方面的问题。与此同时，我国仍处于并将长期处于社会主义初级阶段的基本国情没有变，人民日益增长的物质文化需要同落后的社会生产之间的矛盾这一社会主要矛盾没有变，我国是世界上最大的发展中国家的国际地位没有变。由此可见，富民强国，任重道远。在可以预见的未来几十年里，富民强国仍然是我国社会实践主体的主流实践理念。

2. 政治实践：民主法治理念

在社会主义和谐社会建构实践中，实践主体不但创造和追求富裕的物质生活和丰富的文化生活，而且还创造和追求有序的政治生活和依法充分享有民主权利的政治生活。一方面，从事政治实践的主体，创新和建构了比较完备的社会主义民主政治和法制体系；另一方面，依据民主法治理念从事实践活动，成为人们遵循的又一重要实践理念。

---

① 参见《中国内地去年奢侈品消费 107 亿美元占全球 1/4》，载《新京报》2011 年 6 月 10 日。

民主法治理念是我国民主政治建设的根本价值取向。在“民主法治、公平正义、诚信友爱、充满活力、安定有序、人与自然和谐相处”的和谐社会里，“民主”是社会主义制度的本质内涵。人民当家做主是社会主义民主政治的本质和核心。社会主义民主就是人民当家做主，没有民主就没有社会主义。我们党把民主法治作为社会主义和谐社会的第一特征，加强社会主义民主政治建设，发展社会主义民主，实施依法治国基本方略，建设社会主义法治国家。坚持党的领导、人民当家做主和依法治国的有机统一，依法实行民主选举、民主决策、民主管理、民主监督，积极稳妥地推进政治体制改革，健全民主制度，丰富民主形式，实现社会主义民主政治制度化、规范化、程序化，保障人民享有广泛的民主权利。推进决策科学化、民主化，深化政务公开，依法保障公民的知情权、参与权、表达权、监督权。扩大基层民主，完善基层民主管理制度，发挥社会自治功能，保证人民依法直接行使民主权利。因此，积极推进现代民主政治建设、建设社会主义法治国家、不断提高民主政治建设的能力是我们党和国家又一重要而显著的实践理念。

“社会主义民主和社会主义法制是不可分的。不要社会主义法制的民主，不要党的领导的民主，不要纪律和秩序的民主，决不是社会主义民主。”①也就是说，“依法治国、建设社会主义法治国家的治国方略，是一种蕴涵着社会主义民主精神，并将民主与法治真正契合起来的治国理念和治国方法”。② 所谓“法治”，顾名思义，是根据法律制度来治理国家，即依法而治，与我国古代的人治相对立。从20世纪70年代末开始，我国的国家治理逐渐转向法治化，这有政治和经济方面的原因，从政治上说是对“文化大革命”时期的拨乱反正。为了深刻吸取教训，邓小平指出：“为了保障人民民主，必须加强法制。必须使民主制度化、法律化，使这种制度和法律不因领导人的改变而改变，不因领导人的看法和注意力的改变而

① 《邓小平文选》第2卷，人民出版社1994年版，第359页。

② 顾海良：《中国特色社会主义理论体系研究》，中国人民大学出版社2009年版，第349页。

改变。”①由人治转为法治，也是实行社会主义市场经济的需要。党的十五大确立了依法治国的基本方略，首次提出“依法治国，建设社会主义法治国家”，并强调是“发展社会主义市场经济的客观需要”。九届全国人大二次会议通过的宪法修正案规定“中华人民共和国实行依法治国，建设社会主义法治国家”，从而使依法治国基本方略得到了国家根本大法的保障。这就标志着我国已进入了法治时代，我国是一个法治国家。

“中国特色社会主义法律体系，是以宪法为统帅，以法律为主干，以行政法规、地方性法规为重要组成部分，由宪法相关法、民法商法、行政法、经济法、社会法、刑法、诉讼与非诉讼程序法等多个法律部门组成的有机统一整体。”②2011 年 3 月 10 日，时任全国人大常委会委员长吴邦国向十一届全国人大四次会议作全国人大常委会工作报告。他宣布，一个立足中国国情和实际、适应改革开放和社会主义现代化建设需要、集中体现党和人民意志的，以宪法为统帅，以宪法相关法、民法商法等多个法律部门的法律为主干，由法律、行政法规、地方性法规等多个层次的法律规范构成的中国特色社会主义法律体系已经形成。他说，到 2010 年底，中国已制定现行有效法律 236 件、行政法规 690 多件、地方性法规 8600 多件，并全面完成对现行法律和行政法规、地方性法规的集中清理工作。目前，涵盖社会关系各个方面的法律部门已经齐全，各法律部门中基本的、主要的法律已经制定，相应的行政法规和地方性法规比较完备，法律体系内部总体做到了科学和谐统一。

就个体实践主体而言，随着社会主义市场经济体制的深入建构和发展，人们的自由平等意识、公平正义意识、民主法治意识和公民意识也都明显增强。“公民意识”就是公民对国家事务的参与意识和对政治权利的诉求意识，是当家做主的意识，是民主法治的意识，是追求自由平等、公平正义的意识，是社会责任意识、主人翁

① 《邓小平文选》第 2 卷，人民出版社 1994 年版，第 146 页。

② 中华人民共和国国务院新闻办公室：《中国特色社会主义法律体系》白皮书，2011 年 10 月 27 日颁布。

的意识。"公民意识"是公民素质的重要体现，是公民权利与责任的统一，是发展社会主义民主政治的重要基础和条件。依法享受公民所拥有的民主权利，"遵纪守法"、"依法办事"、"依法保护自己的合法权益"等理念，基本成为现今人们从事实践活动的自觉习惯。

3. 文化实践：文明理念

"文化实践是人类改造世界过程中创造文化产品和形成精神成果的对象化活动。它是文化生产的参与者凭借一定的社会关系，创造出反映或体现自然、人类社会和人类思维等内容的文化产品的过程……可以把文化生产、文化交往和文化消费看作表征文化实践的三种基本样态。"①作为人类在改造世界过程中创造文化产品和形成精神成果的对象化活动，文化生产即文化创造是文化实践最重要的表现形式和最根本的实践内容。

实践主体的文化创造，主要面对三重关系：人与自然的关系；人们之间的社会关系，特别是物质利益关系；人们之间的精神关系。实践主体文化创造的精神成果和文化作品，也主要表现为三种形态：关于人与自然关系的文化形态，主要表现为自然科学；关于人们之间的社会关系，特别是物质利益关系的文化形态，主要表现为道德和法律；关于人们之间精神关系的文化形态，主要表现为社会的信仰体系，如哲学和宗教。

从理论领域来说，植物、动物、石头、空气、光等，是人的意识的一部分，是人的精神食粮；从实践领域来说，它们也是人的生活和人的活动的一部分，整个自然界都是人的无机的身体。② 从这个意义上讲，自然是人类社会一切精神作品的对象；人类社会的一切精神作品都具有研究人与自然之关系的内容。但是，就人类社会精神作品反映的主要对象及其实践功能来看，揭示和协调人与自然关系的文化形态主要是自然科学。

---

① 郝立新、路向峰：《文化实践初探》，载《哲学研究》2012年第6期。

② 参见《马克思恩格斯文集》第1卷，人民出版社2009年版，第161页。

罗素说：一切确切的知识都属于科学；一切涉及超乎确切知识之外的教条都属于神学。介乎神学与哲学之间的“无人之域”就是哲学。① 应该说，“一切确切的知识”的科学，包括（我们现在理解的）自然科学、社会科学和思维科学。科学研究确凿真实的对象，其研究对象是有限的，它给人们提供知识。因此，科学具有真理性和价值性。宗教研究“无限”，给人们提供“信仰”。然而，宗教信仰是建立在非理性基础之上的。宗教是以独断论的方式确立其研究对象的，是离开有限谈无限，其“信仰”也不是建立在科学真理基础之上的，因而宗教信仰只具有价值性而不具有真理性。它具有强烈的超越现实性，从而对人们的情感、意志等非理性因素有重要的统摄功能，能够成为协调人们精神关系的信仰秩序和精神纽带。而哲学则是从有限出发去研究无限，以知识为基础研究信仰。因此，哲学既具有真理性又拥有价值性。特别重要的是，哲学的价值是以真理为基础的，是真正健康的理性学说，其提供的信仰是理性的、科学的信仰。作为时代精神的精华，哲学是理性世界的“普照光”。

当今中国社会的文化实践，同样是以科学、哲学建设为重要内容，同时引导宗教为社会主义实践服务。

毫无疑问，我们这里所说的科学是自然科学、社会科学和思维科学的统称。把我国的现代化建设奠定在坚实的科学技术基础之上是一项基本国策。邓小平以战略家的敏锐洞察力，提出了一系列关于科学技术及其社会功能的新论断。例如，关于科学技术是第一生产力、用先进的科学技术把劳动者武装起来的思想；关于大力兴办教育事业，把科学技术转化为现实生产力的思想；关于打破常规发现、选拔和培养杰出人才的思想；关于制定科学合理的科技评价机制的思想；关于在世界高科技领域占有一席之地的思想；等等。江泽民“三个代表”重要思想继承和发展了邓小平理论关于科学技术的思想，把始终代表中国先进生产力的发展要求、始终代表中国先进文化的前进方向提高到指导思想的高度，提出了科教兴国、坚持

① ［英］罗素：《西方哲学史》（上卷），何兆武、李约瑟译，商务印书馆1963年版，第11页。

可持续发展、追踪世界科技前沿、走自主创新之路建设创新型国家、全社会普及科学知识、树立科学观念、提倡科学方法、弘扬科学精神等思想；特别是明确重申了哲学社会科学对于中国特色社会主义事业的重要性。强调科学包括哲学社会科学是中国特色社会主义文化理论一以贯之的思想。就在改革开放刚刚启动之时，在面对科技工作者的讲话中，邓小平就明确讲到科学包括社会科学。江泽民也不失时机地再三重申这样的观点："科学当然包括社会科学。自然科学是人类认识和改造自然的科学。社会科学是人类认识和改造社会、促进社会进步的科学。"①这一思想在党的十七大报告中也得到了回应："繁荣发展哲学社会科学，推进学科体系、学术观点、科研方法创新，鼓励哲学社会科学界为党和人民事业发挥思想库作用，推动我国哲学社会科学优秀成果和优秀人才走向世界。"由此可见，哲学社会科学同自然科学一样是综合国力的重要组成部分。

在文化实践中，科学、哲学社会科学建设，都是以文明为自己的价值尺度或终极追求的。我们这里所说的文明，是指积极的、进步的文化成果。文明是文化建设成就的根本标志，是社会进步的阶梯，是人民不可或缺的精神食粮。为人民提供健康的精神食粮是我国现阶段文化建设的根本实践理念。

"我们要在建设高度物质文明的同时，提高全民族的科学文化水平，发展高尚的丰富多彩的文化生活，建设高度的社会主义精神文明。"②党的十五大把"培育适应社会主义现代化要求的一代又一代有理想、有道德、有文化、有纪律的公民"，作为我国文化建设长期而艰巨的任务之一。江泽民在庆祝中国共产党成立 80 周年大会上的讲话中指出，在当代中国，发展先进文化，就是发展有中国特色社会主义的文化，就是建设社会主义精神文明。党的十六大报告进一步明确了中国特色社会主义文化建设的目标、内容和方针，形成了比较系统的中国特色社会主义文化建设理论。以胡锦涛为代

① 《江泽民文选》第 1 卷，人民出版社 2006 年版，第 434 页。

② 《邓小平文选》第 2 卷，人民出版社 1994 年版，第 208 页。

表的共产党人把不断提高建设社会主义先进文化的能力列为党的执政能力建设的重要内容，并提出要解放和发展文化生产力、提高国家文化软实力、建设和谐文化、引领社会思潮等，更加突出了文化实践的文明理念。

置身于奔向社会主义和谐社会巨大洪流之中的亿万人民，实践着社会主流的文明理念，以自身的文化实践，创造着灿烂夺目的精神文明。例如，2011 年 3 月，在北京举行的"十一五"国家重大科技成就展上，重大专项展区展出了神舟七号返回舱、我国首个空间实验室"天宫一号"目标飞行器模型、嫦娥一号卫星模型、探月工程三期月球着陆器和月球车样机、全球运算速度最高的"天河一号"超级计算机、打破国外垄断并具有国际先进水平的 12 英寸刻蚀机和注入机、基于时分长期演进（TD-LTE）技术的新一代无线移动通信系统、C919 大型客机 1∶1 展示样机、3000 米半潜式钻井平台、大型先进压水堆和高温气冷堆核电站模型、太湖流域水污染治理示范工程等。高新技术展区展出了我国高速列车取得的十大关键技术，并有多列样车供参观者参观和登车体验。此外，还展出了新能源汽车（"十城千辆"）、半导体照明（"十城万盏"）、"金太阳"示范工程、新一代航空遥感系统、5MW 直驱风电机组等以及国家高新区、产业化基地、生产力促进中心、大学科技园建设等的重点成果。农业及民生科技展区展出了超级玉米新品种选育、水稻功能基因组、转基因鱼、粮食丰产科技工程、立体农业、节水农业及新产品创制、食品安全、新型抗震住宅、基层农村综合信息服务平台、南水北调工程关键技术、蓝藻预警与处理一体化技术、绿色节能建筑、汶川地震带科学钻探以及"科技奥运"和"科技世博"等重点展示成果。基础研究和前沿技术展区展出了纳米材料绿色印刷制版、iPS 干细胞多能性、海量信息存储设备、万米深井钻探装备等实物，"蛟龙号"深海载人潜水器、北京正负电子对撞机、郭守敬望远镜（LAMOST）、EAST 超导托卡马克核聚变实验装置、上海光源、国际热核聚变实验堆（ITER）等大型科技基础设施模型，蛋白质结构、基于互联网的图像合成等多媒体展示，此外，还设置了与南极科考站的视频通话系统，可实现与南极科考人员的现场连线。①

哲学社会科学建设也是成就斐然，硕果累累。例如，于2009年出版的10卷本《马克思恩格斯文集》和5卷本《列宁专题文集》，为学习研究马克思、恩格斯、列宁的重要著作提供了更加准确、权威的译本；中国出版政府奖获奖的各种图书，② 为中国社会健康发展提供了强劲的精神动力。又如，以《天路》、《建国大业》、《解放》等为代表的艺术作品，贴近实际、贴近生活、贴近群众，讴歌伟大的历史实践，讴歌火热的现实生活，讴歌人民群众的伟大创造，充分展示了文化实践的文明理念。即使是生活类节目，也以积极向上、诚实友善等理念为导向，引领社会生活。

4. 社会实践：和谐理念

"社会实践"里的社会，是"小社会"即狭义的社会，社会实践是与经济实践、政治实践、文化实践相对应的实践。在这里，社会概念主要包括社会实施、社会福利、社会保障、公共服务、社会环境等与民生密切相关的社会性条件。社会实践的主要内容是发展社会事业、促进社会公平正义、建设和谐文化、完善社会管理、增强社会创造活力。这里的和谐同样是指社会实施、社会福利、公共服务、社会保障、社会环境等及相互之间的协调、均衡状况。社会和谐的关键在于社会建设。胡锦涛指出："社会建设与人民幸福安康息息相关。必须在经济发展的基础上，更加注重社会建设，着力保障和改善民生，推进社会体制改革，扩大公共服务，完善社会管理，促进社会公平正义，努力使全体人民学有所教、劳有所得、病有所医、老有所养、住有所居，推动建设和谐社会。"

社会建设与人民幸福安康息息相关。人民幸福是形成社会共识的重要因素。和谐发自内心。发挥人民主体的主人翁作用，赢得人民群众内心的认同和自觉的支持，是实现社会和谐、推进社会主义和谐社会建设的根本保证。因此，加快推进社会建设，必须以改善

---

① 参见《"十一五"国家重大科技成就展在京举办》，www. most. gov. cn，2011年3月8日。

② 参见人民网公布的"中国出版政府奖"的获奖书目名单。

民生为重点。党的十七大报告从六个方面作出了部署：优先发展教育，建设人力资源强国；实施扩大就业的发展战略，促进以创业带动就业；深化收入分配制度改革，增加城乡居民收入；加快建立覆盖城乡居民的社会保障体系，保障人民基本生活；建立基本医疗卫生制度，提高全民健康水平；完善社会管理，维护社会安定团结。这六个方面都是人民群众最关心、最直接、最现实的利益问题，是我们党坚持以人为本，坚持发展为了人民、发展依靠人民、发展成果由人民共享的重要着力点。

近年来，社会实践主体秉承和谐理念，协调各方矛盾，积极推进社会和谐。随着经济社会的发展，社会建设问题不断得到改善，有效地促进了社会的和谐进步。国家免除了8亿农民的农业税，免除了全国农村孩子的学杂费，实施了村村通广播电视工程，对工农群众进行再就业培训等。2009年，在中华人民共和国成立60周年之际，启动了新型农村社会养老保险的试点；2011年，在中国共产党成立90周年之际，开展了城镇居民社会养老保险试点。2012年，中央财政教育支出与2005年相比增加了近10倍，就业和社会保障支出仅中央财政负担的资金就远远超出2005年中央和地方两级财政支出之和；保障房建设资金从2007年到2011年实现了20多倍的增长；2011年，我国经济增速与上年相比回落1.1个百分点，但中央财政预算用于教育、医疗卫生、社会保障和就业、住房保障、文化方面的支出安排比上年增长18.1%。但是，与经济快速发展的形势相比，社会建设还相对滞后，劳动就业、社会保障、收入分配、教育卫生、居民住房、安全生产、司法和社会治安、社会公平正义等方面关系群众切身利益的问题仍然较多，部分低收入群众生活比较困难。新的历史起点产生了新的民生要求，稳定的就业、公平的收入、良好的教育、安全的社保以及医疗卫生、居家住房、环境保护、民主法治、个人发展等，日益成为人民群众新的普遍追求，进而成为党和政府必须考虑和解决的重大问题。

(三)当代中国社会实践理念的特点

诚然，富强、民主、文明、和谐是当下中国社会实践主体的主流实践理念。但是，这并不意味着中国社会实践主体的实践理念是同一的。事实上，当下中国社会呈现出多样的实践理念。多样的实践理念客观上存在着差异性，使得社会实践理念的价值冲突在所难免，也为生成新的实践理念提供了可能。因此，实践理念的多样性，是当前我国特殊社会条件下的特殊现象，其差异性和冲突性也具有时代的特殊性。然而，在主流实践理念的引导下，多样的实践理念具有可协调的特点。

第一，实践理念的多样性。实践理念的多样性有两类情形，一是经济实践、政治实践、文化实践和社会实践的实践理念是多样的；二是同类型的实践理念也具有多样性。首先，实践主体利益诉求的多样性生成多样的实践理念。毋庸赘述，人们所进行的一切实践活动从其根源上讲，都是为了满足人们的需要，实践活动总是受到某种需要和利益的驱动，因此，在实践过程中，不同利益诉求的实践主体必然会形成多样的实践目的、实践方式、价值取向、价值评价等实践理念。在中央思想政治工作会议上，江泽民分析道："改革开放和现代化建设，带来了经济的快速发展和社会的巨大进步，增强了人们的竞争意识、效率意识、民主法制意识、开拓创新精神，为我们做好思想政治工作创造了更好的物质条件和精神条件。同时，由于社会经济成分、组织形式、就业方式、利益关系和分配方式日益多样化，人们思想活动的独立性、选择性、多变性、差异性明显增加；市场经济活动存在的弱点及其带来的消极影响，反映到人们的思想意识和人与人关系上来，容易诱发自由主义、分散主义和拜金主义、享乐主义、利己主义；人民内部矛盾的内容和表现形式也出现了许多新的情况。我们实行对外开放，有利于人们开阔眼界、增加见识、活跃思想，但国外资产阶级腐朽思想文化也会乘机而入。我国社会长期存在的封建主义残余思想包括封建迷信和愚昧落后的思想观念，在新的历史条件下也会沉渣泛起。社会存在发生的变化，反映到人们的头脑中来，必然引起思想意识的相应变化。"①当前中国社会实践既是一个目标一致的发展过程，又是一

① 《江泽民文选》第3卷，人民出版社2006年版，第81~82页。

个充满矛盾和冲突的利益调整过程，使得社会主义和谐社会的建构过程充满矛盾甚至冲突。现实的利益矛盾和冲突，必然生成多样的、矛盾甚至冲突的实践理念。在多样中共存，在同一中分异，成为现阶段我国社会实践理念的显著特征。在多样中共存，在同一中分异，成为现阶段我国社会实践理念的显著特征。

其次，实践主体实践方式的国际化生成多样的实践理念。实践主体总是一定发展水平的生产力的创造者、承载者、体现者和实现者，其实践理念必然受到生产力发展水平的影响和制约。现代生产力的巨大融合力，能够促使社会的生产力要素及生产方式超越地理疆域的限制和民族特性的差异，使国际化合作成为现实，从而为当代中国实践主体实践方式的国际化奠定了坚实的生产力基础，也为生成共事、协作等实践理念创造了条件。然而，我国现实的生产力发展水平在总体上不高且发展不平衡，特别是先进的生产力总是与“外资”、“合资”企业相联系，与“发达国家”的科学技术相关联，使得不同实践场所的实践主体在待遇上存在着较大的差别，在社会地位上出现巨大的落差；叠加的实践时空形成了实践主体叠加的实践任务和多元的实践角色，这些都促使实践主体形成多样的实践理念。

最后，实践主体实践能力的智能化生成多样的实践理念。智能化趋势带来的分工细化与合作深化，使得实践主体必然呈现出高度分化与高度统一的组织状态。这样的组织状态是以实践主体具有自觉的主体意识为基础的。自觉的主体意识形成明晰的责任意识及规范意识，促使实践主体逐渐成为规范主体，即具有自我规范意识和规范能力的实践主体。具有自我规范意识和规范能力的实践主体，存在于不同所有制企业并在不同所有制企业之间自由流动，这种多维的实践角色也是生成实践主体多样实践理念的重要原因。

第二，实践理念的差异性。实践理念的差异性是一个普遍的社会现象。但是，在多样的所有制方式及分配方式并存的社会结构中，实践主体多样的利益诉求，有别于比较单一的所有制条件下的利益诉求，而具有性质上的差异性，在一定条件下甚至是根本的差异性。例如，在资本主义现代化过程中，在资本主义私有制占统治地位的前提下，经过改造的新教伦理，成为资本主义发展的精神动力，其个人的价值取向与社会的价值取向客观上具有性质的相似性和方向的一致性。在这样的价值体系和价值结构中，甚至“极端个人主义”这样典型的资产阶级意识形态的核心价值，也成为社会发展的“正动力”——有利于资本主义社会价值目标的实现。然而，在我国社会主义初级阶段，在社会主义基本经济制度中，事实上存在着性质迥异的所有制方式和分配方式。因此，在社会主义现代化建设过程中，社会价值与个人价值在根本一致的基础上，客观上存在着性质上的差异性。这样的价值体系和价值结构导致了实践理念性质上的差异性。

第三，实践理念的冲突性。有差异就有冲突，但冲突的性质和化解的方式是有区别的。一般而言，冲突的性质和化解的方式是由差异的性质决定的。因此，由当下实践主体的基本特性所规定的实践理念的冲突性，是建立在根本价值目标一致的基础上的冲突，其化解方式也应是和谐式的。首先是实践目标的冲突性。毋庸赘述，在利益多样化的社会实践主体那里，其实践目标的冲突性既客观存在又相对突出。如果处置不当，还可能被激化而改变冲突的性质，在一定条件下甚至可能演变为动荡。其次是实践手段的冲突性。实践手段是实现实践目的的现实要素。实践手段的使用有其合理性问题。且不说实践目的的差异及其冲突性所决定的实践手段的冲突性，就拿科学技术来说，也存在着合理与不合理的冲突。科学技术是第一生产力，其本质是人的实践功能的延长。科学技术促进了生产力的变革，取得了巨大的成就；但与此同时，也产生了众多负面效应，例如生态危机、能源危机等，使得实践结果也具有冲突性。一些地方政府将“以经济建设为中心”片面、畸形地变成了“经济建设就是一切”、“唯经济论”、“唯 GDP 论”等，严重忽视政治建设、文化建设和社会建设，导致新的社会矛盾产生甚至升级。

第四，实践理念的协调性。当下我国实践理念是在根本价值目标一致的基础上形成的，具有可协调性。在根本价值目标一致基础上冲突的实践理念，内在地需要实践主体以和谐的实践理念来消弭，而实践主体内在的和谐实践理念，客观上需要社会倡导和谐实践理念来生成。因此，为实现实践活动的合理性，社会必须倡导和谐的实践理念。例如，多元共存、矛盾和谐——协同理念，相互融通、整体协调——合作理念，顺物之性、尽物之情——自由理念，宽容理念和正义理念；遵循科学发展观，调控社会的利益诉求，使实践活动向着正确的价值目标发展。

第四章　和谐社会建构进程中的阻滞观念及其消解

在以富强、民主、文明、和谐为和谐社会建构进程中的主流实践理念的同时，我国社会还存在着许多非主流实践理念的阻滞观念。所谓阻滞观念，是指那些对社会主义和谐社会建构起阻碍作用，使其进程发生部分停滞甚至局部倒退的思想观念。这些观念涉及经济、政治、文化、社会等多个方面，它们对建构和谐社会产生或强或弱、或暂或久的负面影响。甚至可以说，它们已经成为建构和谐社会的“短板”。因此，从整体上透视这些阻滞观念，是进一步研究和谐实践、推进和谐社会建构的重要内容和必要环节。消解种种阻滞观念的关键是加强执政党建设、克服封建意识残余和资产阶级腐朽思想的侵蚀。

一、经济阻滞观念

经济是建构和谐社会的物质基础。经济建设中所涌现出来的不和谐现象与问题，化合成一种反作用力与负面环境，干扰、阻滞和谐社会的建构。经济建设中所涌现出来的不和谐现象与问题，大多与经济阻滞观念相关。经济阻滞观念的阻滞影响往往带有根本性，如“唯 GDP 论”、“腐败无害”、“致富就是一切”等观念及其造成的恶果，已经成为阻滞和谐社会建构的“拦路虎”，也有可能成为危及和谐社会性质的“阿基里斯之踵”(Achilles' Heel)。

1. “唯 GDP”的观念

一些地方政府或政府职能部门将“以经济建设为中心”片面、

畸形地理解为“经济建设就是一切”、“唯经济论”、“唯 GDP 论”，将“富强”变成“数字”。事实上，经济发展的目的是要富民强国，而 GDP 增长只是经济发展的指标之一。由于 GDP 统计指标具有局限性，例如，GDP 不能全面地反映经济发展，不能全面地反映社会进步，不能反映资源环境的变化，不能全面地反映人类的自觉行动对自然环境的改善，也不能全面地反映人民生活水平的变化，①生态环境、就业形势、收入分配状况、人民生活水平等内容都很难从中体现。因此，过分崇拜 GDP 会带来一系列严重后果：

第一，粗放型经济发展方式，造成极大的资源浪费和环境污染。自党中央号召全面建构和谐社会至今，粗放型经济发展方式仍未得到根本改变。高消耗、高污染、高投入、低产出问题十分严重。这种经济发展方式直接带来了两个方面的后续问题，影响和谐社会的建构：一是资源、能源紧张。我国资源、能源利用率低，浪费严重。据统计，2002 年，我国产值能耗比世界平均水平高 2 倍，到 2007 年上升到 3 倍。冶金、电力、化工等 8 个高耗能行业的单位产品能耗比世界先进水平平均高 40% 以上。我国工业用水重复利用率不足 60%，比国外先进水平低 20 个百分点。应清醒地看到，目前我国人均水资源仅相当于世界平均水平的 1/4，石油、天然气人均资源仅为世界平均水平的 1/15 左右，人均耕地面积不足世界人均水平的 30%。如此之高的资源、能源消耗，既难以支撑社会的长久发展，也会因资源、能源紧张而制约和谐社会的建构。事实上，这种现象已初显苗头，如多地出现油荒、水荒、电荒、铁矿石荒等。二是环境污染严重。这是粗放型经济发展方式的重要副产品。如我国有 40% 的城市的水资源遭受重度污染。② 据统计，我国 1/3 的土地遭遇过酸雨的袭击，土地荒漠化每年增加 2460 平方公里；1/4 的人没有纯净的饮用水，1/3 的城市人口不得不呼吸被污染的空气。我国的污染损失每年约占 GDP 的 5%，其中每年重金属污染的粮食达 1200 万吨，造成的直接经济损失超过 200 亿元。

---

① 参见宋宪春：《GDP：作用与局限》，载《求是杂志》2010 年第 9 期。

② 参见王会娟、刘子熙：《环境污染的现状与对策》，载《北方环境》2011 年第 4 期。

严重的污染不仅破坏了生态平衡，还影响居民的生活质量、危及个人身体健康。目前，由粗放型经济发展方式所致的能源、资源问题、环境污染问题已十分严峻。它们在整体上与建构和谐社会的内在规定“人与自然和谐相处”相悖。而要破除这一悖反关系，必须首先突破“唯经济论”等观念阻滞瓶颈。

第二，虚假数字膨胀，严重脱离实际。事实上存在着的数字就是一切的“数字政绩观”，使得许多干部出现“GDP 崇拜”。注重拉动 GDP 的项目，没有项目就人为地制造项目，① 严重背离党的宗旨和社会主义制度的本质要求，严重脱离人民群众的实际需要，远离人民群众的实际要求，造成干部与人民群众的矛盾甚至对立。更有甚者，干部出数字，造成虚假的繁荣和盲目的乐观，对实际存在的问题和矛盾视而不见，导致许多地方政府的公信力下降，严重削弱了党的统治基础。

第三，许多地方政府盲目发展、盲目投资，借债过多，导致“隐性破产”。国家审计署数据显示，截至 2010 年底，全国地方政府性债务余额已达 10.7 万亿元，超过当年政府财政收入。据新闻报道，2012 年 8 月 27 日下午，杭州市国土局一次性推出 7 宗土地，最终成交价合计 54.38 亿元；8 月 25 日温州市召开房地产投资推介会，集中推出 52 宗地块共 3220 亩净地，此次推介的土地相当于过去几年温州市出让土地的总和；8 月 27 日，北京推出 11 宗土地，9 宗为住宅用地，预计可收获土地出让金 70 亿元以上。土地出让金长期以来成为地方财政的重要收入来源，且占财政收入比居高不下，部分城市甚至达到 70%。“土地财政”、“矿产(资源)财政”难以持续，加上数年乃至数十年都还不起的债务，将带来比全球金融危机还要严重的负面影响。如果处置不当，它将像“黑洞”一样，“吞噬”中国经济的未来。由此可见，落实科学发展观，限制地方政府的投资冲动，制止其增加财政收入的短期行为，刻不容缓。

第四，地区发展严重不平衡。经济发展的地区不平衡在世界各

① 最近沸沸扬扬的开封千亿造“宋都”、大同百亿造“古城”、西安百亿造湖等，即属此类。

国皆存在，但在中国尤其突出。与“土地财政”、“资源财政”相联系的经济要素主要是地理环境、资源分布等自然条件，由于客观上存在自然条件的不平衡性，我国经济发展出现了严重的不平衡。地区经济发展失衡可以从两个不同的层面来具体分析。先从宏观层面看，东部地区的经济发展与中部、西部、东北地区分层明显、落差显著，如表4-1所示。

表4-1　**2009年GDP区域分布情况**

东部地区		中部地区		西部地区		东北地区	
GDP绝对数(亿元)	占全国比重	GDP绝对数(亿元)	占全国比重	GDP绝对数(亿元)	占全国比重	GDP绝对数(亿元)	占全国比重
196674.4	53.8%	70577.6	19.3%	66973.5	18.3%	31078.2	8.5%

资料来源：中华人民共和国国家统计局：《中国统计年鉴2011》，中国统计出版社2011年版。

由表4-1可知，东部地区的GDP总值已超过中部、西部和东北三个地区的总和，为中部的2.78倍，西部的2.93倍，东北的6.32倍。可见，我国经济发展已呈现出明显的区域失衡迹象。另外，城乡二元结构突出。广大农村地区以农、林、牧业为主，生产力低下，经济落后；城市却截然不同，以工商业为主，经济发达，居民生活条件相对较好。这样，城乡之间在经济状况等多方面形成了强烈的反差，城乡二元结构更加强化。城乡二元结构与经济发展的地域失衡直接威胁到和谐社会的建构。首先，致使城乡之间、东西部之间收入差距拉大；其次，落后的经济状况阻碍了农村地区的教育、医疗、就业保障水平的提升。因此，就建构和谐社会而言，落后的农村地区在“拖后腿”，中西部贫困地区在“拖后腿”。

第五，社会发展畸形，道德、诚信、信仰、秩序、规范严重缺失。任何社会都是经济、政治和文化的统一体，中国社会也不例外。因此，正常的社会发展模式必然是经济、政治和文化的协调发展，否则必然造成社会的畸形变异。“唯GDP”、“唯经济增长”等观念，必然带来经济特别是经济数字的异常膨胀，使社会的政治和文化发展严重滞后，从而导致道德、诚信、信仰、秩序、规范的严重缺失，导致各类“潜规则”盛行、贪污腐化猖獗、伪劣商品泛滥、自然资源耗费、生态环境恶化等危及社会和谐发展的严重后果。特别是经济发展指标的单一化，使得社会追求目标经济化、物化和现实化，妨碍了党的最高理想的社会感召力、凝聚力。党的最高理想的社会感召力、凝聚力逐渐淡出社会的精神生活，会使社会精神生活平面化，物欲横流，使人变成单纯的“经济动物”，严重影响到精神文明建设的政策措施的实行和实现，导致社会精神家园的失落；与经济领域的市场规则相适应，快餐文化大行其道，使得社会成员变成“精神侏儒”；交换原则进入党内生活，导致权力公信度下降，出现程度不同的权力信任危机。这些严重后果表明，“唯GDP”的观念不仅不利于社会的全面健康和谐发展，而且危及我们子孙后代的生存和发展。由此可见，要真正实践“科学发展观”，必须彻底破除“唯 GDP”的观念，建构适合于社会全面发展、协调发展、可持续发展、和谐发展的道德、诚信、信仰、秩序、规范体系和观念，重塑维系中国社会的价值体系，重建中华民族的精神家园。

第六，社会矛盾突出。“唯 GDP”论盲目追求数字增长，使许多能够解决的矛盾得不到适时的合理解决，从而造成矛盾的聚集和扩散，使得社会矛盾特别是劳资矛盾激化。近年来，许多“非利益相关”群体性事件此起彼伏；①“富士康”事件、“淘宝”员工集体罢工事件等类似事件层出不穷。这些事件真实地反映出了社会矛盾特

① 2000 年以来，中国频繁发生因人民内部矛盾引发的上访、集会、请愿、游行、示威、罢工等群体性事件，数量多、人数多、规模大，从 1993 年到 2003 年，中国群体性事件数量已由 1 万起增加到 6 万起，参与人数也由约 73 万人增加到约 307 万人（2005 年中国《社会蓝皮书》统计数据）。特别是 2008 年 6 月贵州瓮安、2009 年 6 月湖北石首、2010 年 4 月黑龙江富锦长春岭、2011 年 6 月广东潮安、2012 年 4 月 10 日重庆万盛等地的群体性事件。又如厦门“PX 事件”、大连“PX 事件”、上海“磁悬浮事件”、江苏“启东事件”，我国因环境问题引发的群体性事件数年均增长约 30%。温家宝同志曾指出：“有些地方发生的损害群众利益问题，甚至群体性事件，很多与政府部门及其工作人员不依法办事、不按政策办事有关。”

别是劳资矛盾的尖锐程度。在此，“非利益相关”群体性事件暂且不论，仅以人民法院对近几年劳资案件争议的受理数据说明劳资矛盾的情况(见表4-2)。

表4-2　**2008—2010年人民法院对劳资案件争议的受理情况**

案件受理情况＼年份	2008	2009	2010
当期案件受理(件)	693465	684379	600865
集体劳动争议案件件数	21880	13779	9314
劳动者申诉案件数	650077	627530	558853
按争议原因分(件)			
劳动报酬	225061	247330	209968
解除劳动合同	139702	43876	31915
劳动者当事人数	1214328	1016922	815121
集体劳动争议	502713	299601	211755

资料来源：中华人民共和国国家统计局：《中国统计年鉴2011》，中国统计出版社2011年版。

不难看出，从2008年至2010年，每年因劳动报酬问题而导致的案件达20余万件，涉及的劳动者人数最低也在80万以上，很显然，这是一个不容忽视的社会现象。由此可知，在建构和谐社会的过程中，必须重视对劳资矛盾问题的解决，否则，它就会成为阻滞和谐社会建构的绊脚石。

总之，发展对于中国来说具有决定性的意义，因此我们把发展作为党执政兴国的第一要务，把经济建设这个中心作为一切工作的基础。然而，发展的内涵非常丰富。发展不等同于单纯的经济增长，以经济建设为中心也不等同于唯经济建设。发展应该是经济、政治、文化和社会的协调发展。因此，在经济领域以经济建设为中心；在政治领域则应以执政党建设为中心；在文化领域要以社会主义核心价值体系为中心；在社会领域要以加强社会建设为中心。所有这些，都要为人和社会的全面发展服务。

2. “腐败无害”的观念

与“经济建设就是一切”、“唯经济论”、“唯 GDP 论”相联系的是“腐败无害”观念。有人认为，既然“经济建设就是一切”，那么，其他的一切都要为“经济建设”让路，为 GDP 服务，即使是腐败，也在所不惜。结果是腐败在反对声中蔓延，不仅严重阻碍和谐社会的建构进程，更为重要的是还威胁到社会稳定的根基。

2010 年 12 月，中华人民共和国国务院新闻办公室发布了《中国的反腐败和廉政建设》白皮书。白皮书指出：“腐败是一种社会历史现象，是一个世界性的痼疾，也是社会公众十分关注的问题。反对腐败，加强廉政建设，是中国共产党和中国政府的坚定立场……2003 年至 2009 年，各级人民检察院共立案侦查贪污贿赂、渎职侵权案件 24 万多件。在惩治受贿犯罪的同时，中国完善行贿犯罪档案查询系统，加大惩治和预防行贿犯罪力度。2009 年，对 3194 名行贿人依法追究了刑事责任……2005 年集中开展治理商业贿赂工作以来至 2009 年，全国共查处商业贿赂案件 69200 多件，涉案金额 165.9 亿元……2009 年，共对 7036 名领导干部进行了问责。”①尽管反腐败斗争取得了一定的成就，但仍然任重道远。

贪污腐败是腐蚀社会的毒瘤，它就像病毒一样侵蚀、干扰着社会的经济、政治要素的和谐统一。在我国，腐败已成为一个突出的社会问题。从媒体曝光的案件来看，各级政府、各个地区皆有之，它不属于个案现象；腐败案件数目庞大，形式多样，贪污腐化、以权谋私、权钱交易、司法腐败等现象皆存在。其中的部分腐败现象情节十分严重，如刘志军事件、文强事件，直接威胁到国家的安危、社会的稳定。近几年曝出的“群体性腐败”事件更是让人触目惊心，这种群体性腐败使腐败由个人转向群体，由点状、链态转向网状，进一步加剧了腐败的深度与广度。这些腐败问题，可以根据人民检察院直接立案侦查的案件数目来予以说明(见表 4-3)。

---

① 中华人民共和国国务院新闻办公室：《中国的反腐败和廉政建设》白皮书，2010 年 12 月。

表 4-3　**2009—2010 年人民检察院直接立案侦查的贪污贿赂案件情况**

年份 / 案件类型	2009		2010	
	受案(件)	立案(件)	受案(件)	立案(件)
贪污贿赂案件小计	39279	25408	38350	25560
贪污	17019	8865	16185	8707
贿赂	17794	12897	18458	13796
挪用公款	3910	3412	3188	2833
集体私分	375	212	322	202
巨额财产来源不明	157	21	182	15
其他	24	1	15	7

资料来源：中华人民共和国国家统计局：《中国统计年鉴 2010》，中国统计出版社 2010 年版；中华人民共和国国家统计局：《中国统计年鉴 2011》，中国统计出版社 2011 年版。

由表 4-3 可知，人民检察院在 2009 年、2010 年每年受理的贪污贿赂案件超过 3.8 万件，立案逾 2.5 万件。单就贪污贿赂而言，两年贪污立案超过 1.7 万件，贿赂立案超过 2.6 万件。这已经是天文数字，也由此表明，当前我国腐败问题相当严重。

还有，近三十年来有大量官员外逃并携走大量资金。① 在外逃官员中有大量的“裸官”。② 所谓裸官，通常指配偶和子女非因工作需要均在国(境)外定居或加入外国国籍，抑或取得国(境)外永久居留权的国家公职人员。“近年来，国企成腐败多发易发的重灾区……事实上，对国企高管的各种管理制度并不少，但执行与监督

① 转引自金言：《裸官治理：中国反腐之软肋?》，载《法眼》2012 年第 5 期。

② 据人民网北京 2012 年 8 月 27 日电，辽宁凤城原市委书记王国强卷款 2 亿多元离境，就是典型的例子。

的乏力让这些制度形同虚设。”①腐败不除，奢谈和谐。

3.“致富就是一切”的观念

与一些地方政府“经济建设就是一切”、“唯经济”、“唯GDP”等观念相“呼应”的，是庞大的信奉“致富就是一切”、“唯经济”等观念的个体。一些人唯利是图、利令智昏、胆大妄为，其行为同样极大地阻碍了和谐社会的建构进程。近几年来，在国家有关部门的艰辛努力下，一些典型的事件被揭露了出来并受到了法律的严处。

第一，食品安全问题令人发指。震惊中外的三鹿奶粉三聚氰胺事件、安徽劣质奶粉事件（大头娃娃事件）等食品安全问题令人发指！当年，一句“在巨富中死亡是一种耻辱”，使美国的大亨们纷纷解囊。今天，我们要提出“为了民族”，使人们有起码的警醒！

第二，假冒伪劣商品泛滥。假冒伪劣商品是指那些含有一种或多种可以导致普通大众误认的不真实因素的商品。假冒伪劣商品可以分为假冒商品和劣质商品两种类型。假冒伪劣商品是假冒伪劣的物质产品，不包括精神产品。其特征是：具有不真实性因素和社会危害性。假冒伪劣商品有巨大的危害：严重损害我国名优产品的信誉，侵犯企业的合法权益，危及企业的生存与发展；坑农害农，严重影响农业生产；广大消费者蒙受了人身的、经济的、精神的多重伤害；败坏出口商品的信誉。据2012年7月10日新华社电，从全国打击侵犯知识产权和制售假冒伪劣商品工作会议上获悉，2012年1月至5月，全国行政执法部门共立案120291起，涉案金额29.3亿元，办结67284起，移送司法机关涉嫌犯罪案件2300起，捣毁侵权和制假售假窝点6404个。由此可见，打击假冒伪劣商品，任重道远。

第三，极端事件频发。2011年7月23日晚上20点30分左右，北京南站开往福州站的D301次动车组列车运行至甬温线上海铁路局管内永嘉站至温州南站间双屿路段，与前行的杭州站开往福州南站的D3115次动车组列车发生追尾事故，后车四节车厢从高架桥

① 李松、黄洁：《“一把手”滥权重用违纪“裸官”引深思》，《法制日报》2012年2月16日第8版。

上坠下。这次事故造成40人(包括3名外籍人士)死亡，约200人受伤。2011年12月28日，国务院召开常务会议，认定这是一起设计缺陷、把关不严、应急处置不力等因素造成的责任事故，刘志军、张曙光负主要责任。还有桥梁①、楼宇②质量问题，匪夷所思的医患矛盾纠纷频频，屡禁不止的矿难不断发生等。部分政府工作人员违背工作职责，权力异化导致功能错位。在一些人的眼里，"赚钱就是硬道理"，把质量当儿戏，视生命为草芥。

第四，社会治安问题。和谐社会是安定有序的社会。安定有序意味着社会治安情况非常之好，而实际情况则不容乐观。近些年来，与社会治安相关的交通事故、火灾事故、刑事案件、突发性事件等逐年上升。问题之多，严重影响了和谐社会的建构，如表4-4所示。

表4-4　**2008—2010年公安机关受理和查处治安案件数**

年份	受理总数(起)	查处总数(起)	每万人口受理案件总数(起/万人)
2008	9411956	8772299	71.2
2009	11752475	11053468	88.2
2010	12757660	12121138	94.8

资料来源：中华人民共和国国家统计局：《中国统计年鉴2009》，中国统计出版社2009年版；中华人民共和国国家统计局：《中国统计年鉴2010》，中国统计出版社2010年版；中华人民共和国国家统计局：《中国统计年鉴2011》，中国统计出版社2011年版。

由表4-4可知，2008—2010年，公安机关受理和查处案件数年年增长。以受理案件为例，2009年比2008年增加了24%，2010

① 1999—2009年我国共垮塌大桥30多座，而且都是近30年内建成的。2012年8月24日，哈尔滨阳明滩大桥发生桥面坍塌事故。

② 2009年6月27日，上海莲花河畔景苑楼盘13层楼的住房因为"压力差"而倒塌。

年比2009年增加了8%；案件总数庞大、案件发生密集。大基数、高比例的治安案件表明，社会治安已成为制约社会和谐的一个政治因素。

再从性质、情节更为严重的刑事案件看，与“刑事”相关的“极度不和谐”因素同样也存在基数过大、增长率过高的问题（见表4-5）。

表4-5　　**2007—2010年公安机关立案的刑事案件数**

案件类别	立案(件)			
	2007年	2008年	2009年	2010年
合计	4807517	4884960	5579915	5969892
杀人	16119	14811	14667	13410
伤害	167207	160429	172840	174990
抢劫	292549	276372	283243	237258
强奸	31883	30248	33286	33696
拐卖妇女儿童	2378	2566	6513	10082
盗窃	3268670	3399600	3888579	4228369
诈骗	239698	273763	381432	457350
走私	1107	1042	1200	1105
伪造、变造货币，出售、购买、运输、持有、使用假币	1175	1345	4758	1565
其他	786151	724784	793397	812067

资料来源：中华人民共和国国家统计局：《中国统计年鉴2009》，中国统计出版社2009年版；中华人民共和国国家统计局：《中国统计年鉴2010》，中国统计出版社2010年版；中华人民共和国国家统计局：《中国统计年鉴2011》，中国统计出版社2011年版。

由表4-5可知，2007年公安机关立案的刑事案件达480万件，平均每年以5.56%的速率递增，至2010年达596万件，基数过大、增长过快。全国每年或每天所立的每一个刑事案件，都代表着一个不和谐信号的出现；庞大的数目与繁杂的种类更是诠释出不和谐因素的复杂性。由此可以说，这些涉刑因素，对和谐社会的建构产生了严重不良影响，是阻碍和谐的“极度不和谐因素”。

4.“不患富，只患平均”的观念

改革开放之前，由于我国社会主义建设需要大量的物质和资金，加之生产力落后，创造能力不强，人口过多，消费物质总量严重不足，国家实行消费品“大锅饭”、“铁饭碗”式的平均主义，是那个时代不得不采取的办法。它保证了人们的基本生活，维护了社会的安定团结。改革开放之后，打破“大锅饭”、“铁饭碗”式的平均主义，国家实行让一部分人、一部分地区通过诚实劳动和合法经营先富起来的政策，极大地调动了人们的生产积极性，人们你追我赶，社会蒸蒸日上。但是，物极必反，在打破“大锅饭”、“铁饭碗”式平均主义的同时，有的人特别是有的地方干部，信奉“不患富，只患平均”的观念，坐视社会贫富差距膨胀拉大。

古语云，“不患寡而患不均”。贫富差距过大是导致古今社会冲突、动乱的重要根源。在利害关系上，它是阻滞中国建构和谐社会急需解决的核心经济问题。目前，贫富差距已通过收入差距及相关方面暴露出来：

第一，城乡收入差距明显。2009 年，城市人均收入为 17174. 7 元，乡村为 5153. 2 元，收入水平比为 3. 3：1；2010 年城市人均收入为 19109. 4 元，乡村为 5919. 0 元，收入水平比为 3. 2：1。① 区域差距更为严重，以甘肃为例，2009 年农村居民家庭人均收入为 2980. 1 元，全国城市居民家庭人均收入是它的 5. 76 倍，2010 年也达 5. 57 倍。

第二，行业收入差距明显。不同行业之间，收入差距尤为明显。如上海，2010 年就业于农、林、牧、渔业的人员平均工资为 11001 元，相比之下，股份有限公司平均工资则达 92923 元，工资

① 参见中华人民共和国国家统计局：《中国统计年鉴 2011》，中国统计出版社 2011 年版，第 330 页。

对比度为8.4倍；国有单位平均工资为71885元，对比度也达6.5倍。行业内部，企业经理、高管、白领与底层从业人员的收入差距则远在以上数据之上。

第三，劳动收入在分配中的比例过低。中国社科院2008年《社会蓝皮书》披露的数据表明，2003年以前我国的劳动者报酬一直在50%以上，2006年降低至40.6%。企业利润占国民收入的比重，则由以前的20%左右上涨到30.6%。

第四，基尼系数远超警戒线。据统计，我国居民的基尼系数在1984年为0.24，处于"相对平均状态"；2000年达到0.414，超出0.4的警戒线；2005年更是达到0.47，在20年的时间内翻了一番。① 基尼系数超出警戒线所传达出的信号就是贫富悬殊严重，收入差距过大。收入差距过大无疑会阻碍和谐社会的建构。首先，它与和谐社会中的"公平"原则相背离。过大的收入差距实际上就是经济领域、分配领域中的不公平。其次，激发社会矛盾，影响社会稳定。收入差距过大往往导致低收入者产生仇富心理，催生偷扒、抢劫、凶杀等暴力犯罪行为，危害社会稳定，极不利于"安定有序"的和谐社会的建构。最后，如果收入差距继续扩大而得不到有效遏制，必然由量变到质变，最终导致经济上的两极分化。在两极分化面前，无和谐可谈。全国总工会的调查表明，75.2%的职工认为当前收入分配不太公平，61%的职工认为普通劳动者收入过低是当前社会收入分配中最大、最突出的问题。如果一边是农民工等一线劳动者的工资长期在低位徘徊，另一边却是国企高管等的收入远远高于一线劳动者，收入差距逐步拉大，势必会挑战人们的公平观念，影响社会的稳定和谐。依此说来，收入差距过大是阻滞和谐社会建构的重要因素。胡锦涛在2010年全国劳动模范和先进工作者表彰大会上讲话时指出：我们一定要适应改革开放和发展社会主义市场经济的新形势，从政治、经济、社会、法律、行政等各方面采取有力措施，保障广大劳动群众权益，促进社会公平正义；不断增

① 参见张晓维：《浅析影响和谐社会发展的经济制约因素》，载《经济师》2008年第5期。

加劳动者特别是一线劳动者劳动报酬，让广大劳动群众实现体面劳动。总之，不断增加劳动收入在国家初次分配中的比例，不断增加劳动者的劳动报酬，肯定劳动价值，实现分配正义，让广大劳动者更多地分享经济社会的发展成果，这是社会公平和国家长远发展的重要保障。

二、政治阻滞观念

政治是建构和谐社会的重要保障。这层保障牢不牢、稳不稳，关键在于其科学性、合理性观念是否足以引领社会的政治走向。然而，政治阻滞观念的多寡与性质的严重程度，也对社会的政治走向产生不容忽视的影响。整体而言，我国社会的政治保障是牢靠的，政治观念是科学的。但是，社会上特别是在一些领导干部当中，还存在许多政治阻滞观念，值得我们重视并纠正或克服。

1.“一劳永逸”的观念

中国共产党带领中国人民建立中华人民共和国是历史的选择，具有历史必然性和合法性。毫无疑问，中国共产党是中国社会的执政党。作为执政党，我党的执政意识是非常自觉的。邓小平在党的八大会议上就明确提出了“执政党”概念。毫无疑问，中国共产党的执政是富民强国的首要因素。60 多年来，我们党始终注意发展问题，党的宗旨使党不断地强化发展理念。特别是改革开放以来，我们党更是明确提出了“发展就是硬道理”的理念，把发展作为党执政兴国的第一要务。经过改革开放的快速发展，当今的中国已经成为世界经济社会中的重要一极。与此同时，中国社会的面貌也发生了翻天覆地的变化。事实雄辩地证明，中国共产党执政，国家就兴旺发展。

然而，有的人被胜利和功绩冲昏了头脑，躺在历史的功劳簿上睡大觉。这种观念只是看到了中国共产党执政的历史必然性和合法性，而忽视了现实的经济基础、政治基础、文化基础和社会基础的培植，忽视了党自身的思想理论、组织建设、作风建设、廉政建设和制度建设。

20多年来，世界上一些执政多年的大党、老党丧失执政地位，特别是一些马克思主义执政党人亡政息的惨痛教训表明：一个政党的执政地位不是与生俱来的，也不是一劳永逸的，过去拥有不等于现在拥有，现在拥有不等于永远拥有；一个政党的先进性不是一蹴而就的，也不是一成不变的，过去先进不等于现在先进，现在先进不等于永远先进。在庆祝中国共产党成立90周年大会上的讲话中，胡锦涛告诫全党：必须清醒地看到，在世情、国情、党情发生深刻变化的新形势下，我们党面临许多前所未有的新情况、新问题、新挑战，执政考验、改革开放考验、市场经济考验、外部环境考验是长期的、复杂的、严峻的。这一重要论断，与毛泽东在七届二次全会上发出的两个"务必"的谆谆教导一脉相承，体现了我们党居安思危的忧患意识和不辱使命的执政意识，引人深思、催人警醒!

在党面临的"四个考验"中，执政考验无疑是最根本、最核心的。我们党要真正做到科学执政、民主执政、依法执政、长期执政，不断提高执政能力，必须经受住执政考验。在21世纪，我们党面临着许多新的执政环境和条件。从世情看，发达国家在经济、科技等方面仍占优势，综合国力竞争和各种力量(特别是文化软实力)的较量更趋激烈，不稳定、不确定因素增多，给我国发展带来了复杂局势和新的挑战。从国情看，我国仍处在社会主义初级阶段，仍处在新旧经济体制的转换过程中，仍处在深化改革、加快发展的进程中；体制机制尚不完善，民主法制还不健全；经济成分、组织形式、就业方式、利益关系和分配方式多样化的负面影响加剧，发展的基点更高、任务更繁重、矛盾更突出，执政环境更为复杂。从党情看，"当前，党的领导水平和执政水平、党的建设状况、党员队伍素质总体上同党肩负的历史使命是适应的。同时，党内也存在不少不适应新形势新任务要求、不符合党的性质和宗旨的问题"。① 长期的执政地位，使我们党面临着进一步提高领导水平和执政水平，提高拒腐防变和抵御风险能力的两大历史性课题。这

① 参见《中共中央关于加强和改进新形势下党的建设若干重大问题的决定》，www.gov.cn，2009年9月27日。

些深刻变化了的世情、国情和党情，使我们党的执政地位面临前所未有的新考验。作为工人阶级的先锋队，党的执政宗旨是全心全意为人民服务。但是，在执政条件下，权力所拥有的社会资源和社会资源的实现条件，具有极大的"腐蚀性"，权力可能变成少数人牟取个人私利的工具。权力的腐蚀性可能会冲击党的规章制度等堤坝，形成"明渠"或"暗河"，导致权力寻租，出现权力异化，形成执政党内部党的干部违背党的宗旨、不执行党的决议的"执政陷阱"。如何实现党性与官职、宗旨与权力的统一？如何加强制度机制建设、规范权力运行？这是党执政考验的具有根本性、战略性和全局性的新课题。

2. "精英"观念

有人认为：革命靠民众，改革靠"精英"。这种"精英"观念自觉或不自觉地将普通民众与杰出个人分割开来。"精英"观念在政治实践中必然表现为"精英政治"和"官本位"，高高在上，脱离群众，把党与民众对立起来。

"精英"观念在本质上是唯心史观。"现实中也有一些干部'官气'十足、'民气'稀缺，他们或鼻孔朝天轻视群众，或慵懒散漫敷衍塞责。当一个干部以凌驾于群众之上的眼光来看待自己，以排场、享受、私利来定义职务时，就忘记了自己来自于群众的本色，背离了手中权力由人民赋予的本源，更抛弃了为人民服务的本分……走出'官本'，坚守民本，才能不忘本；少些官气，多些民气，才能聚人气。"①唯物史观坚信，人民群众是社会实践的主体，是历史的真正创造者。"人民"这个概念本身就是普通民众与杰出个人的统一。普通民众每天都在创造新事物、新经验。改革开放以来，从家庭承包责任制的发明，到乡镇企业的出现，再到村民民主自治的实行，都充分说明了人民群众具有无穷的智慧和创造力。许多杰出个人同样为社会作出了巨大的贡献。人民包括普通民众与杰出个人，他们都是推动历史前进的动力。但是，如果把"精英"从"人民"中分离出来，那就势必会造成普通民众与杰出个人的分离

① 詹勇：《官气是暮气之始》，载《人民日报》2012年7月11日。

甚至对立，从而导致“英雄创造历史”的唯心史观。因此，要坚持人民群众创造历史的基本观点。那种认为“白骨精”创造改革开放历史的观点是错误的、危险的。坚持科学发展观，坚持以人为本，就要尊重“人民主体地位”。坚持以人为本，尊重人民主体地位，就是要发挥人民首创精神，保障人民各项权益，走共同富裕道路，促进人的全面发展，做到发展为了人民、发展依靠人民、发展成果由人民共享。

3.“权大于法”的观念

依法治国，建设社会主义法治国家，是中国共产党领导人民治理国家的基本方略。2011 年 10 月 27 日，国务院新闻办公室发表《中国特色社会主义法律体系》白皮书。白皮书指出：“1949 年，中华人民共和国成立，实现了中国从几千年封建专制制度向人民民主制度的伟大跨越，彻底结束了旧中国半殖民地半封建社会的历史，人民成为国家、社会和自己命运的主人。60 多年来特别是改革开放 30 多年来，中国共产党领导中国人民制定宪法和法律，经过各方面坚持不懈的共同努力，到 2010 年底，一个立足中国国情和实际、适应改革开放和社会主义现代化建设需要、集中体现中国共产党和中国人民意志，以宪法为统帅，以宪法相关法、民法商法等多个法律部门的法律为主干，由法律、行政法规、地方性法规等多个层次法律规范构成的中国特色社会主义法律体系已经形成，国家经济建设、政治建设、文化建设、社会建设以及生态文明建设的各个方面实现有法可依。”①与此同时，我们党根据自身历史方位和中心任务的变化，不断提高领导水平和执政水平、提高拒腐防变和抵御风险能力，取得了巨大成就。当前，党的领导水平和执政水平、党的建设状况、党员队伍素质总体上同党肩负的历史使命是适应的。

事实上，有比较完备的法律体系只是社会主义法治国家的必要条件，而不是充分条件。它只能说明国家经济建设、政治建设、文化建设、社会建设以及生态文明建设的各个方面有法可依，而不能

① 参见中华人民共和国国务院新闻办公室：《中国特色社会主义法律体系》白皮书，2011 年 10 月 27 日。

证明国家经济建设、政治建设、文化建设、社会建设以及生态文明建设一定能够依法办事。所以说，有法律条文是一回事，法律条文发挥现实功能是另一回事，公民自觉地依法办事则更是另一回事。法律条文发挥现实的效能，还必须有许多现实条件，公民特别是党员干部自觉依党章国法办事，就是特别重要的一个条件。

然而，在社会的政治观念中，特别是党员干部思想观念中，仍然有不少不适应新形势新任务要求、不符合党的性质和宗旨的问题，“主要是：一些党员、干部忽视理论学习、学用脱节，理想信念动摇，对马克思主义信仰不坚定，对中国特色社会主义缺乏信心；一些党组织贯彻民主集中制不力，有的对中央决策部署执行不认真，有的对党员民主权利保障落实不到位，一些党员干部法治意识、纪律观念淡薄；一些领导班子整体作用发挥不够，推动科学发展、处理复杂问题能力不够，一些地方和部门选人用人公信度不高，跑官要官、买官卖官等问题屡禁不止；一些基层党组织战斗堡垒作用不强，有的软弱涣散，有的领域党组织覆盖面不广，部分党员党员意识淡化、先锋模范作用不明显；有些领导干部宗旨意识淡薄，脱离群众、脱离实际，不讲原则、不负责任，言行不一、弄虚作假，铺张浪费、奢靡享乐，个人主义突出，形式主义、官僚主义严重；一些领导干部特别是高级干部中发生的腐败案件影响恶劣，一些领域腐败现象易发多发”。① 这种种问题集中表现为实际工作中的“权大于法”观念及其实际行为。

“权大于法”观念践踏党纪国法，为所欲为，必然衍生出“言大于法”、“情大于法”、“钱大于法”、“人大于法”等观念和行为，引发官僚主义和渎职行为。“官僚主义现象是我们党和国家政治生活中广泛存在的一个大问题。它的主要表现和危害是：高高在上，滥用权力，脱离实际，脱离群众，好摆门面，好说空话，思想僵化，墨守成规，机构臃肿，人浮于事，办事拖拉，不讲效率，不负责任，不守信用，公文旅行，互相推诿，以至官气十足，动辄训

① 《中共中央关于加强和改进新形势下党的建设若干重大问题的决定》，www. gov. cn，2009 年 9 月 27 日。

人，打击报复，压制民主，欺上瞒下，专横跋扈，徇私行贿，贪赃枉法，等等。这无论在我们的内部事务中，或是在国际交往中，都已达到令人无法容忍的地步。”①

官僚主义必然引发渎职行为。渎职指负有某种法定或约定职责的人员未能尽到职责，或执行职责时犯了严重过失。毫不夸张地说，渎职问题在我国普遍存在，如食品安全监管渎职、药品安全监管渎职、土地征管渎职、建筑监管渎职、交警城管执法渎职、形象工程渎职、强征强拆，等等，不胜枚举。每年人民检察院受理的渎职案件逾万件，如表4-6所示。

表4-6　**2009—2010年人民检察院直接立案侦查的渎职案件情况**

案件类型	2009年		2010年	
	受案(件)	立案(件)	受案(件)	立案(件)
渎职案件小计	12589	7031	11619	7349
滥用职权	4184	2262	3871	2408
玩忽职守	4996	3216	4766	3457
徇私舞弊	1926	809	1669	736
其他	1519	744	1313	748

资料来源：中华人民共和国国家统计局：《中国统计年鉴2010》，中国统计出版社2010年版；中华人民共和国国家统计局：《中国统计年鉴2011》，中国统计出版社2011年版。

可见，人民检察院每年因滥用职权、玩忽职守、徇私舞弊等原因而受理的案件已达上万件。这一数字表明，渎职问题事态严峻。当然，渎职问题带来的负面影响主要不在于职务本身，而是社会。拿食品安全监管渎职来说，三鹿奶粉、染色馒头、瘦肉精、地沟油、注水肉等，直接损害国民的生命安全，扰乱市场秩序，其明显背离了和谐社会的“诚信”与“法治”的基本原则。拿执法问题来说，

① 《邓小平文选》第2卷，人民出版社1994年版，第327页。

有法不依、执法不严的现象大量存在，领导干部以言代法、以权代法的现象并不鲜见，这些滥用职权的现象无不影响到社会的和谐。

4.“特权”观念

改革开放以来，随着社会主义民主政治和法治建设的深入发展，人们的公民意识、平等意识、民主观念、法治观念不断增强，但是，由于根深蒂固的“官本位”思想作祟，特权思想在少数领导干部的脑子里依然根深蒂固。

第一，特权观念阻滞政治体制改革的深入发展和顺利进行。法治和民主是一个硬币的两面，相辅相成，而“特权”观念既不要民主也不要法治，极大地阻滞着社会主义民主政治建设和法治国家建设。在此，我们重温一下邓小平 1980 年 8 月 18 日在《党和国家领导制度的改革》中的一段讲话是非常有意义和价值的。“权力过分集中的现象，就是在加强党的一元化领导的口号下，不适当地、不加分析地把一切权力集中于党委，党委的权力又往往集中于几个书记，特别是集中于第一书记，什么事都要第一书记挂帅、拍板。党的一元化领导，往往因此而变成了个人领导。”①他还说：“当前，也还有一些干部，不把自己看作是人民的公仆，而把自己看作是人民的主人，搞特权，特殊化，引起群众的强烈不满，损害党的威信，如不坚决改正，势必使我们的干部队伍发生腐化。我们今天所反对的特权，就是政治上经济上在法律和制度之外的权利。搞特权，这是封建主义残余影响尚未肃清的表现。旧中国留给我们的，封建专制传统比较多，民主法制传统很少。解放以后，我们也没有自觉地、系统地建立保障人民民主权利的各项制度，法制很不完备，也很不受重视，特权现象有时受到限制、批评和打击，有时又重新滋长。克服特权现象，要解决思想问题，也要解决制度问题。公民在法律和制度面前人人平等，党员在党章和党纪面前人人平等。人人有依法规定的平等权利和义务，谁也不能占便宜，谁也不能犯法。不管谁犯了法，都要由公安机关依法侦查，司法机关依法办理，任何人都不许干扰法律的实施，任何犯了法的人都不能逍遥

① 《邓小平文选》第 2 卷，人民出版社 1994 年版，第 328～329 页。

法外。谁也不能违反党章党纪，不管谁违反，都要受到纪律处分，也不许任何人干扰党纪的执行，不许任何违反党纪的人逍遥于纪律制裁之外。只有真正坚决地做到了这些，才能彻底解决搞特权和违法乱纪的问题。要有群众监督制度，让群众和党员监督干部，特别是领导干部。凡是搞特权、特殊化，经过批评教育而又不改的，人民就有权依法进行检举、控告、弹劾、撤换、罢免，要求他们在经济上退赔，并使他们受到法律、纪律处分。对各级干部的职权范围和政治、生活待遇，要制定各种条例，最重要的是要有专门的机构进行铁面无私的监督检查。"①什么是特权？特权就是在法律和制度之外的权力，是封建遗毒的表现。克服特权一靠教育，二靠制度建设。在这里，邓小平特别强调了"公民意识"、"法制法治"和"制度建设"等内容。这些内容既是消除"特权"观念、防止渎职行为的制度保障，更是建设社会主义民主政治的基础。只有这些基础的东西建设好了，才能建设更高层次的民主政治。

第二，特权观念必然导致国有资产流失。政治观念中的特权观念必然引发经济生活中的特权行为，国有资产流失就是特权经济行为的典型事例。"国有资产是指国家基于国家权力的行使而依法取得和认定的，或者国家以各种形式对企业投资及投资收益形成的，以及国家拨款、接受赠与等形成的各种财产和财产性权利。国有资产流失，主要指运用各种手段将国有产权、国有资产权益以及由此而产生出来的国有收益转化成非国有产权、非国有资产权益和非国有收益，或者以国有资产毁损、消失的形式形成流失……国有资产是建立社会主义市场经济的物质基础。国有资产的快速递增，是完善和发展社会主义市场经济的保障。虽然我国有较为完善的固定资产管理制度，固定资产管理取得了一定成效。但进入20世纪90年代以来，国有固定资产流失呈快速递增态势，据有关部门统计，每年至少流失800亿~1000亿元。"②这确实是一个触目惊心、令人

① 《邓小平文选》第2卷，人民出版社1994年版，第332页。

② 付永军：《国有资产流失的成因与对策》，载《企业研究》2011年第20期。

警醒的数字！这说明胡锦涛告诫全党的“执政考验、改革开放考验、市场经济考验、外部环境考验”是长期的、复杂的、严峻的。这诸方面的考验必然会引起执政党的反思和全党上下的高度重视。

如何经受住改革开放的考验？如何在社会主义本质的层面理解和实现改革开放？如何提高改革决策的科学性、增强改革措施的协调性？如何推进重要领域和关键环节改革？如何破除一切妨碍科学发展的思想观念和体制机制弊端？如何把改革创新精神贯彻到治国理政的各个环节，形成改革开放的合力？如何综合协调各方矛盾、防止矛盾激化？这些问题都是我们党经受改革开放考验必须正视、必须解决的重大课题。

胡锦涛于2010年1月12日在中国共产党第十七届中央纪律检查委员会第五次全体会议上强调，领导干部应树立法律面前人人平等、制度面前没有特权、制度约束没有例外的意识，① 自觉经受住市场经济和对外开放条件下的执政考验。在社会主义条件下搞市场经济是崭新的时代课题，没有其他可借鉴的经验，只能靠自己探索。如何完善经济运行机制、发挥计划调控与市场调节的作用？如何界定计划调控与市场调节的边界？如何实现计划调控与市场调节功能的衔接？如何规避计划调控与市场调节的风险？如何平衡所有制中的全民所有制、集体所有制、私有制之间的关系？如何阻止私有经济对社会主义物质基础的冲刷？如何建立科学合理、规范有序的公有制经济的实现形式？如何协调公有制与公有制实现形式的关系？如何建构内容协调、程序严密、相互衔接、功能互补、配套完备、有效管用的制度体系？这些既是经济技术难题，又是社会政治问题，是党执政面临的特殊考验，必须不断完善在社会主义制度下实行市场经济的战略构想，巩固党的执政基础。

问题的答案就在问题本身。我们党能够提出“四个考验”，就

① 胡锦涛：《领导干部应树立制度面前没有特权观念》，http：//news.china.com.cn，2010年1月12日。

意味着找到了解决考验问题的答案。我们相信，具有辉煌历史的中国共产党，一定能够经受住“四个考验”，更加奋发有为地团结带领全国各族人民创造自己的幸福生活和中华民族的美好未来，再铸辉煌！

5. 抽象“民主”观念

我们说，政治实践的核心理念是民主。然而，这里有一个前提，即这里的民主是社会主义民主。有人说，民主是个好东西；有人说，民主是个坏东西；有人说，民主是个不好也不坏的东西。这些观点各抒己见，各执一词，站在“立论”的基础上都有其“依据”和“道理”。但是，没有抽象的、绝对的民主，谈论“民主”的好或坏，实际上都有其潜在的某些前提内容。因此，抽掉民主的具体内容，抽象地谈论“民主”，会阻碍我国政治实践的前进。

第一，把“民主”抽象化，使得一些人盲目地崇拜民主。有人认为，中国社会现实问题的“总根源”是没有“民主”。或者说，民主是治理党和国家“病症”的总“药方”，认为克服经济实践中的“官僚垄断”，需要民主；消除形形色色的腐败现象，需要民主；克服政治实践中的官僚主义现象、权力过分集中的现象、家长制现象和形形色色的特权现象，必须依靠民主；走出“兴亡周期率”，也必须靠民主；克服文化实践、社会实践中“以效益评判一切”的弊端，需要民主，等等。这样的“民主崇拜”或“民主情结”，实际上是把民主看成了包治百病的灵丹妙药。事实上，社会问题的形成原因是具体的、多样的、差异的和复杂的，因而解决问题的方案和措施也必须是具体的、多样的、差异的和复杂的。即使是民主方法及其实践，也应该是具体的、多样的、差异的和复杂的。尽管民主有一些最初的基本意蕴，然而，现实的民主都是具体的。“它在不同的时代、不同的国度有不同的要求。对民主的诉求，要以时间、地域和条件为转移，其内涵是不一样的。东方国家与西方国家对民主的要求有区别，发展中国家与发达国家有区别，在中国与在美国有区别，在目前的中国与在将来比如21世纪中叶的中国也有区别。对民主既不能抽象而论，也不能拿一个模子而不问具体国情和历史要求去套用。”①此外，认为“民主”超越时空、超越民族和国情“绝对”好，也无法解释世界上形形色色的“民主”乱象，无法说明历史中在民主的旗帜下出现的反民主的事实。

第二，把“民主”抽象化，使得一些人一味地拒斥民主。把民主抽象化的另一个极端倾向是拒绝和排斥民主。有的人认为，民主是西方文化的产物，是资产阶级用来破坏社会主义秩序的惯用伎俩，是导致中国社会动荡的直接根源。因此，社会主义中国不能搞民主。这种不顾现实的需要，一味拒斥民主的思想，必然导致政治体制改革行为的滞后。事实上，在社会不同层面上和不同领域中，民主概念有不同的含义。在国家政治制度层面上，民主是一种国家形态或国家形式，如民主政体；在人民权利层面上，民主是指广义的民主权利；在管理层面上，指组织管理的民主原则、民主体制；在思想观念层面上，指民主观念、民主精神；在行为方式层面上，指民主作风、民主的工作方法。把民主概念扩展到政治领域以外的其他领域，如经济、文化和社会生活领域，则形成了经济民主、文化民主和社会民主。因此，民主绝不是资产阶级的专利，人民大众同样有自己的民主。

马克思主义认为，社会主义民主就是人民当家做主。我们要建设的是社会主义民主，是好的民主。因为，社会主义的民主本质上是最广泛的人民民主，是与经济体制改革相联系、相配套、相适应的民主，是与社会主义法治相联系、相配套、相适应的民主。人民民主是我们党始终高扬的光辉旗帜。人民民主是社会主义的生命。胡锦涛在党的十八大报告中深刻指出：“政治体制改革是我国全面改革的重要组成部分。必须继续积极稳妥推进政治体制改革，发展更加广泛、更加充分、更加健全的人民民主。”党的十八大报告中从七个方面阐述了“坚持走中国特色社会主义政治发展道路和推进政治体制改革”的具体方略：支持和保证人民通过人民代表大会行使国家权力；健全社会主义协商民主制度；完善基层民主制度；全

① 石仲泉：《民主从来不是抽象的东西》，载《北京日报》2008 年 11 月 19 日。

面推进依法治国；深化行政体制改革；建立健全权力运行制约和监督体系；巩固和发展最广泛的爱国统一战线。

三、文化阻滞观念

先进文化是建构和谐社会的重要精神保证。改革开放以来，我们党一贯重视先进文化建设，中国特色社会主义文化在中国特色社会主义事业的建设历程中发挥着独特而重要的文化功能。但在建构和谐社会的实际过程中，也有大量的负面文化、亚文化搅和进来，作为一种阻滞与破坏因素影响和谐社会的建构。其中较为突出的有以下几个方面。

1. 残存的封建文化遗毒

中国是一个文明古国，有优秀而深厚的文化传统。但传统文化中的部分糟粕一时难以肃清，遗传了下来。某些封建文化糟粕对我国社会和人的毒害根深蒂固，已不自觉地制约着和谐社会的建构。

首先，“官本”思想的盛行与民主法治意识的欠缺。在中国古代，不存在民主思想，只有民本思想。而民本则以维护统治阶级的阶级统治为社会前提，因此，民本思想仅仅是官本思想的延伸而已。长久以来，官本思想的惯性一直延续未断，普遍存在于各衙门机关，如封建社会里等级森严的官场，唯上是从；唯我独尊，作风骄狂。当今社会里也有许许多多“官本”现象，如办事拉关系，找熟人；决策脱离群众，“一把手”说了算，甚至出现“以言代法”、“以人代法”、“以权压法”等现象。这种官本现象严重阻碍了社会主义民主、法治建设的推进。

其次，小农意识蔓延，独立自我意识淡薄。小农意识是产生官僚主义的汪洋大海。受封建遗毒的影响，至今仍有部分民众小农意识严重。他们崇尚权威，唯官唯上；维权意识淡薄，逆来顺受；思想保守，眼界狭隘；迷信妄言，漠视科学；人身依附观念较强。这种小农意识抑制了市场条件下独立人格的形成，抑制了民主意识、法治意识、自我意识的发展，束缚了开放、竞争的个人理念的生成。

最后，封建迷信死灰复燃。“比如近年来制作花圈、冥纸的‘白色产业’生意兴隆，据统计，全国一年烧掉的花圈、冥纸及纸制豪华家具、电器、纸房等大约有500亿元人民币。有的人大修坟墓，甚至人还活着时坟已修好”。“在许多地区，不少党政干部乘公车上山烧香拜佛，以祈求升官发财”。① 迷信的盛行意味着科学意识在迷信人群中的退步，同时也意味着现代信仰的弱化。

封建文化的种种遗毒，祸害不浅，上述是建构和谐社会必须极力清除的文化障碍。

2. 农村地区的文化贫穷

我国大多数农村地区，都面临着文化贫困问题。农村文化贫困，有其历史的原因：近几十年来，国家文化建设的重心始终集中于城市，农村被边缘化，其文化设施简陋、建设队伍良莠不齐，与城市文化建设明显有断层。通常，居住于农村的人群基本上为文化水平低的纯粹的农民。即使有些农民的子女通过教育而成为具有高文化水平的知识分子，那也在市场的导向下单向流向城市。知识分子很少走进农村。从农村走出的知识分子或者由城市培育出的文化精英反哺农村建设的回流机制被打破——知识分子高度聚集于城市。如此一来，城市精英越来越多，农村越来越少；城市文化水平越来越高，农村却始终在原地徘徊。城乡之间的文化差距不断拉大，形成文化上的城乡二元，进而扩大经济、社会差距。

除了加剧城乡二元之外，农村文化贫困还诱发了一系列的相关社会问题。如由于文化贫困，农民普遍缺乏积极、时尚、新颖的精神食粮，表现得精神空虚，不能自觉摒弃旧观念、旧习俗，不能创造新生活，不能逐步在农村形成科学文明、健康向上的生活方式和生活风尚。中老年人无处可去，只能打麻将赌钱消遣时光。年轻人由于引导的缺位，无事可干，经常沉迷在风靡农村的网吧、游戏室及不健康的暴力和色情中，引发社会不稳定因素，赌博斗殴等不文明行为时有发生，酗酒闹事、流血对抗也屡禁不止。“在当前，农

① 刘艳：《和谐社会与消费文化的当代建构》，载《深圳大学学报》(人文社会科学版)2011年第3期。

村文化建设，还存在不少问题。比如，活动单一，农村文化活动设施陈旧，文化活动缺乏特色，针对性和实效性不强。缺少品牌，为文化而办文化的现象较为普遍，文化活动的开展与农民生产生活的紧密度不高，导致农民对文化活动关心度不够。人才缺乏，文化部门农村辅导力量薄弱，力不从心等。农村文化，已远不能适应农民的多元化文化需求，等等”。①

显然，农村文化贫困已成为制约农村发展的重要原因，也是导致社会发展失衡的重要病因。农村文化贫困本身就是一种社会不和谐现象，因此，建构和谐社会必须消除这一文化阻滞因素。

3. 不断蔓延的网络黑色文化

如今，网络仅次于学校教育而成为影响青少年成长的第二大文化平台。不过，网络文化是一个“没有篱笆的万花丛”，它犹如一把双刃剑，同时传播着正价值与负价值两种性质不同的文化。其中的负价值的网络文化，可称作网络黑色文化，它不利于和谐社会的建构，甚至直接破坏社会和谐，开建构和谐社会的倒车。

网络黑色文化主要包括以下三个层面：其一，误导公众的不正确信息。网络每天都生成海量信息。其中有一部分信息是错误的、虚假的，它们混淆公众视听，误导公众。个别错误信息，甚至有可能破坏社会秩序。如网民杜撰散布的蛆虫柑橘信息、打针西瓜信息等，直接造成了市场的混乱，带来了严重的社会不良后果。其二，毒害身心的不健康信息。网络中存在大量的关于黄、赌、毒、暴力、颓废等方面的文化信息，它们毒害个人特别是年轻人的身心健康，诱导社会犯罪，祸害社会和谐。其三，颠覆社会主义的反动信息。网络是渗透反动文化信息的重要渠道。在网络中，存在一些颠覆社会主义、分裂祖国、破坏和平统一的反动文化信息。而这些信息，恰恰是威胁和谐社会建构的一种致命病毒，因此，建构和谐社会必须对其做好充分的防护和检疫。

由不同的不良信息构成的网络黑色文化对建构和谐社会的阻滞力度有轻有重。针对这一情况，轻的不能忽视，重的必须严控，唯

① 胡向东：《农村文化建设急需提档》，载《团结报》2012 年 5 月 22 日。

有如此，才能为建构和谐社会扫除网络文化障碍。

4. 逆向导向的非主流文化思潮

在建构和谐社会的过程中，一些源自于西方的文化思潮如新自由主义、极端个人主义、拜金主义等，它们或者恶意攻击社会主义制度，或者蓄意抹黑社会主义意识形态，或者有意扭曲社会主义的价值观，从而给和谐社会的建构造成精神文化上的外在阻力。

新自由主义是20世纪30年代后发展起来的西方经济学说。它对社会主义的发展与改革提出了自己的理论设计：社会主义在经济建设上应该全盘私有化，反对公有与国家干预；在政治上，标榜西方自由，主张西方的程序民主，否认中国共产党领导的多党合作和政治协商的执政方式，提出应该实行两党或多党轮流执政；在价值观上推行极端个人主义、享乐主义；在思想领域，恶意攻击马克思主义。这样一种文化思潮渗入中国，毋庸置疑，对于建构和谐社会必然存在不良影响。

再如拜金主义。目前，拜金主义已悄无声息地渗入社会的多个角落，负面影响甚大。首先，颠覆社会价值观。拜金主义崇尚金钱至上，金钱万能，认为人做不到的金钱能做到。用金钱来衡量婚姻、个人地位，用金钱买卖诚信、良知、灵魂、肉体等，催生纸醉金迷、颓废堕落的个人生活理念。其次，滋生权力、经济上的各种腐败现象。许多人为了金钱践踏法律、贪污受贿、制假售假、坑蒙拐骗等，败坏党风、民风、社风，阻滞社会和谐。

以新自由主义、拜金主义为代表的非主流文化思潮，对社会主义和谐社会的建构无疑是有危害的。我们必须高度重视这种逆向导向，消除其负面影响。

四、生态阻滞观念

建构和谐社会是基于社会与自然这一复合平台而展开的。社会是有机平台，自然是无机平台。社会有机平台中的民生问题、弱势群体问题，自然无机平台中的生态环境问题，多年来一直是阻滞和谐社会建构的重要因素。

据新华社北京2013年3月3日电：四分之一国土持续雾霾、九成地下水遭污染、1.5亿亩耕地受重金属污染……空气、水、土壤，人类赖以生存的三大要素，正在中国遭遇严重污染。

尽管"十一五"污染减排的约束性指标提前完成，但中国的经济发展方式尚未得到根本性改变，我们面临的生态环境形势依然严峻。生态环境问题是我国建构和谐社会所面临的一个突出的社会问题。河流污染、温室气体排放、空气粉尘超标、酸雨、土地污染等，皆说明了人与自然的关系的高度紧张。

我国的生态环境问题主要表现为两个方面的严重问题：其一，污染源多且量大。如2009年，工业废水直接排入海量134695万吨，工业二氧化硫排放量1865.9万吨，工业烟尘604.4万吨，工业粉尘523.6万吨，工业固体废物7104521吨。① 其二，污染面广且程度深。以水污染为例，据2010年中国近安海域海水水质评价，较清洁海域面积4.24万平方公里，轻度污染3.15万平方公里，中度污染2.14万平方公里，严重污染4.78万平方公里。② 严重污染面积比清洁海域面积还要大0.54万平方公里，污染面积是未污染面积的2.37倍。

与国际生态环境评估的主要指标相比，中国的生态环境问题愈显严重。如2005年高收入国家甲烷排放量为1539204千吨二氧化碳当量，中国为1333089千吨二氧化碳当量，达到高收入国家排放总量的86.6%。2005年高收入国家氮排放量为814339千吨二氧化碳当量，中国达到467213千吨二氧化碳当量，为高收入国家的57.3%。③ 2007年全球二氧化碳排放总量为30649.4百万吨，中国

① 参见中华人民共和国国家统计局：《中国统计年鉴2010》，中国统计出版社2010年版，第419～433页。

② 参见中华人民共和国国家统计局：《中国统计年鉴2011》，中国统计出版社2011年版，第397页。

③ 参见中华人民共和国国家统计局：《世界统计年鉴2012》，中国统计出版社2012年版，第12～13页。

排放总量为6533.0百万吨,① 达到世界总量的21.3%。再如2008年，中国每立方米空气中颗粒物含量为65.61微克/立方米，而日本只有27.14微克/立方米，美国只有19.40微克/立方米。② 中国空气中每立方米颗粒物含量是日本的2.4倍，美国的3.38倍。

通过比较分析可知，中国的环境污染形势严峻。严重的环境污染不但破坏人与自然的关系、影响生态平衡，还妨碍了人们生活质量的提高、危及生存，制约着“人与自然和谐相处”，影响着和谐社会的建构。因此，它也是建构和谐社会的阻滞因素之一。

“作为‘中国梦’的绿色底蕴，‘美丽中国’的愿景随生态文明的理念应运而生。顺应人民群众对干净饮水、新鲜空气、卫生食品、优美宜居的新期待，党的十八大郑重强调，把生态文明建设放在突出地位，融入经济建设、政治建设、文化建设、社会建设各方面和全过程，着力推进绿色发展、循环发展、低碳发展，建设永续发展的美丽中国”。③ 环保问题归根结底是理念的问题。“守法成本高，违法成本低，对比环境损失，罚款不值一提……一些企业飘红的业绩背后，染黑的是良心”。④ 因此，提出“绿色发展”理念、提高民众的环保意识是生态文明建设的“良方”之一，要将“环保”这颗种子深深地植入人们心底，成为一种实践理念。

五、阻滞观念的消解

上述非主流实践理念的阻滞观念，必须消解。消解种种阻滞观念的关键是加强执政党建设、克服封建意识残余和资产阶级腐朽思

① 参见中华人民共和国国家统计局:《世界统计年鉴2012》，中国统计出版社2012年版，第11页。

② 参见中华人民共和国国家统计局:《世界统计年鉴2012》，中国统计出版社2012年版，第14页。

③ 《以绿色发展建构美丽中国——五论以实干贯彻十八大精神》，载《人民日报》2013年3月3日。

④ 参见《“带毒GDP”助推环境日益恶化》，载《兰州晨报》2013年3月4日。

想的侵蚀。

(一)提高执政党建设的科学化水平

中国共产党是中国社会的执政党。作为执政党，我党的执政意识是非常自觉的。邓小平在党的八大上就明确提出了“执政党”的概念。半个多世纪以来，我们党始终注意发展问题，党的宗旨使党不断地强化发展理念。特别是改革开放以来，我们党更是明确提出了“发展就是硬道理”的理念，以经济建设为中心，大力发展社会生产力；聚精会神搞建设，一心一意谋发展，把发展作为党执政兴国的第一要务。中国成为世界的“加工厂”和经济“驱动器”，为世界经济的发展作出了重要贡献。与此同时，中国社会的面貌也发生了翻天覆地的变化。事实雄辩地证明，中国共产党领导的国家兴旺发达，党的执政成为兴国的首要因素。

然而，在经济建设发展到了一个比较高层次的今天，我们更有必要反思“党执政兴国的第一要务”到底是什么的问题。我认为，在新的历史条件下，党执政兴国的第一要务是政权建设问题。顾名思义，执政党首要的任务是执政，这就要求党不断增强执政的能力。这正像人做事一样。只有自己身体健康和精神健康，这个人才能去从事创造性的生产劳动。

党的执政地位是历史的选择和人民的选择。这是确定无疑的。但是，党的执政地位不是一劳永逸的。要实现长期执政，就必须科学执政、民主执政和依法执政。而科学执政、民主执政和依法执政，就是政权建设问题。政权建设主要有这样一些内容：

一是执政的理论基础建设。党执政的理论基础是马克思主义。把马克思主义普遍真理与中国实际相结合，创建中国化的马克思主义，不断地为现实的实践运动提供理论指导和思想武装。我们党是在理论准备不足的情况下从事社会革命活动的，两次成功两次失败的深刻教训，说明理论指导是实现行动自觉的前提条件。在延安时期，党创建了与自己所承担的社会责任相匹配的理论，实现了“马克思主义中国化”的第一次飞跃，形成了“中国化马克思主义”——毛泽东思想，制定了经济、政治、文化和社会建设各个方面的纲领，从而组织起了浩浩荡荡的队伍，为抗日战争和解放战争的胜利奠定了理论基础，为政权建设积累了经验，从山沟走向了全国。同样，我国改革开放也是在理论准备不足的情形下进行的。由于党的性质和宗旨的先进性，党带领人民一步步地实现近期奋斗目标，取得了举世瞩目的成就，但是忙乱甚至失误也是有的，教训是深刻的。随着改革开放的深入发展，党的创新理论不断地为毛泽东思想增添新的时代内容。然而，理论创新到一定程度，如相对比较完备、足以引领现实实践的时候，就要把重点放在落实理论、实践理论上。理论应有相对稳定性，具体的方针政策可因势利导，不断调整。因此，一方面要发展理论，另一方面要用发展的理论指导发展的实践。

二是思想建设和组织建设即执政的干部基础建设。执政党的方针政策要通过各级组织的干部来实现，因此，各级各类组织机关机构的负责人是党执政的干部基础。要对党的各级干部进行马克思主义理论教育。过去，对以农民、小资产阶级、知识分子出身为主体的党员进行马克思主义理论教育和共产主义思想武装，可以使其成为无产阶级战士，成为无产阶级革命家，可以使党成为无产阶级政党，从而能够克服极端艰难困苦的条件，战胜异常强大的敌人，争取全国胜利，进行社会主义革命和建设。在今天，工人阶级特别是知识分子党员干部，如果没有马克思主义理论武装，就有蜕化成为党的异己分子的现实可能。因此，要在广大干部中大兴调查研究之风，大兴读马克思主义著作之风，大兴学习之风。

三是执政的社会基础建设。要解决好依靠谁、为了谁的问题。依靠谁、为了谁的问题是党执政的首要的和根本问题。党的执政基础是由党的性质与社会成员的阶级属性的一致性决定的。这个问题，我们党在延安时期解决得近乎完美。党群、干群、官兵之间水乳交融，亲如一家。党的各级领导自觉、全心全意地为人民服务，与人民群众打成一片，以身作则，以人格的魅力感染人，通过具体的人和事，实践、体现着党的宗旨，赢得了人民群众的真心爱戴和无私支持。得民心者得天下！有人说，那是战争期间，需要人民支持，现在是发展经济、从事现代化建设的时期，需要的是干部、白领、骨干和精英，因此，党的执政基础是他们。毫无疑问，在发展经济、从事现代化建设时期，党需要干部、白领、骨干和精英来实现自己的发展战略目标。然而，仅以此为基础是不够的，也是危险的。不能将普通的人民群众与干部、白领、骨干和精英等“英雄人物”分割开来。历史唯物主义认为，作为推动历史前进、创造历史的人民群众，包括普通的人民群众和英雄人物。倘若将英雄人物从人民群众当中分离出去，势必会造成两者的隔阂甚至对立，使得英雄人物成为高居于民众之上的“老爷”，最终被人民群众所推翻。历史就是这样昭示天下的。因此，作为工人阶级和中华民族、中国人民的先锋队，中国共产党的执政基础是工人、农民、知识分子等人民群众，其中包括为社会主义现代化建设服务的各类英雄人物。因此，我们要把立党为公、执政为民的理念落到实处，树立公仆意识，言行一致，始终为最广大人民群众谋利益。要以人民喜闻乐见、愿意接受的方式把实事办好，赢得人民群众发自内心的爱戴和拥护。这样，党的执政基础就会不断地得到加强和巩固。

四是民主政治建设。实现党的有效长期执政，跳出“历史周期律”的办法还有民主。只有让人民来监督政府，政府才不敢松懈。只有人人起来负责，才不会人亡政息。这是毛泽东找到的一条“新路”。这条新路别的党走不通，因为它们代表的是少数人的利益，害怕广大人民。这条路中国共产党能够走得通，因为它代表的是广大人民的根本利益。毛泽东说过，我们要相信群众，我们要相信党。这是两条根本的原则，如果怀疑这两条原则，那就什么事情也做不成了。延安时期民主之风吹拂人心，“我有选票我有权了”，自己成为自己的主人，实现了人民当家做主的新兴政权的社会要求。与此同时，延安时期的民主形式也是比较科学的，能够让当时的农民顺畅地、自主地表达意愿。所谓政通人和，上下同心，既实现了人民的民主权利，又保证了对政府的有效监督。今天，如何实现在党的领导下有序地、可控地、逐步地实现民主决策、民主管理、民主表达、民主监督，如何完善人民代表大会制、多党合作和政治协商制、民族区域自治制、民主集中制等，加强社会主义民主政治建设，延安时期的历史经验值得借鉴。在新的历史时期，我们要结合新的情况来吸收历史经验营养。

五是执政党自身的制度建设。执政党要对社会实行政治领导、组织领导、舆论领导、经济领导等，实现对社会的有效整体调控，这就要求党必须把主要精力放在党自身的建设上，如党员的发展、教育、管理，理论建设、思想建设、组织建设、作风建设特别是制度建设。制度建设具有根本性、全局性和稳定性。首先要确立党章的权威，将8000多万党员整合成巨大的社会资源，形成强大的组织优势，去完成当前的主要任务；同时，这些任务与未来共产主义理想是紧密联系在一起的，这样就会既立足现实又超越现实，既实现最低纲领又为实现最高纲领而奋斗，使党员成为党的事业的体现者、执行者和实践者，从而像“种子”一样，在人民群众中生根开花。其次要有工作议事制度，特别是民主集中制，做到工作特别是决策的科学化、民主化、程序化和规范化，从而减少决策失误造成的损失。最后要有监督制度。不受制约的权力会导致腐败。过去，我们对权力的制约主要靠道德自律、纪律要求，而缺乏制度安排，更缺乏法律制约。这个问题，邓小平在20世纪80年代就提出过。在制度建设方面我们取得了非凡的成就，现在的问题是执行问题，是人的问题。如何保证制度的执行？要有监督检查机制。

我们研究党执政兴国的根本问题，是为了党执政地位的坚实永固。只要把党自身建设好，我们的党就会永远立于不败之地，就能够消解不利于和谐社会建构的各种阻滞观念，就能够带领人民去实现自己伟大的崇高理想，建构起社会主义和谐社会！

（二）克服封建糟粕残余和资本主义腐朽文化的侵蚀

由于文化形态的相对独立性，中国社会的封建文化并没有随着封建经济基础的瓦解而消失。在当今中国社会的精神天空中还有许许多多封建文化和资本主义腐朽文化的糟粕残余。

1980年8月18日，邓小平在《党和国家领导制度的改革》的讲话中，对“封建残余”作出了明确、深刻、系统的论述。他认为，“从党和国家的领导制度、干部制度方面来说，主要的弊端就是官僚主义现象，权力过分集中的现象，家长制现象，干部领导职务终身制现象和形形色色的特权现象”。① 这种种弊端，“多少都带有封建主义的色彩”。此外，封建主义残余的影响还有许多，例如，“社会关系中残存的宗法观念、等级观念；上下级关系和干群关系中在身份上的某些不平等现象；公民权利义务观念薄弱；经济领域中的某些‘官工’、‘官商’、‘官农’式的体制和作风；片面强调经济工作中的地区、部门的行政划分和管辖，以至画地为牢，以邻为壑……文化领域中的专制主义作风；不承认科学和教育对于社会主义的极大重要性，不承认没有科学和教育就不可能建设社会主义；对外关系中的闭关锁国、夜郎自大；等等”。② 因此，“肃清封建主义残余影响，重点是切实改革并完善党和国家的制度，从制度上保证党和国家政治生活的民主化、经济管理的民主化、整个社会生活的民主化，促进现代化建设事业的顺利发展”。③ 对广大干部和群众来说，肃清封建主义残余影响，“是一种自我教育和自我改造，是为了从封建主义遗毒中摆脱出来，解放思想，提高觉悟，适应现代化建设的需要，努力为人民作贡献，为社会作贡献，为人类作贡献”。④

邓小平还认为，不能因反封建主义“遗毒”而忽视对资产阶级思想和小资产阶级思想的批判。邓小平提出：“首先，要划清社会主义同封建主义的界限，决不允许借反封建主义之名来反社会主义，也决不允许用‘四人帮’所宣扬的那套假社会主义来搞封建主义。其次，也要划清文化遗产中民主性精华同封建性糟粕的界限。还要划清封建主义遗毒同我们工作中由于缺乏经验而产生的某些不科学的办法、不健全的制度的界限。”⑤“在思想政治方面肃清封建主义残余影响的同时，决不能丝毫放松和忽视对资产阶级思想和小资产阶级思想的批判，对极端个人主义和无政府主义的批判。”⑥

---

① 《邓小平文选》第2卷，人民出版社1994年版，第327页。

② 《邓小平文选》第2卷，人民出版社1994年版，第334页。

③ 《邓小平文选》第2卷，人民出版社1994年版，第336页。

④ 《邓小平文选》第2卷，人民出版社1994年版，第335~336页。

⑤ 《邓小平文选》第2卷，人民出版社1994年版，第335页。

⑥ 《邓小平文选》第2卷，人民出版社1994年版，第336页。

“由于要肃清封建主义残余影响，就认为可以去宣扬资本主义的思想，也是完全错误的。我们一定要彻底批判这些错误思想，绝对不能让它们流行。”①因此，我们要用马克思主义基本原理和社会主义基本原则作为分析批判的标准和利器，要探讨在社会主义条件下如何更有效、更彻底地完成反封建的历史任务，完成对资产阶级思想和小资产阶级思想的批判。决不能用封建意识批判资本主义；也不能用假“马克思主义”批判资本主义。

为此，必须在理论上正确把握社会主义思想文化与封建主义、资本主义腐朽思想文化的根本区别。

第一，社会基础根本不同。思想文化是社会精神形态的上层建筑，其本质是由其赖以产生的经济基础和政治制度所决定的，并为其经济基础和政治制度的存在和发展服务。封建主义、资本主义腐朽思想文化是在封建主义和资本主义的社会土壤上生长出来的，封建主义和资本主义社会的经济基础和政治制度是它们存在、发展的基础。社会主义思想文化的社会基础则是社会主义的生产关系和政治制度。

第二，价值取向根本不同。思想文化是为人的利益和需要服务的，不同人的不同利益和需要决定了思想文化的不同价值取向。在封建社会，人与人之间是直接的人身依附关系，反映这个社会本质的封建主义腐朽思想文化的价值取向是以“官”为本，封建社会的等级观念、特权思想、专制主义、官僚作风等都是由此而产生的。在资本主义社会，人们的实际地位是由物决定的。所以，反映资本主义社会本质的腐朽思想文化的价值取向是以“物”为本，拜金主义、奢侈腐化等是其具体的表现。在社会主义社会，生产的发展和物质的丰富是为了满足人的需要，各种各样的社会事业归根结底也都是为人服务的。社会主义思想文化的价值取向是以“人”为本，在当代中国的主要表现就是社会主义核心价值体系。

第三，历史作用根本不同。这主要表现在三个方面：其一，是推动社会发展还是企图复辟倒退。社会主义思想文化是与当前我国

① 《邓小平文选》第2卷，人民出版社1994年版，第337页。

社会主义阶段的历史条件和具体国情相适应的，能够有力地推动我国经济和社会发展，因而是一种先进的和进步的文化。而封建主义、资本主义腐朽思想文化是复辟倒退的文化，在新的历史条件下重开历史倒车，因而对我国社会发展起着阻碍和破坏的作用。其二，是为人民服务还是损人利己。社会主义思想文化来自人民群众又为人民群众服务，是以满足人民群众的精神需要为根本出发点的。而封建主义、资本主义腐朽思想文化是个人利益至上和损人利己的，是危害国家、危害社会、危害人民的。其三，是健康有益还是消极颓废。社会主义思想文化是健康有益的思想文化的代表。而封建主义、资本主义腐朽思想文化则是与社会上的假恶丑相联系的，是违背科学和消极腐朽的，它污染社会风气，腐蚀人的思想，有损于人们的身心健康。

在对人类文明成果和封建主义、资本主义腐朽思想文化进行区分的时候，还需要着重在以下三个问题上划清界限。

一是追求自身利益与极端个人主义的界限。社会主义思想文化与封建主义、资本主义腐朽思想文化的区别，并不在于是否承认个人利益及个人对自身利益的追求，而在于如何处理个人利益与社会利益(包括国家利益、集体利益)、他人利益的关系。如果损人利己，为了个人利益而损害社会和他人的利益，那就是极端个人主义。这样的思想集中反映了剥削阶级的人生观和价值观，是封建主义、资本主义腐朽思想文化中最根本的东西。

二是重视物质财富与拜金主义的界限。社会主义思想文化与资本主义腐朽思想文化的区别，也不在于对物质财富的重视。因为物质财富生产是人类最重要的实践活动，物质文明是社会进步的根本标志，物质需要是人的基本需要。二者的真正区别在于如何处理人与物的关系以及在这二者中是以人为本还是以物为本；是人支配物，还是物支配人。我们既要重视发展生产力、重视物质财富，又必须摆正人与物的关系，不能把对物质财富的重视变为金钱万能、拜金主义和一切向钱看。

三是生活享受与享乐主义的界限。社会主义思想文化与封建主义、资本主义腐朽思想文化的区别，也不在于是否承认人们的生活享受，而在于它们所主张的是什么样的生活享受。合理和正当的生活享受与享乐主义是不同的：首先，文明的生活享受是健康的生活享受，而享乐主义是一种腐朽的生活享受，它带来挥金如土、奢侈糜烂、铺张浪费。其次，文明的生活享受是有益于社会和人的身心健康的，而享乐主义毒化社会风气、消磨人的意志、摧残人的身体、腐蚀人的灵魂。最后，文明的生活享受能够激励人们为实现自己的生活需要和改善自己的生活条件而奋斗，它与艰苦奋斗精神是不矛盾的，而享乐主义把享乐作为人生的唯一追求和最高价值，为了享乐不惜损人利己、违法犯罪，是没落的剥削阶级的生活方式的表现，属于封建主义、资本主义腐朽思想文化的范畴。

一个民族和国家要真正自立于世界民族之林，成为世界上有影响的国家，不仅要有硬实力，还要有以文化为主要内容的软实力，没有软实力，就只是一个物质外壳，没有思想，没有灵魂，没有精神，就不能叫真正的民族和国家。我国文化软实力主要包括社会主义核心价值体系、高度的民族自信心和自豪感、公民强烈的创新意识和不断增强的创新能力、人民群众丰富多样的精神文化生活、中华民族文化对世界文化进步的贡献、日益繁荣的文化产业等。建设中华民族共有精神家园，必须处理好精神家园的整体性与层次性、普遍性与多样性、民族性与时代性的关系，贴近实际，走向生活，走入人们的精神世界，与人们的精神需求相衔接。要依据不同的认识实践主体和价值主体的现实需求，有针对性地以不同的形式和方法实现个体对共有精神家园的共识和认同，给民族成员提供安身立命的精神之家，使人们的个人精神追求与民族精神家园相衔接，提升人们的社会公德和个人品德水平，实现个体自觉的道德行为与社会约束的伦理法则的有机统一，促进人的精神家园建构及和谐社会建设，为中华民族的伟大复兴事业提供精神保障。

第五章 和谐理念及其文化形态

实践主体的实践活动总是遵循一定实践理念而展开的。构建社会主义和谐社会，需要和谐实践，克服和消除和谐社会建构实践中的"阻滞观念"需要和谐实践，而和谐实践则依赖于和谐理念。为实现实践主体实践活动的合理性，必须树立和谐理念。和谐理念是一种社会所倡导的以和谐为实践宗旨的社会实践理念，是个人实践理念的观念先导。和谐理念主要以和谐文化为载体，和谐文化是实现和谐理念的重要途径。

一、和谐理念

茫茫宇宙，无边无际；具体事物，丰富多样。日月星辰，山川湖海，草木花卉，鸟兽鱼虫，人类社会，对立统一，平衡和谐。万事万物，各有其德，各行其道，各得其所，和谐运行。和谐是宇宙的一种根本法则。宇宙的和谐是动态的、进化的和谐。人类是和谐宇宙合乎规律的发展产物。人类诞生以后，大自然通过人的眼睛发现认识了自己，通过人的实践活动来实现自己。从这个意义上讲，人的意识创造活动、观念的对象性活动，都必须遵循自然法则，按自然行事，说自然"想"说的话。按自然法则行事，是人之存在方式的最大智慧。这一自然法则制约着人们的认识方式、生活方式、生产方式和创造行为，应该成为最根本的实践理念。正因如此，构建社会主义和谐社会的现实实践，理应确立和谐理念。社会主义和谐社会的基本特征是民主法治、公平正义、诚信友爱、充满活力、安定有序、人与自然和谐相处。这些内容实际上也就是和谐理念的基本内容。

和谐理念要求人们：在人与自然关系上遵循可持续发展理念，尊重自然价值，敬畏生命；在人与人关系上，树立人人平等、共同发展理念，提倡宽容与合作精神，尊重个性，崇尚和而不同，提倡求同存异；在发展模式上，强调统筹兼顾、协调各方，破解“发展错位”难题。特别是要统筹城乡发展、区域发展、经济社会发展、人与自然和谐发展、国内发展和对外开放；统筹中央和地方关系；统筹个人利益和集体利益、局部利益和整体利益、当前利益和长远利益；统筹国内国际两个大局。实现社会公平正义，实现社会和谐。既要通过发展增加社会物质财富、不断改善人民生活，又要通过发展保障社会公平正义、不断促进社会和谐。那么，和谐理念有哪些具体内容呢？

（一）真理标准

和谐理念的真理标准即和谐理念是否合乎客观规律。合乎客观规律的和谐理念其真理性主要包括这些内容：

1. 协同原则

世界万物，多元共存；相互依存，矛盾和谐。自然界的生物多样性是统一的自然所必然具有的特性，也是人类社会所必然拥有的特性。正是千差万别的具体事物的多样性，组成了一个矛盾、开放、协同、和谐的自组织系统。不同事物之间、事物内部的要素之间必须进行一定的物质、能量和信息交流，才能实现自组织、自平衡，自我完善和协同进化。他物是已物生存发展的必要手段和前提条件，反之亦然。开放、交流，多元共存，协调发展是不可违背、不可抗拒的自然法则，封闭则意味着共同覆灭。

开放交流，协同共存的多元事物构成了一个矛盾的和谐统一体。世间万物，既协同共存，又矛盾统一。可以说协同也就是矛盾。世界或宇宙，既是协同的统一体，又是一个矛盾的统一体。和谐和矛盾是世界统一体不可分割的两个方面。矛盾既是和谐产生的原因，也是推进和谐的动因。矛盾的和谐与和谐的矛盾，推进事物协同进化。协同共存与协同进化，表明了世界的协同性。

因此，作为人类活动的“自然法则”依据之一，协同性是实践规范必须遵循的基本原则。协同性原则既应渗透在各个具体的实践规范形式之中，也应体现在它们相互之间的联系性上。众多的具体规范形式共同构成为相互协同的实践规范体系。这既是某一规范形式自我实现的需要，也是整个实践规范体系自我实现的需要。

2. 合作原则

“当我们通过思维来考察自然界或人类历史或我们自己的精神活动的时候，首先呈现在我们眼前的，是一幅由种种联系和相互作用无穷无尽地交织起来的画面，其中没有任何东西是不动的和不变的，而是一切都在运动、变化、生成和消逝。”①世界既是多元共存与矛盾和谐的，也是相互融通、整体协调的。

构成世界整体的各个要素、各个部分之间是平等的。平等原则的存在基础是事物的独立性，其基本精神是平等性。正因为事物都是独立平等的，所以都有相应的权利和责任。这就要求我们必须根据独立、平等的基本精神来处理与实践活动有关的责任问题。

相对于已物、已要素而言，制约关系是一种外在的规定性，这样的规定性，又是通过事物内在的冲动性得以实现的。制约本身就是外在的规定性与自身内在的冲动性之统一的一种关系。相互制约是事物自我依存、自我实现和事物之间相互依存、相互实现的一种必然存在法则。

制约有一个限度、幅度。决定事物相互制约限度、幅度的界限是事物的“度”，这个“度”给不同事物之间、事物内部要素之间的平等互利提出了宽容的需要。同样，宽容也有限度和幅度，否则，便成了无原则的放任自流。

平等、制约与宽容，使得事物内部要素、事物之间存在着一损俱损、一荣俱荣的“共同体”合作关系。体现相互融通、整体协调自然法则的人类的实践规范，理所应当地必须包含平等、制约、宽容等合作原则。

---

① 《马克思恩格斯文集》第9卷，人民出版社2009年版，第23页。

3. 自由原则

顺物之性、尽物之情——自由原则。顺物之性，是说物各有其自身的特性、属性、特殊性，它们顺性而生，率性而长，尽性而终，各得其所，各归其归，自然而然、自由而必然地实现其一生的本性。尽物之情，是说自然存在的事物，都有自身的特性和秉性，凡物存在，必有其据；凡物之情，必有所依。

顺物之性、尽物之情亦意味着凡物都有其“生存权”，也应尽其“义务”和“责任”。平等地生存是物之最大的“权利”，维护“共同体”的存在是物最大的“义务”和“责任”。在大自然的生存法则中，这一切都是那样自然而然，顺理成章。这就是自由。所谓自由就是事物按其固有本质、本性，实现其属性(价值)的活动。这就意味着，自由是以事物、要素自身的存在属性为依据的，是事物、要素自我本性、特性的自然展示和自我实现。人类社会也是如此，不同之处在于，人类本质、本性的价值实现活动是以实践的方式进行的，而非人类本质、本性的价值实现是自然而然地、自由而必然地进行的。

总之，“协同”、“合作”和“自由”，构成了自然的“正义”法则。这样的正道之义，既是自然之道，也是人为之道，是人类实践规范理应遵循的真理性法则。倡导合作、追求平等、坚持正义、培育爱心、崇尚自由，是人类的实践规范的“自然之道”。实践规范的真理性理应体现这样一些自然之道。体现了这样一些自然之道的实践规范就是实现实践主体自由与必然相统一的现实道路。

(二)价值标准

所谓价值，就是在人的实践——认识活动中建立起来的，以主体尺度为尺度的一种客观的主客体关系，是客体的存在、性质及其运动是否与主体本性、目的和需要等相一致、相适合、相接近的关系。它标志着客体属性与主体需要相符合的关系。它既是客体自身存在属性的显现，也是客体属性满足主体需要的现实程度和状况。同样，实践规范的价值性，既表现在实践主体寻求真理的过程及其结果之中，也体现在这种实践认识活动是对于利、善、美、圣的追求。引导实践主体追求利、善、美、圣，是实践规范价值性的具体体现。

1. 利

利又叫利益，是实践规范价值性首要的和基本的表现形式。个人肉体组织的需要，使得人们必须首先创造能够供给人们吃喝住穿以及其他需要的生活资料。实现利益是实践规范的根本动因和内在目的。大而言之，社会上的一切主体都是围绕着实现其利益而展开其社会活动的。而开展这样的社会活动，又是以一定的实践规范为条件和前提的。实践规范所实现的"利"有多重表现形式，而实践主体所追求的利应该是"大利"，应自觉地在真理性实践规范的指导下，将人类社会推进到一个新的发展阶段，达到大利、至善和至美的和谐境界。

2. 善

善是指对人类社会有利、有益的价值，是实践活动的结果符合实践主体的需求、满足其愿望而使实践主体所达到的一种和谐、愉悦状态。善是实践规范的积极的、正面的社会效应。任何成功的、善的实践，都必须是既遵循客体尺度，又遵循主体尺度，是既合规律性又合目的性的有价值的善的实践。因此，善又是与合理性、合目的性、科学性相联系的。

3. 美

美是实践主体的一种感悟，一种和谐、愉悦、享乐、惬意、满足、安逸式的感悟。正如海森堡所说的"美是真理的光辉"那样，美是"真"和"善"的统一和升华，美是一个更高层次上的综合，是"最高的统一"。马克思指出："动物只是按照它所属的那个种的尺度和需要来构造，而人却懂得按照任何一个种的尺度来进行生产，并且懂得处处都把固有的尺度运用于对象；因此，人也按照美的规律来构造。"①构造一个普遍性的属人的或人化的自然界。实践主体是按照美的规律来改变世界、塑造自身的，实践主体与实践客体相互"改造"，不断推动人类社会向着自由美好的理想境界进发，从

① 《马克思恩格斯文集》第1卷，人民出版社2009年版，第163页。

而达到尽善尽美的“至美”状态。

4. 圣

圣是实践规范所追求的最高境界。圣是实践主体对客体、对象，特别是对宇宙存在价值的认同、尊重、崇拜、敬畏之情和由此而生成的圣洁之感。圣是真善美的升华。实践规范导向下的社会实践，是实现人的内在本质和向往美好未来的活动和过程，是实现人文关怀法则和主体精神——公平、公正、自由、民主等原则的活动和过程，是合目的性——提升主体实践活动自觉性、促进人类实现其实践本质、改变世界、解放人类——的活动和过程。

（三）行为原则

1. 人必须全面占有自己的社会本质，协调处理人与世界之各种复杂关系

作为社会存在的人有着多重属性，但本质则是社会性。人的社会性同样有着多方面的内容，倘若片面强调某一方面，如人的自然生物属性、人与自然之关系，那就会形成“自我中心”论，必然会导致无休止掠夺的物质主义。

马克思指出，“我们看到，工业的历史和工业的已经生成的**对象性**的存在，是一本**打开了的关于人的本质力量**的书，是感性地摆在我们面前的人的**心理学**；对这种心理学人们至今还没有从它同人的**本质**的联系，而总是仅仅从外在的有用性这种关系来理解”，因为，在异化范围内活动的人们仅仅把人的普遍存在理解为人的本质力量的现实性和人的类活动。① 与人的本质相联系，就是要与人的社会性相联系，与人与世界之普遍性关系相联系。这样的联系就能够使人超出在异化状态下的人的视野的局限性，即仅仅把人的普遍性看成人的现实活动，并把这种活动上升和归结为人的普遍的类活动，从而获得了抽象的普遍性，掩盖了特殊社会成员的特殊性。超越异化状态下的人的视野的局限性，也就是要将人的视野扩大到整

① 参见《马克思恩格斯文集》第 1 卷，人民出版社 2009 年版，第 192 页。

个人与世界之普遍性关系之中。从这样的普遍性关系来考察人的本质及其力量，就建构起了人的活动的真理性与价值性的内在联系，使得人的活动超出了简单的有用性，而在更高形态上实现人与自然的和谐与平衡。

2. 人与世界关系具有整体性、普遍性的思想观念

作为自然界长期发展进化的合乎规律的一环，人是自然界的产物。作为人的无机的身体，自然界也是人类形成、存在和发展的毋庸置疑的前提条件。人与自然具有天然的和谐性、平衡性和统一性。然而，在实际行为和后果上，人类往往放逐人的自然性，造成人与自然的对立。人与地球和谐关系被破坏源于人的思想观念的偏差。而在当代，则主要根源于人们对科学技术的“异化”运用。人的普遍性包含着多方面的内容，如果仅仅只是看到人与自然的关系，从而片面地强调发展(自然)科学及技术，会导致科学技术社会功能的异化。科学技术不仅反映实践，而且指导实践、规范实践。因此，科学技术的社会职能应该是为人类的生存和发展提供强有力的智力支持。然而，事实上，相对于人的生存发展状况而言，科学技术有着正反两方面的效应。科学技术的正反效应，不是由科学技术本身决定的，科学技术本身无所谓“双刃剑”问题。科学技术的“双刃剑”现象是由对科学技术运用的人的思想观念的“异化”决定的。因此，由科学技术的运用而导致的全球性生态危机、资源危机、人口危机等，暴露出了人的思想观念方面的问题，而从思想观念上消除异化的关键，在于确立科学为自然服务、为人类服务的整体思想观念，倡导科学知识与科学精神、科学方法、科学理念、科学原则的统一。

3. 建构尊重对象、敬畏未知的实践观念

实践并不是天然地合理的。人与世界关系的普遍性是通过一定的实践方式体现、表达出来的。因此，实践观念及实践内容应该具有普遍性。人们应该按照美的规律来构造自己的创造物。这样的创造物是真、利、善、美、圣的统一体。这样的统一体是拥有普遍性人格的人的作品，反映了人与世界整体关系的普遍性，折射出了人的普遍价值。因此，人们不仅对已知的东西应有神圣感和敬畏感，对未知的领域更应保持一种神圣的情感，敬畏自然，敬畏生命，敬畏自己的实践对象。这样的实践活动才“天然”地拥有合理性。

(四)社会文明标准

一是宽容理念。从字面上讲，宽容(toleration)即宽厚能容忍。忍耐即克制，遇到恼人的事时宽容或有耐心。宽容是实践主体在追求和实现自由理想过程中所体现出来的高贵品格，是人格尊严最突出的表现形式，也是人格尊严中最伟大的部分。

维护社会秩序的和谐运行，保证作为自然生命体的人的永续存在和发展，为人类不息地探索自然“大宇宙”及人身“小宇宙”的奥秘、探索社会存在发展的规律等，是实践主体责无旁贷、义不容辞的社会责任和义务。这也是与生俱来的和不可让渡、不可剥夺的。在实践主体追求和实现自由理想的活动及其过程之中，由于实践能力和实践目的等方面的差异，相互之间少不了矛盾、摩擦、冲突甚至对立。这就需要实践主体相互均有宽容的气度，能够容忍别人属于自己个性的循规行为。因此，“宽容与平等和无偏颇的自由相一致。不过，在是否宽容不宽容者的问题上，宽容也有它自己的两难之处：如果我们对缺乏宽容精神的个人或团体实行宽容，宽容就会导致自身瓦解；如果我们拒绝对不宽容者实行宽容，我们就为权宜之计而牺牲了宽容原则”。① 宽容精神和原则是以实践主体自觉遵循和自律为基础的。所谓严于律己、宽厚待人，本来就是实践—认识活动及其过程的应有之意，是实践主体理所当然必须遵循的行为法则。如若不遵循实践的法则，不履行应负的职责，各行其是，势必会造成实践规范社会资源的流失和效益的缺损，实践主体之间必将出现无序状态，就会导致实践秩序的紊乱。此时，实践规范就要发生作用，要么谴责(如道德规范)，要么强制(如法律规范)，使实践主体及其实践活动回到有序和平衡状态。所以，主体性不是随心所欲、为所欲为，主体性的发挥和实现有其法则或法度。因此，

① 尼古拉斯·布宁、余纪元：《西方哲学英汉对照辞典》，人民出版社2001年版，第1006页。

实践主体的主体性蕴涵着实践活动的有序性。有序的实践活动，必然是有法则、法度的活动，即有规范的活动。

在实现自我、完善自我，向着内心的理想的我进发的过程中，实践主体亦难免出现失落、遭受挫折、甚至失败等不如意境遇。这就需要自我宽容和忍耐。自我宽容和忍耐是一个调整实践目的、审视现实理想、修正自由之路的过程，也是与“失意的我”告别以获得新生的过程。伴随着自我调整过程，实践主体(人类实践主体亦如此)能够获得心灵慰藉、求得心灵平衡。自我宽容和忍耐是完善人格、维护人格尊严的必要手段和现实之路。同时，人的生活法则也适用于对待自然及其非人类生命的态度。“地势坤，君子以厚德载物。”①君子应效法大地的胸怀，以宽厚之德包容万物。这也要求实践主体宽容地对待大自然及其非人类生命，克制自己的贪欲，收敛放飞的奢望。这样的宽容同样是实践的法则，也应成为实践规范的必要内容。

二是正义理念。宽容不是无原则的一味忍让迁就，而是以正义(justice)为其基础的。直接地看，正义即公正的道理。“从它的起源来看，正义与公平交易和正当的行为相关。在法律上，正义是应当遵循的原则和法规的总和。因此，法律体系也被称为正义的体系。在道德规范和政治哲学中，正义大体上相当于公平或平等。”②在实践规范合理性层面上，正义——公正、公平、正当、平等是真理与价值的凝结。它凝聚着真的期盼与人的尊严，是实践主体实现自由的直行正道。正义是人格尊严的灵魂，是自由的脊梁，也是宽容的内在法度。失落了正义的“人格尊严”是权力淫威的“副产品”，缺乏正义的自由或是卑躬屈膝般的奴隶式“自由”，或是随波逐流式的低俗“自由”，而脱离了正义的宽容则是无原则、无法度的放任自流。

三是勇敢理念。勇敢——战胜自己，特别是战胜自己的心灵和

① 参见《周易·坤·象传》。

② 尼古拉斯·布宁、余纪元：《西方哲学英汉对照辞典》，人民出版社2001年版，第531页。

别人的心灵，是诚信品格最真诚的显现。记得鲁迅先生深情地说过这样的话：真的猛士，敢于直面惨淡的人生，正视淋漓的鲜血。赛场上跑在最后还奋力前奔的勇士，看台上为之鼓掌的看客，是民族的希望和脊梁。这样的人是最勇敢、最可爱、最自由的大写的人。

四是以人为本理念。进入21世纪新阶段，我国发展面临的机遇和面对的挑战都是前所未有的。改革进入深水区，遇到的都是深层次的矛盾和问题；特别是我国经过30多年跨越式的大发展，在取得历史性伟大成就的同时，存在的矛盾和问题也是最多的，西方国家几百年中分阶段出现的矛盾和问题，在我国几乎同时一次性地出现了。因此，发展对于中国来说具有决定性的意义，我们把发展作为党执政兴国的第一要务。然而，发展的内涵非常丰富。发展不等同于单纯的经济增长，更不是简单的数字增长。以经济建设为中心也不等同于唯经济建设中心。今天的发展应该是经济、政治、文化和社会的协调发展。因此，中心是分层次的，发展的内容是多样的。在经济领域以经济建设为中心；在政治领域则应以执政党建设为中心；在文化领域要以社会主义核心价值体系建设为中心；在社会领域要以加强社会建设为中心。所有这些，都要以人和社会的全面发展中心，以人为本。这就要求人们的实践活动，都要以人为本。以人为本理念把实践主体多元的实践理念统一了起来，是化解性质差异、实践冲突的实践理念的有效途径。

实现以人为本的实践理念，必须克服征服意识。要尊重自然的存在价值，敬畏自然，保护生态多样性，做到“永续发展”。唯有坚持环保优先，才能实现以人为本。切实把环境保护放在发展的优先位置，把环保优先贯穿于以人为本、全面协调可持续发展的全过程，以环保优先促率先发展、科学发展、和谐发展。实现以人为本的实践理念，就要尊重“人民主体地位”，破除“精英情结”。坚持以人为本，尊重人民主体地位，发挥人民首创精神，保障人民各项权益，走共同富裕道路，促进人的全面发展。做到发展为了人民、发展依靠人民、发展成果由人民共享。人民群众是社会实践的主体，是历史的真正创造者。他们每天都在创造新事物、新经验。改革开放以来，从家庭承包责任制的发明，到乡镇企业的出现，再到村民民主自治的实行，都充分说明了人民群众具有无穷的智慧和创造力。因此，要坚持人民群众创造历史的基本观点。那种认为“精英”创造改革开放历史的观点是错误的、危险的。

五是诚信理念。诚信是和谐品格的典型表现形式，是一种高贵的人格，是宽容美德的核心内容，也是实践主体自我规定、自我完善的根本要义。诚者，真心实意之谓也；信者，诚实、真实可靠之意也。诚信，即诚实守信，讲究信誉。中国儒家有“正心、诚意、修身、齐家、治国、平天下”之说，视诚信为进德修业之本，安身立命之根。它要求人们诚善于心、言行一致、表里如一、好善乐施、济世助民。无论是待人接物、治学修文，还是置业经商、治理国家，都离不开诚信。诚信说明，要使自己的言行取信于人，就必须讲究信用，只有以诚求诚、推诚相见，才能赢得对方的认可和信任，对方才有可能以诚相待、坦诚相见。反之，失信于人，对方就不会与之真诚交往，而视其为“另类”。这样的人哪有宽容之心、宽容之德、宽容之道？这样的人就失去了人之为人的根本。治理国家、为其政事，也必须强调守信、立信、取信。只有这样才能取信于民，宽容而和谐的社会局面就可能形成。诚信是正义品格的集中表现形式，是一种高贵的人格，是宽容美德的核心内容，也是实践主体自我规定、自我完善的根本要义。诚者，真心实意之谓也；信者，诚实、真实可靠之意也。诚信，即诚实守信，讲究信誉。中国儒家有“正心、诚意、修身、齐家、治国、平天下”之说，视诚信为进德修业之本，安身立命之根。它要求人们诚善于心、言行一致、表里如一、好善乐施、济世助民。无论是待人接物、治学修文，还是置业经商、治理国家，都离不开诚信。要使自己的言行取信于人，就必须讲究信用，只有以诚求诚、推诚相见，才能赢得对方的信任，对方才有可能以诚相待、坦诚相见。治理国家、为其政事，也必须强调守信、立信、取信。只有这样才能取信于民，宽容而和谐的社会局面就可能形成。

六是自我规范理念。社会和谐关键在于人们的实践行为和谐，在于社会有规范的实践主体。规范的实践主体必须具有自我规范的实践理念和实践能力。这就是说，社会所倡导的和谐理念必须转化、内化、活化为实践主体的实践理念，成为人们实践活动的指导思想，从而转化为现实的实践活动，生发出"改变世界"的实践功能。这是实现社会和谐、构建社会主义和谐社会最深层的实践基础。随着和谐实践理念的实现，一个自我设计、自我实现、规范自律的实践主体将逐渐形成，一个民主法治、诚信友爱、安定团结、公平正义、充满活力、规范有序的和谐社会也将逐步实现。

二、和谐文化：和谐理念的文化形态

和谐理念必须转化、内化、活化为实践主体的和谐实践理念。只有这样，和谐理念的社会功能才能实现。作为一种观念形态，和谐理念必须通过现实的文化载体得以展现并实现其规范功能。和谐文化是和谐理念的文化形态。

(一)文化与和谐文化

文化是人类社会所特有的现象。文化有广义和狭义两个方面的含义。广义的文化包括物质形态的文化和观念形态的文化。凡是超越本能的、人类有意识地作用于自然界和社会的一切活动及其产品，都属于广义的文化。它反映的是历史发展过程中人类的物质和精神力量所达到的程度和方式。狭义的文化即精神文化或观念形态的文化，指与政治、经济、社会并列的、与精神生产直接有关的现象，如道德、文学、艺术、科学、教育、思想理论等。

和谐文化是指狭义的文化。毛泽东说："一定的文化(当作观念形态的文化)是一定社会的政治和经济的反映，又给予伟大影响和作用于一定社会的政治和经济；而经济是基础，政治则是经济的集中的表现。这是我们对于文化和政治、经济的关系及政治和经济的关系的基本观点。"①一个完整的社会是由经济、政治、文化所构成的有机整体，其中，经济是基础，政治是经济的集中体现，作为观念形态的文化是一定的经济和政治的反映并服务于一定的经济和

① 《毛泽东选集》第2卷，人民出版社1991年版，第663~664页。

政治。因此，和谐文化是反映社会主义和谐社会建构时期的经济和政治特性的观念形态，是对社会主义和谐社会的经济、政治和社会建设起观念指导作用的文化。

具体说来，所谓和谐文化，是一种以和谐为基本原则、价值取向和思维方法的文化。它与和谐政治、和谐经济等并列而成为和谐社会的一个重要组成部分，主要包括和谐的思想理论、道德风尚、文学、艺术、科学、教育、宗教、哲学等表现形式。

(二)和谐文化与先进文化

为适应社会主义现代化建设的新要求，中国特色社会主义理论创立伊始，邓小平就提出要建设社会主义精神文明。他一再强调，对物质文明和精神文明要两手抓，两手都要硬。有中国特色的社会主义，是经济、政治和文化全面发展的社会主义。

以江泽民为代表的中国共产党人在建设中国特色社会主义的伟大实践中，把党的建设与有中国特色的社会主义文化建设联系起来，深刻阐述了党始终代表先进文化前进方向的重要意义。1991年7月1日，在庆祝中国共产党成立70周年大会上的讲话中，江泽民明确指出，“有中国特色社会主义是社会主义经济、政治、文化的统一体”，并首次提出了“有中国特色社会主义文化”的概念。1997年，在党的十五大报告中系统地阐述了有中国特色社会主义文化建设问题，提出了我国社会主义初级阶段文化建设的基本纲领。2000年2月，在广东省考察时，江泽民提出了“中国先进文化”的概念。在庆祝中国共产党成立80周年大会上的讲话中，江泽民指出：“在当代中国，发展先进文化，就是发展有中国特色社会主义的文化，就是建设社会主义精神文明”。① 在我国进入全面建设小康社会、加快推进社会主义现代化的新的发展阶段，在国际局势发生深刻变化、世界多极化和经济全球化的趋势在曲折中发展和科技进步日新月异、综合国力竞争日趋激烈的态势下，2002年，党的十六大报告进一步明确了中国特色社会主义文化建设的目标、

---

① 《江泽民文选》第3卷，人民出版社2006年版，第276页。

内容和方针，指出，“全面建设小康社会，必须大力发展社会主义文化，建设社会主义精神文明。”这些重要论断表明，中国特色社会主义理论高度重视经济、政治和文化的协调发展，对文化在当今时代的特殊地位和作用有了充分的认识，形成了比较系统的中国特色社会主义文化建设理论。

党中央把不断提高建设社会主义先进文化的能力列为党的执政能力建设的重要内容，并提出要解放和发展文化生产力、提高文化软实力、建设和谐文化等，丰富和发展了中国特色社会主义文化理论。

先进文化凸显了中国特色社会主义文化本质属性在当代中国，发展先进文化，就是发展有中国特色社会主义的文化，就是建设社会主义精神文明。就是发展面向现代化、面向世界、面向未来的，民族的科学的大众的社会主义文化。那么，先进文化具有哪些主要特点呢?

第一，先进文化具有先进性。先进文化重在建设。顾名思义，先进文化首先具有先进性。这就是说，先进文化在内容上，必须及时反映当今中国和世界的实践主题和时代精神，坚持社会主义先进文化前进方向，不断创新先进文化建设的内容。

第二，先进文化具有科学性。先进文化的先进性是由其科学性决定的。科学性即真理性。这即是说，先进文化是揭示自然、社会和思维发展普遍本质和一般规律的文化，是科学的世界观和方法论；是反映中国特色社会主义实践的科学理论。在文化内容上，先进文化揭示了人与自然、人与社会、人与自我等复杂关系，形成系统而完备的规范人与自然、人与社会、人与自我等复杂关系的理论体系。比如，发展自然科学，以建构人与自然的和谐关系；建设社会主义道德和法律体系，以协调人们之间的社会关系特别是物质关系；发展哲学社会科学，建设中华民族共有的精神家园，以充实人们的心灵、规范人们之间的精神关系。

第三，先进文化具有实践性。先进文化的科学性来自于实践性。社会生活在本质上是实践的。中国特色社会主义实践，是先进文化的源头活水，是检验先进文化的唯一标准，是推进先进文化建设的根本动力。正是中国特色社会主义实践的丰富内容，推动着先进文化与时俱进地丰富和发展。当前，构建社会主义和谐社会是我国社会最突出、最显著的实践活动，先进文化建设必须坚持以人为本，树立全面、协调、可持续的发展观，促进经济社会和人的全面发展。

第四，先进文化具有人民性。先进文化的实践性植根于人民性。先进文化是与先进生产力和人民群众的根本利益相联系的。人民群众是时代的真正英雄，是中国特色社会主义实践的主体，也是先进文化创造的主体。贴近实际、贴近生活、贴近人民，讴歌人民群众的伟大创造，表达人民群众的内在心声，塑造新时代的人民英雄，满足人民群众不断增长的精神文化需求，始终是先进文化建设的主旨和依据。在构建社会主义和谐社会的历程中，先进文化的人民性，内在地要求先进文化要以人为本，促进人的全面发展，突出人在文化中的主体地位和文化建设的价值旨归。彰显先进文化人民性，是先进文化赢得民众、产生现实社会影响力的根本途径。

在经济体制深刻变革、社会结构深刻变动、利益格局深刻调整和思想观念深刻变化的改革发展的关键时期，中国特色社会主义总体历史进程也推向了构建社会主义和谐社会的新阶段。社会和谐是中国特色社会主义的本质属性，是国家富强、民族振兴、人民幸福的重要保证。与此相适应，建设和谐文化也就成为了中国特色社会主义文化建设的必然要求。党的十六届四中全会，以胡锦涛为代表的党中央顺时应势，首次明确提出了构建社会主义和谐社会的思想。在十六届六中全会上，我们党又通过了《中共中央关于构建社会主义和谐社会若干重大问题的决定》。在这个决定中，不仅对于构建社会主义和谐社会制定了总体的战略部署，而且明确提出了“和谐文化”的概念，认为建设和谐文化需要建设社会主义核心价值体系，形成全民族奋发向上的精神力量和团结和睦的精神纽带；树立社会主义荣辱观，培育文明道德风尚；坚持正确导向，营造积极健康的思想舆论氛围；广泛开展和谐创建活动，形成人人促进和谐的局面。我们要构建的社会主义和谐社会，是经济建设、政治建设、文化建设、社会建设协调发展的社会，是人与人、人与社会、人与自然整体和谐的社会，要贯穿于建设中国特色社会主义的整个历史过程。在党的十七大报告中，胡锦涛更加明确地指出：“当今时代，文化越来越成为民族凝聚力和创造力的重要源泉、越来越成为综合国力竞争的重要因素，丰富精神文化生活越来越成为我国人民的热切愿望。要坚持社会主义先进文化前进方向，兴起社会主义文化建设新高潮，激发全民族文化创造活力，提高国家文化软实力，使人民基本文化权益得到更好保障，使社会文化生活更加丰富多彩，使人民精神风貌更加昂扬向上。”在党的十八大报告中，他更充分地阐述了文化建设在全面建成小康社会中的意义。他说：“文化是民族的血脉，是人民的精神家园。全面建成小康社会，实现中华民族伟大复兴，必须推动社会主义文化大发展大繁荣，兴起社会主义文化建设新高潮，提高国家文化软实力，发挥文化引领风尚、教育人民、服务社会、推动发展的作用。建设社会主义文化强国，必须走中国特色社会主义文化发展道路，坚持为人民服务、为社会主义服务的方向，坚持百花齐放、百家争鸣的方针，坚持贴近实际、贴近生活、贴近群众的原则，推动社会主义精神文明和物质文明全面发展，建设面向现代化、面向世界、面向未来的，民族的科学的大众的社会主义文化。建设社会主义文化强国，关键是增强全民族文化创造活力。要深化文化体制改革，解放和发展文化生产力，发扬学术民主、艺术民主，为人民提供广阔文化舞台，让一切文化创造源泉充分涌流，开创全民族文化创造活力持续迸发、社会文化生活更加丰富多彩、人民基本文化权益得到更好保障、人民思想道德素质和科学文化素质全面提高、中华文化国际影响力不断增强的新局面。”

如果说，先进文化凸显了中国特色社会主义文化本质属性的话，那么，和谐文化则彰显了中国特色社会主义文化的价值特征。两者从不同侧面揭示了中国特色社会主义文化的根本内容。和谐文化是以和谐为思想内核、基本原则和价值导向的文化形态。从其内涵上分析，和谐文化包括和谐的思想原则、和谐的价值取向、和谐的思维方式等，同时它又通过政治制度、经济基础、行为方式、社会思潮、风俗习惯等表现出来。它一方面为和谐社会的构建提供思想根基与精神支撑，另一方面又以和谐社会建设的实践为基础和依归。在中国特色社会主义建设的全过程中，和谐文化与社会主义先进文化在本质上是统一的，社会主义的先进性是和谐文化的最本质的特征之一，离开了社会主义的先进性，就无所谓和谐文化。同时，和谐又是先进性的表征，不和谐的文化谈不上具有先进性的本质特征。因此，我们应该自觉地把这二者有机地结合起来，不断推进和谐文化的发展。

(三)和谐文化建设的时代任务

在我党90多年的辉煌历程中，始终有一面先进的马克思主义文化旗帜，引领着社会前进的方向，指导着人们的实践认识活动。先进文化是我党永不迷失前进方向、永远立于不败之地的精神法宝，是党与人民群众联系的精神纽带，是社会长治久安的精神堤防。在我党的发展历程中，先进文化始终发挥着“灵魂”、“旗手”、“号角”等不可替代的社会作用。文化上的每一个进步，都是迈向自由的一步。马克思主义传入中国后，在实践中得到了巨大的发展，并形成了具有中国民族特色的重要理论成果：毛泽东思想、邓小平理论、“三个代表”重要思想和科学发展观，它们为中国先进文化的宝库增添了新的时代内容，推动了中国社会的巨大进步。

20世纪前中期，中国共产党运用马克思主义解决中国革命和建设的实际问题，在中国历史上实现了马克思主义的第一次飞跃，逐步形成了中国化的马克思主义——毛泽东思想。毛泽东思想是以毛泽东为代表的中国共产党人按照马克思主义的立场、观点、方法解决中国问题，并将马克思主义基本原理具体化为带有中国特色、能够解决中国社会矛盾和社会问题的原则和方法。毛泽东思想是马克思主义的，更是中国的，它一方面体现了马克思主义的基本原理，是与马克思列宁主义一脉相承的理论体系；另一方面，它是中国共产党智慧的表现和理论概括，也是中国共产党的一个新创造。毛泽东思想作为中国化的马克思主义，是中国革命胜利的理论武器，是社会主义中国的思想文化基础和中国特色社会主义理论的思想渊源和理论先导，也是中国共产党文化历程的新成果和中华民族的宝贵财富，它影响了中国几代人，成为中国人民团结一致、振兴中华的强大精神支柱和动力。

党的十一届三中全会以来，以邓小平为主要代表的中国共产党人开辟社会主义事业发展的新时期，形成建设中国特色社会主义的路线、方针、政策，阐明特殊国情的中国建设社会主义和发展社会主义的基本问题，创立了邓小平理论。邓小平理论是在和平与发展成为新时代主题的历史条件下，在总结丰富实践经验基础上，在拨乱反正和全面改革中逐步形成和发展起来的独具特色的理论体系。它继承前人又突破陈规，开拓了马克思主义在中国发展的新境界，是马克思主义与当代中国实际和时代特征相结合的新成果，是马克思主义在当代中国的第二次飞跃。实践证明，在当代中国，只有把马克思主义同当代中国实践和时代特征结合起来的邓小平理论，而没有别的理论能够解决社会主义的前途和命运问题。在中国共产党的文化历程中，正是因为有了邓小平理论这一思想文化成果，社会主义事业才蓬勃发展，中国才稳步由贫穷走向富裕、由落后走向了进步，中国的面貌才发生了历史性的巨大变化。

党的十三届四中全会以来，面对世界多极化和经济全球化趋势的加强以及高科技迅猛发展的时代背景，以江泽民为代表的中国共产党人科学判断党所处的历史方位，围绕建设中国特色社会主义这个主题，开始着重于逻辑与价值的构建问题，根据马克思主义的核心精神对新时代做出了新的回答，创立了“三个代表”重要思想。“三个代表”重要思想是在社会主义市场经济深入发展，中国社会发生深刻变化的现实中提出来的，它表明中国共产党对执政规律、社会主义建设规律和人类社会发展规律的认识达到了新的理论高度，开创了马克思主义的新境界，赋予了马克思主义新的鲜活力量，是马克思主义中国化历史中第三次历史性的飞跃。“三个代表”重要思想，作为中国共产党在新的历史时代总体性的理论创新，表明中国共产党在文化自觉性上达到了一个新的高度。

时代已经迈入了21世纪，中国共产党日益清晰地认识到，一个国家、一个民族要兴旺发达，要自立于世界民族之林，必须要有先进的文化精神，因此马克思主义的理论创新就成为中国共产党的一个十分重要的文化使命。在现时代的视角下，要进行马克思主义的理论创新，就必须解放思想、实事求是，自觉地把思想认识从那些不合时宜的观念和体制的束缚中解放出来，从对马克思主义的错误的和教条式的理解中解放出来，从主观主义和形而上学的桎梏中解放出来，与时俱进，推进马克思主义的新发展。“科学发展观”、“社会主义和谐社会”等的提出，进一步强化了中国共产党在探索先进文化价值观上的努力。这些理念充分体现了马克思主义的理论创新性，体现了合目的性与合规律性的统一。

今天，和谐文化建设的主要任务和时代内容是实践科学发展观，为构建社会主义和谐社会提供健康充裕的精神食粮。

1. 以人为本，建设中华民族精神家园

科学发展观把以人为本作为本质与核心，把人的全面发展作为整个社会发展的核心价值取向。科学发展观视域中的文化建设，就是要在文化的价值层面，贯彻以人为本的发展理念。以人为本，促进人的全面发展，更加明确和突出了人在文化建设中的主体地位和文化建设的价值旨归。科学发展观消除了现实生活中经济发展与文化发展相脱离甚至相对立的困境，把文化发展与经济社会发展、人的自身发展紧密联系起来，这就克服了发展的片面性。在物质文明达到一定高度以后，以人的精神需求为本成为了人们的新的文化价值取向，规范人的价值取向、提升人的道德素养，成为社会健康发展的迫切要求，因此，以人为本，促进人的全面发展，主要体现为以精神家园建设为本。

作为精神主体，人有自己的精神家园。精神家园是一个人的精神支柱、情感寄托和心灵归宿，也是人类精神的安身立命之所，是民族的凝聚力和生命力的根本所在。民族共有精神家园是在个体精神家园基础之上形成的，是一个民族独特精神气质和共同价值取向的集中表现。它是民族认同的精神归依，是民族身份的精神标志，是民族生命力的精神之母、民族创造力的精神之源、民族凝聚力的精神纽带、民族团结奋进的精神动力，是该民族最深层的精神追求和行为准则。共有精神家园的建设有助于团结和凝聚民族力量，激发民族热情与活力，提升民众生命的价值与意义，增强民族的向心力和凝聚力，使民众在民族精神感召下步调一致地朝着共同目标迈进。精神家园是一个民族须臾不能或缺的精神食粮。这样的精神食粮化作民族成员的民族认同感、民族自尊心和自信心，形成民族的自立、自强的国家意识，成为了民族团结和国家统一的精神保障。

中华民族有自己的精神家园。争取中华民族的大团结，中华文化是有效的精神纽带。胡锦涛在党的十七大报告中提出“弘扬中华文化，建设中华民族共有精神家园”的文化建设任务，认为中华文化是中华民族生生不息、团结奋进的不竭动力。在长期的共同生活实践过程中，中华民族形成了以爱国主义为核心的团结统一、爱好和平、勤劳勇敢、自强不息的伟大民族精神。《中华民族精神论纲》将中华民族精神的内涵概括为自强不息、包容和谐、利群爱国、崇尚统一、坚忍不拔、克勤克俭、注重道德、务实乐观、民为邦本九大精神。① 这些民族精神，成为中华民族共有的精神秉性和信奉的精神品格。

中华民族精神家园作为与人类生存和生活、民族发展振兴紧密相关的重要主题，在当今经济全球化、政治多极化、文化多样性的国际背景下，彰显出更加重要的意义。建设中华民族共有精神家园是适应经济全球化、政治多极化、文化多样性时代世界文化交流、交融、交锋更加频繁的新趋势的需要，是开展文明多元对话、提升国家软实力的迫切需要，也是凝聚中华民族、提升民族整体素质、增强民族整体生存和发展功能的现实需要。

建设中华民族共有精神家园，必须处理好精神家园的整体性与层次性、普遍性与多样性、民族性与时代性的关系，贴近实际，走向生活，走入人们的精神世界，与人们的精神需求相衔接。要依据不同的认识实践主体和价值主体的现实需求，有针对性地以不同的形式和方法实现个体对共有精神家园的共识和认同，给民族成员提供安身立命的精神之家，使人们的个人精神追求与民族精神家园相衔接，提升人们的社会公德和个人品德水平，实现个体自觉的道德

① 参见宋志明、吴潜涛：《中华民族精神论纲》，中国人民大学出版社2006年版，第26~38页。

行为与社会约束的伦理法则的有机统一，促进人的精神家园建构及和谐社会建设，为中华民族的伟大复兴事业提供精神保障。

2. 全面发展，提升国家文化软实力

对于文化建设来说，全面发展即提升国家文化软实力在综合国力中的地位和作用。综合国力是一个国家所拥有的赖以存在和发展的全部实力的总和，表现为经济实力、国防实力、科技实力、文化实力和民族精神、民族凝聚力等方面。综合国力是硬实力与软实力的统一。

所谓文化软实力也就是以文化为基础的国家软实力，是文化的生命力、吸引力、融合力、凝聚力、感召力、导向力、创造力、竞争力有机整合的影响力。党的十七大报告认为，“当今时代，文化越来越成为民族凝聚力和创造力的重要源泉、越来越成为综合国力竞争的重要因素，丰富精神文化生活越来越成为我国人民的热切愿望。要坚持社会主义先进文化前进方向，兴起社会主义文化建设新高潮，激发全民族文化创造活力，提高国家文化软实力，使人民基本文化权益得到更好保障，使社会文化生活更加丰富多彩，使人民精神风貌更加昂扬向上”。在当今世界，综合国力竞争的核心是文化的竞争，关键是人才的竞争。文化在综合国力竞争中的地位日益重要。谁占据了文化发展的制高点，谁就能够更好地在激烈的国际竞争中掌握主动权。迅速地建立起自己的文化优势，是在激烈的国际竞争中捍卫自己战略利益的重要方式。发展中国特色社会主义文化是增强综合国力的重要组成部分。从这个意义上讲，大力发展中国特色社会主义文化是提高我国综合国力的奠基性工程。

一个民族和国家要真正自立于世界民族之林，成为世界上有影响的国家，不仅要有硬实力，还要有以文化为主要内容的软实力，没有软实力，就只是一个物质外壳，没有思想，没有灵魂，没有精神，就不能叫真正的民族和国家。我国文化软实力主要包括社会主义核心价值体系、高度的民族自信心和自豪感、公民强烈的创新意识和不断增强的创新能力、人民群众丰富多样的精神文化生活、中华民族文化对世界文化进步的贡献、日益繁荣的文化产业等。

科学技术是国家的文化软实力的重要内容。胡锦涛在2006年

1 月召开的全国科学技术大会上的讲话中指出，目前，我国科技的总体水平同世界先进水平相比仍有较大差距，同我国经济社会发展的要求还有许多不相适应的地方。因此，必须走中国特色自主创新道路。自主创新能力是国家竞争力的核心，是我国应对未来挑战的重大选择，是统领我国未来科技发展的战略主线，是实现建设创新型国家目标的根本途径。他说，世界科技发展的实践告诉我们：一个国家只有拥有强大的自主创新能力，才能在激烈的国际竞争中把握先机、赢得主动。特别是在关系国民经济命脉和国家安全的关键领域，真正的核心技术、关键技术是买不来的，必须依靠自主创新。2006 年 2 月 9 日，国务院发布了《国家中长期科学和技术发展规划纲要(2006—2020 年)》(以下简称《纲要》)。《纲要》指出，到 2020 年，全社会研究开发投入占国内生产总值的比重提高到 2.5% 以上，力争科技进步贡献率达到 60% 以上，对外技术依存度降低到 30% 以下，本国人发明专利年度授权量和国际科学论文被引用数均进入世界前 5 位，进一步显示出文化的生产力功能。

创新呼唤人才。胡锦涛在 2003 年 12 月召开的全国人才工作会议上强调指出：人才问题是关系党和国家事业发展的关键问题。实施人才强国战略，是我们党根据新世纪新阶段国际国内形势的深刻变化，继科教兴国战略和可持续发展战略之后作出的又一项重大战略决策。这些重大战略紧密结合，相互促进，其中人才强国战略是“制高点”和根本保证，因为没有足够的人才支撑，科教兴国战略和可持续发展战略就缺乏不竭的动力。人才强国战略的根本任务，就是在建设中国特色社会主义事业中，把人才作为推进事业发展的关键因素，努力造就数以亿计的高素质劳动者、数以千万计的专门人才和一大批拔尖创新人才，建设规模宏大、结构合理、素质较高的人才队伍，充分发挥各类人才的积极性、主动性和创造性，开创人才辈出、人尽其才的新局面，大力提升国家核心竞争力和综合国力，为全面建设小康社会和实现中华民族的伟大复兴提供重要保证。

3. 协调发展，平衡社会文化生态

文化生态是借用“生态环境”的一个概念。生命的特征在于进行新陈代谢，与周围环境进行物质交流；在与环境不断进行物质、能量、信息的交换过程中，生命自身实现自我平衡。世界万物，多元共存；相互依存，协调发展。不同事物之间、事物内部的要素之间必须进行一定的物质、能量和信息交流，从而实现自组织、自平衡，自我完善和协同进化。文化生态也是这样。文化生态是指相互联系的文化群体、社会复杂的文化系统，实现文化自组织平衡的环境和条件。协调发展同样是实现文化群体、文化系统自组织平衡的重要条件。

当前，我国社会的基本经济政治制度决定了我国文化群体呈现出多元多样的文化生态。多元多样的文化形态客观上要求文化生态协调发展。党的十七大报告指出，要用社会主义荣辱观引领风尚；用社会主义核心价值体系引领社会思潮，主动做好意识形态工作；进一步推进马克思主义大众化；提高国家文化软实力；注重人文关怀和心理疏导，用正确方式处理人际关系；最大限度地形成社会思想共识。这些内容都是文化生态全面、协调、可持续发展的新的战略任务。

一是协调发展主体文化与非主体文化。主体文化即在社会占支配和主导地位的文化。我们知道，我国的主体文化是社会主义形态的文化。中国特色社会主义文化以其社会意识形态的主导地位表达着国家和人民的意志，成为广大人民群众的精神支柱。不仅如此，它还渗透到科技文化、人文文化等文化形态之中，成为种种具体文化形态的灵魂。主体文化还是主导社会文化走向和文化建构活动的“方向盘”，因而它又是社会的主流文化，是人们判断我国文化性质、文化风格、文化价值、文化取向等信息的主要指标。我国社会的主体文化，体现了意识形态的先进性和科学性，在我国社会文化建设活动中有着战略性、全局性和根本性地位。这是不可动摇和毋庸置疑的。此外，社会还存在着种种非主体文化。在现今我国的文化天空中，有古代的“泛道德文化”，改革开放之前的“泛政治文化”，改革开放中所出现的“泛经济文化”，有许多的“亚文化”或次文化、副文化、潜文化、“反文化”等各种非主体文化。在新的现实环境之中，如何引导有利于安定团结、和睦稳定的各种非主体文化的走向？如何阻止或消解不利于社会进步、民族团结、和睦稳定的各种非主体文化的负面影响？如何利用它的表现方式来为主体文化服务？如何使得主体文化、主旋律文化以群众喜闻乐见的面孔与群众见面？这些问题要求我们必须在坚持主体文化的前提下，有序可控地发展其他非主体文化，实现社会文化生态的科学发展。

二是协调发展精英文化与大众文化。任何社会都有与之相适应的精英文化。精英文化是相对于大众文化而言的，在内容上，它是“阳春白雪”，是指社会的学术文化、研究文化、高雅文化等精华性、高层性、研究性文化；在主体上，它“和者必寡”，总是为社会少数“精英”分子所拥有、所欣赏，是少数人的文化。在人类社会的存在和发展过程中，它透过现实的纷繁，拨去历史的迷雾，是引导人们前行、社会前进的先导。大众文化则是“下里巴人”，顾名思义，它是大众的文化。在内容上，它是社会的普及性文化，通俗性文化；在主体上，它总是与社会成员的大多数联系在一起，是多数人的文化。大众文化是社会主体文化与大众联系的桥梁和纽带，是精英文化实现其价值和功能的出发点和归宿。

三是协调发展科技文化与人文文化。科技文化与人文文化是一个硬币的两面，是文化的两种不可分割的表现形式，它们共同支撑着人类瑰丽的知识大厦，建构着人类神圣的智慧殿堂。但是，科技文化与人文文化毕竟是两种不同的文化形态，它们之间的区分和差异还是很清楚的。前者是关于自然、人们的自然性等层面的研究，后者是关于社会、人们的社会属性的研究。在我国现实的文化生态中，科技文化与人文文化的分离，由此而形成的科技文化工作者与人文文化工作者的分离及其社会地位的差异，正影响着我国社会的健康发展。科技文化与人文文化的分离，使得文化的两种形态均得不到应有的发展，亦影响了它们各自功能的发挥，并造成了严重的社会文化病。例如，由于科技文化的片面发展，导致科技理性的异常强化。加之人们把科技理性仅仅看作一种工具理性，而把价值理性排除在“理性”之外，使得科技理性因为失去了人文关怀和合理的价值导向而走向片面发展的歧途。我国的社会主义现代化建设，需要的是全面发展的人和全面发展的文化。科学发展观的提出，实现了对单纯经济增长发展模式的超越，在社会文化价值结构中确立起关于经济富裕、政治民主、文化和谐、生态平衡、社会进步等多元的、综合的价值系统。这种价值系统从根本上纠正了人们过高地估价科技理性作用的价值偏差，促使人们重新认识人文理性的作用，促进科技理性与人文理性的有机结合，推动科技文化与人文文化的协调发展。因此，在和谐文化建设实践中，必须协调发展两种文化，平衡社会文化生态，推进社会的和谐发展。党的十七大报告指出："繁荣发展哲学社会科学，推进学科体系、学术观点、科研方法创新，鼓励哲学社会科学界为党和人民事业发挥思想库作用，推动我国哲学社会科学优秀成果和优秀人才走向世界。"由此可见，哲学社会科学同自然科学一样是综合国力的重要组成部分，增强综合国力，坚持马克思主义在我国意识形态的指导地位，探索人类社会发展规律、中国特色社会主义的发展规律、中国共产党执政规律，培育人们的创新思维、增强我们认识世界和改造世界的能力，推动中国社会进步，都需要加强哲学社会科学研究。

四是协调发展本土文化与外来文化。要实现中国特色社会主义文化的科学发展，必须着眼于世界文化发展的前沿，汲取世界各民族的长处。当今世界，知识经济初现端倪，经济全球化趋势日益明显，数字化、网络化把世界连为一体。地球一村，各民族和国家之间的交往及联系也越来越紧密，民族间、国家间的文化交流也以空前的广度和深度全方位、多层次地展开，由此必然产生多样性异质文化之间的冲突和融合。处理好文化冲突与文化融合的关系，必须坚持洋为中用、批判吸收的方针，协调发展本土文化与外来文化。

4. 持续发展，深化文化体制机制改革

科学发展观指明了文化进一步发展的前进方向。在构建"民主法治、公平正义、诚信友爱、充满活力、安定有序、人与自然和谐相处"的和谐社会的新时期，中国特色社会主义文化建设要更加彰显其和谐特性，更加突出以人为本，更加自觉地通过文化发展和进步来促进人的全面发展和完善；为人民群众创作和奉献更多的精品力作，最大限度地满足人民群众日益增长的文化生活需要；更加自觉地树立正确的文化政绩观，要破除把经济效益与社会效益割裂开来、片面追求经济效益的错误观点，为经济社会发展提供思想保证、智力支持和精神动力；更加体现文化建设的全面性、协调性和可持续性。

实现中国特色社会主义文化的可持续发展，必须推进文化创新，增强文化发展活力。

一是在时代的高起点上推动文化内容、体制机制、传播手段创新。在时代的高起点上推进文化创新，是文化创新的客观依据和有效途径。

首先是文化内容的创新。内容创新是文化创新的核心。内容创新的主旨是要贴近实际、贴近生活、贴近群众。文化作品和文化产品，应该更加具有鲜明的时代特色，讴歌中国特色社会主义的伟大实践，讴歌火热的现实生活，讴歌人民群众的伟大创造。实际、生活、群众始终是优秀作品的活力与魅力所依、价值和意义所在。“三贴近”体现了求真务实科学精神的客观要求。以求真务实的科学精神反映实际的真谛，科学才能进入研究前沿；以求真务实的科学精神反映生活的真理，文化作品才能揭示时代的真谛，才能扣人心弦、震撼人心；以求真务实的科学精神反映群众的真情，才能使文化成果引起共鸣、赢得人心、深入人心，形成较强的针对性、实效性和吸引力、感染力。推进文化内容创新还必须具有世界眼光，用更加宽阔的视野来观察世界文化发展的趋势，反映世界文化发展的前沿，积极抢占文化发展的制高点，加强对外文化交流，吸收各国优秀文明成果，使中华文化能够对世界文化的繁荣兴盛有所作为、有所贡献，增强中华文化的国际影响力。

其次是体制机制创新。胡锦涛在十八大报告中强调，建设社会主义文化强国，关键是增强全民族文化创造活力。要深化文化体制改革，解放和发展文化生产力，推动文化事业全面繁荣、文化产业快速发展。文化体制改革的关键是要区分文化事业与文化产业。所谓文化事业，主要是指利用国家财政所提供的经费从事的非营利性的公益性的公共文化服务行业，其最大的特点是基础性、公益性，最大目的在于提高国家科学研究水平和能力、提高人们的才智能力和审美水平、思想觉悟、道德素养，纯化和优化社会风气、生产秩序、行为规范与价值取向，并能给人的全面发展和社会的全面进步提供精神动力与智力支持。

所谓文化产业，简单地讲，就是文化与经济有效嫁接的新兴产业。从经济活动的角度讲，是指按照经济法则和价值规律，采取规模化生产和市场化运作的方式，以赚取利润和发展经济为目的的专门或主要从事文化产品的生产和经营活动的行业。文化产业的重要门类是技术创造创新部门。文化产业要制定鼓励文化创新的政策，适应发展社会主义市场经济的要求，重塑市场主体、完善市场体系、改善宏观管理、转变政府职能，全面推动文化体制改革，创新体制机制，推动形成有利于出精品、出人才、出效益的文化发展环境。

最后是传播手段创新。要充分运用先进技术手段改造文化创作生产经营和传播模式，推进图书报刊出版、广播影视传媒制作的技术升级，特别是要推动动漫产业的创新发展，不断提高文化创作生产与表现能力，增强文化作品和产品的影响力。要努力用先进技术传播先进文化。要高度重视互联网的运用和管理，在防范信息安全的同时，使博大精深的中华文化，通过网络传播世界。要鼓励网络文化产品的创作和研发，开发文化数据处理、移动文化信息服务、数字远程教育及数字娱乐产品等增值业务，推动我国文化产业不断升级。

二是解放和发展文化生产力。解放和发展文化生产力是繁荣文化的必由之路。文化生产力是指人们生产文化产品、提供文化服务的能力。文化生产力是社会生产力的重要组成部分。在当今科技革命条件下，一个有文化竞争力的国家，必然是文化生产力高度发达的国家，也是具有国际文化竞争力的国家。要更好更快地推进和谐社会建设，就必须解放和发展文化生产力。解放和发展文化生产力的现实途径就是深化文化体制改革。文化体制改革的目的是增强微观活力，健全文化市场体系，依法加强管理，促进文化事业的全面繁荣和文化产业的快速发展，增强我国文化的总体实力。

深化文化体制改革的核心是增强科学技术转化为现实生产力的能力，关键是协调好市场手段和行政手段。在现代社会化大生产条件下，文化生产力以各种方式渗透到生产力实体要素之中，成为直接的生产力。因此，在大力发展物质生产力的同时，必须解放和发展文化生产力。为了促进文化生产力的发展，必须建立符合中国特色社会主义文化建设特点和规律、适应社会主义市场经济发展要求的新的文化体制，充分发挥和有效协调市场手段和行政手段。市场手段和行政手段都是解放和发展文化生产力、促进文化市场健康发展的必要手段。两者相互补充、相互协调，共同创造和维护良性运行的文化市场。市场手段是指充分运用价值规律的作用，发挥市场机制在资源配置方面的基础性作用，调节文化产品的生产。增强市场机制的调节，促使文化生产遵循价值规律的要求，适应供求关系的变化，调节文化产品和文化服务的生产、流通和消费，实现文化生产资源的合理配置，推动文化生产力的发展。但是，市场机制的趋利性、自发性，又诱发出文化市场的低俗、媚俗现象，迷信、色情和暴力文化产品以及盗版、侵权等问题层出不穷，屡禁不止。因此，在运用市场手段的同时，文化产业的发展也需要运用行政手段。行政手段是国家通过行政机构，采取带强制性的行政命令、指示、规定等措施，来调节和管理经济的手段。行政手段一方面能使文化建设得到合理布局，保障公益性文化事业健康发展；另一方面也能解决靠市场自身力量无法调节的问题，确保文化建设为社会主义精神文明建设服务，更好地坚持文化建设的前进方向。在市场经济体制下，行政手段主要依据法律，运用政策和经济杠杆，达到规范文化市场秩序、保证效率与公平、促进文化建设健康有序发展的目的。

三是始终把社会效益放在首位，做到经济效益与社会效益相统一。在社会主义市场经济条件下，文化作品和产品都有其意识形态属性和商品属性，这就决定了发展各类文化事业和文化产业都必须坚持科学思想和正确导向，把社会效益放在首位，坚持经济效益与社会效益的统一；服从和服务于文化建设的目的，把文化发展的着力点放在培养“四有”公民和满足人民群众精神文化需求、促进人的全面发展上。在经济效益与社会效益发生矛盾时，必须把社会效益放在首位，绝不能为了追求经济效益而损害社会效益。文化事业应该如此。即使是文化产业，尽管其行为要受价值规律支配，但是文化产品价值的实现，也应该以科学的思想为载体，以正确的导向为目的。只有把文化产品建立在科学的思想、正确的导向和高尚的风格、精湛的艺术基础上，充分发挥文化产品的社会效益，文化产品才能被社会所接受，才能受到群众欢迎，被人们消费，才能实现文化产品的经济效益。

5. 深化科研体制改革

第一，克服片面理解“科学”的弊端。实践主体的文化创造，主要面对三重关系，即人与自然的关系；人们之间的社会关系，特别是物质利益关系；人们之间的精神关系。实践主体文化创造的精神成果即文化作品，也主要表现为三种形态：关于人与自然关系的文化形态，主要表现为自然科学；关于人们之间的社会关系，特别是物质利益关系的文化形态，主要表现为道德和法律；关于人们之间精神关系的文化形态，主要表现为社会的信仰体系，如哲学和宗教。

欧洲或西方传统文化，是多元并存的，它们共同为欧洲提供了比较完整的文化形态。古希腊为欧洲提供了科学——自然科学与哲学的统一体，协调着人与自然的关系，为协调人们之间的精神关系提供了精神食粮；古罗马为欧洲贡献了法律规范，为协调人们之间的社会关系特别是物质关系，奠定了基础；古犹太人创立了基督教，为西方提供了协调人们精神关系的精神秩序。因此，欧洲文化在整体上是全面的，社会相对而言比较有序。

以此观中国传统文化，自从“罢黜百家、独尊儒术”以后，儒学一家独大，成了中华民族精神世界的主宰。然而，人们一致认为，儒学主要是伦理型、政治型和道德型文化，是所谓的德性文化，其精神统摄功能主要在社会关系领域。因此，在中国漫长的封建社会里，科学(包括哲学)和宗教双重不发达。人与自然的关系长期处在“天人合一”的伦理道德领域，而未有“一分为二”式的对自然的诘问及穷根究底式的研究，未能揭示自然物质之理和变化之道。不仅如此，人们之间的社会关系特别是物质关系，由于是以伦理道德等“柔性”的规范为维系手段的，因而缺乏明确而刚性的法律条文作为依据，更缺乏执法的严格程序作为保障，于是，社会的秩序在“政治清明”之时就歌舞升平，否则就“礼崩乐坏”。更为重要的是，人们的精神世界长期囿于伦理道德所描绘的“道德世界”里，人们的思绪大多限于现世，入世情结浓郁。因此，人们的精神世界既没有“天堂”的感召又缺乏“地狱”的威慑，一旦社会出现“王纲解纽”、“礼崩乐坏”的混乱局面，缺乏个人自律意识和能力的人，必然在毫无制约的“无序”状态下“为所欲为”，从而加剧社会秩序的无序甚至崩溃。

“五四”运动为中国古老的精神天空引入“德先生”和“赛先生”，开辟了中华民族精神世界的新天地。中华人民共和国成立以后，特别是改革开放以来，国人的科技意识昌明，国家的科技水平猛增。然而，细想发现，我们主要是在“生产力”层次上理解科学技术的。具体说来，在“科学”问题上，至少有这样一些问题值得全社会的高度注意。

一是片面地理解“科学”。中国人向西方学习近代科学是在19世纪、国家民族面临生死存亡的紧急关头开始的。正是这样的时代背景，使国人把科学视为救国强国的工具，这种观念一直持续至今。由此可见，国人对科学的理解过于功利化，缺乏对科学丰富内涵的全面把握和对科学精神的自觉追求。众所周知，科学有不可或缺的三层含义，即科学是一种反映客观事实和规律的系统化、理论化知识体系；科学是一个发现、解释并检验知识的过程或活动。这一活动过程又是与科学思想、科学思维、科学方法、科学精神、科学原则密切联系在一起的；科学是一种社会建制。在当代，科学已经成为国家的事业和战略产业。然而，国人只注重科学是“知识体系”这一层内容，因此，导致了人们对“应试教育”的趋同，导致了“素质教育”实施的异常艰难；导致国家科研投资体系、教育理念及教育体制的弊端丛生。

二是基础科学研究长期滞后，导致技术的自主创新能力严重不足。迄今为止，多个领域仍需靠“引进”来解决中国的发展需要。中国人是聪明的，是有创造力的，但是，由于只是（或主要）是在“生产力”层面理解科学，从而导致了基础理论发展长期缺乏动力，于是，我国的技术创新很难进入世界第一梯队。因而，先进技术只能靠引进，买是买不到的，中国历史多次证明了这一点。要扎实推进社会主义文化强国建设，提高国家文化软实力，文化体制改革势在必行。

第二，政府职能的重新定位。为要推动文化事业全面繁荣、文化产业快速发展，必须深入推进政企分开、政资分开的体制改革，建设职能科学的服务型政府。政企分开、政资分开的关键是要转变政府职能，破除“政府万能”情结，确立分别投资主体的机制。首先，国家政府机构是科学研究项目的投资主体。要坚持把发展基础性、公益性文化事业作为提高国家创新能力和保障人民基本文化权益的主要途径。国家政府机构投资是“福利性”的，科研基金用来满足科学家的“好奇心”。其次，企业是技术创新研究项目的投资主体。解决风险投资“瓶颈制约”，建立适应社会主义市场经济要求和当代社会、经济、技术发展特点的中国创新体系，“政资分开”是关键。“政资分开”，企业成为独立的法人实体，成为市场活动的主体。这样，技术创新的目的就会服从于效益，提高企业的自主创新能力也成为企业发展的内在需求。

6. 牢牢把握和谐文化建设主动权

“统治阶级的思想在每一时代都是占统治地位的思想……构成统治阶级的各个个人也都具有意识，因而他们也会思维；既然他们作为一个阶级进行统治，并且决定着某一历史时代的整个面貌，那么，不言而喻，他们在这个历史时代的一切领域中也会这样做，就是说，他们还作为思维着的人，作为思想的生产者进行统治，他们调节着自己时代的思想的生产和分配；而这就意味着他们的思想是一个时代的占统治地位的思想。”①把握和谐文化建设主动权、调节现时代“思想的生产和分配”，是弘扬和谐文化的紧迫要求。由于和谐文化具有先进性和科学性，因而和谐文化建设不可能自发进行，必须自觉建设。自觉建设的关键是把握和谐文化建设的主动

---

① 《马克思恩格斯文集》第1卷，人民出版社2009年版，第550～551页。

权。把握和谐文化建设的主动权，首要的是要按照科学发展观建设和谐文化。科学发展观体现了文化建设的价值性。科学发展观消除了现实生活中经济发展与文化发展相脱离甚至相对立的困境，把文化发展与经济社会发展、与人的自身发展紧密联系起来。因此，发展的内容是多样的。在经济领域以经济建设为中心；在政治领域则应以执政党建设为中心；在文化领域要以社会主义核心价值体系建设为中心；在社会领域要以加强社会建设为中心。所有这些，都要以人和社会的全面发展中心。

把握和谐文化建设主动权，还必须用和谐文化引领社会文化建设。科学发展观提出了文化生态全面、协调、可持续发展的新的战略任务。文化可持续发展需要解决深层次的文化生态平衡与秩序问题。事实上，在我国的文化天空，存在着主流文化形态和各种非主流文化形态。在非主流文化形态中还不乏与主流文化形态相悖的文化样式。因此，社会的文化生态有一个平衡、协调与可持续发展问题。问题的关键是用和谐文化引导社会文化。

用先进文化引领社会文化建设，必须特别注重用先进文化引领网络文化建设。由于网络和多媒体的普及，外来文化可以超越国界进入每个家庭，直接与个人发展联系。在这种情况下，加强先进文化建设，增强中国特色社会主义文化的竞争力、凝聚力和对网络文化的渗透力、控制力、导向力，维护国家信息主权和文化安全，显得异常紧要。一些主张“中国崩溃论”的西方学者甚至认为，中国在今后20年左右时间内可能出现内部混乱，其原因不是由于经济停滞或崩溃，而是由于中国新一代会丧失国家认同感和民族凝集力。此话虽危言耸听，但也应引起我们高度警醒和重视。增强网络文化的建设力，是我们赢得民族新一代和国家未来的迫切需要。

（四）和谐文化建构的具体途径

构建和谐文化，是当前我国面临的一个重大理论课题和实践课题。作为和谐社会的灵魂，和谐文化成为学术界探讨的热点问题。然而值得关注的是，人们在研究和谐文化时，往往表现出若干值得注意的倾向。一是“复古情结”，认为和谐文化中国“古已有之”；

二是“同一哲学”，把矛盾同一性绝对化并将其夸大为和谐文化的唯一哲学依据；三是“和谐崇拜”，认为和谐文化讲究和谐，因而不要讲矛盾，更不要讲斗争。凡此种种，不一而足。这样的研究倾向是不利于当代和谐文化建构的。那么，我们究竟应该以什么样的方法从事和谐文化研究呢？这是当前建构和谐文化必须首先解决的问题。

如何建构和谐文化？首先要明确：我们是在建设社会主义和谐社会的实践进程中建构和谐文化的。这样的时代内容和文化旨归，决定了我们所建构的和谐文化，是一种充满时代特色的新型文化，是一种在和谐经济与和谐政治基础上形成的观念文化，是社会对崇尚和谐、追求和谐的价值取向的肯定、提倡和自觉建构的时代文化，是融思想观念、思维方式、行为规范、社会风尚为一体的整体文化，是预示未来、引领时代的和谐文化。和谐文化既是和谐社会的重要特征，也是实现社会和谐的文化源泉和精神动力。它反映了人们对和谐社会的总体认识、基本理念和理想追求，是中国特色社会主义文化的重要组成部分。因此，建构和谐文化必须遵循马克思主义的真指导、发掘传统文化的真精神、吸取西方文化的真成果和依据实践的真创新等研究方法。

1. 以马克思主义相关原理为理论基础，坚持马克思主义的真指导

作为工人阶级解放胜利，进而人类社会实现自由王国的思想理论，马克思主义不仅为我们提供了科学的世界观，也提供了正确的人生观、价值观；不仅为人类社会的发展指明了方向，也为我们在现实生活中解决各种矛盾、创造和谐社会提供了真理的力量。马克思主义是我们立党立国的根本指针，是社会主义意识形态的灵魂。只有坚持以马克思列宁主义、毛泽东思想、邓小平理论和“三个代表”重要思想为指导，坚持科学发展观，才能使社会主义和谐文化建设不偏离正确方向，从而形成全国人民团结、凝聚的核心价值和精神纽带。马克思主义在和谐文化建设中居于指导地位，如果离开马克思主义的指导，和谐文化就失去了大脑，和谐文化建设就会失去方向。但是，有人却认为提马克思主义似乎就很庸俗、老套或跟不上时代；还有人认为马克思主义讲的是斗争哲学，在和谐社会建设进程中，它该让位了。分析这些观点，其主要根源在于对马克思主义的误解或偏见。马克思主义是一门博大精深的科学，这一点已得到全世界的承认，努力探寻科学真理，何来庸俗之感？不错，马克思主义的确产生于一百多年前，但应该注意的是马克思主义是一个开放而不是封闭的系统，它的基本理论经过发展和创新，仍然具有巨大的生命力，可以作为现时代的指导，因此也并没有过时。马克思主义具有与时俱进的优秀品质。工人阶级的实践性、先进性、革命性等特性，决定了马克思主义的实践性、科学性、阶级性和先进性。因此，马克思主义能够超越地理疆域的限制和民族心态的差异，成为世界工人阶级及其政党的指导思想，从而成为当代中国和谐文化建构的指导思想，能够在和谐社会实践沃土中生长壮大，与时俱进。另外，马克思主义的确有大量的关于阶级斗争、无产阶级革命的思想，但我们却无法否认它所包含的丰富的关于人、自然、社会和谐的思想。如果说，在革命和战争年代，人们由于实践的需要，着重强调马克思主义关于斗争、冲突和革命的思想，那么在以和平与发展为主题的今天，马克思主义有关和谐的思想也能够成为我们构建和谐社会的指导思想。完整的、实践的、科学的、先进的思想理论是马克思主义的真精神。坚持马克思主义就要坚持其真精神。

马克思主义的真精神，要落实在和谐文化建构的实践活动当中，从而实现马克思主义对建构和谐文化的真指导。纵观马克思主义发展史，可以发现马克思主义具有丰富的和谐文化理论。早在新唯物主义的创立阶段，马克思在讲到异化劳动时，就曾指出人的本质是自由自觉的活动，“人以一种全面的方式，就是说，作为一个完整的人，占有自己的全面的本质”。① 但是在资本主义制度下，由于劳动的异化，人的本质或人的“**一切**肉体的和精神的感觉都被这**一切**感觉的单纯异化即**拥有**的感觉所代替”。② 这就是说，在资

① 《马克思恩格斯文集》第1卷，人民出版社2009年版，第189页。

② 《马克思恩格斯文集》第1卷，人民出版社2009年版，第190页。

本主义制度下，工人的劳动产品被资本家所占有，劳动产品就成为奴役工人的工具，而劳动活动也不再是工人的自由自觉活动，这样的劳动使得人的类本质异化为非人类属性，成为了一种异己的力量统治自身。如何消除这种异己力量，实现人的自由与和谐呢？如何实现全人类的解放呢？在马克思看来，人必须在克服了“异化”状况以后，在本质上恢复了人的全面本质并占有自己的全面本质以后，才能实现自我解放。马克思用思辨而深邃的文字，为人、人类社会即个体主体、群体主体和人类主体的彻底解放给出了理想的蓝图，并指出了实现人类彻底解放的现实的道路。他说：“**共产主义**是对**私有财产**即**人的自我异化**的**积极的**扬弃，因而是通过人并且为了人而对**人的**本质的真正**占有**；因此，它是人向自身、也就是**向社会的**即合乎人性的人的复归，这种复归是完全的复归，是自觉实现并在以往发展的全部财富的范围内实现的复归。这种共产主义，作为完成了的自然主义，等于人道主义，而作为完成了的人道主义，等于自然主义，它是人和自然界之间、人和人之间的矛盾的**真正**解决，是存在和本质、对象化和自我确证、自由和必然、个体和类之间的斗争的真正解决。”①“无神论是以扬弃宗教作为自己的中介的人道主义，共产主义则是以扬弃私有财产作为自己的中介的人道主义。”②对于共产主义者而言，“要扬弃私有财产的**思想**，有**思想上的**共产主义就完全够了。而要扬弃现实的私有财产，则必须有**现实的**共产主义行动”。③ 这些精辟的语言足以说明马克思主义是关注人类命运的。马克思主义为人类合理地走向未来指明了方向，开辟了道路——消灭私有制、消灭剥削，社会和谐将指日可待。

我国现阶段，以社会主义公有制为主体的经济形态、人民群众当家做主的政治体制，为实现社会整体和谐提供了现实条件。和谐文化建构具有现实可能性基础。另外，和谐作为一种状态，它同时

---

① 《马克思恩格斯文集》第1卷，人民出版社2009年版，第185页。

② 《马克思恩格斯文集》第1卷，人民出版社2009年版，第216页。

③ 《马克思恩格斯文集》第1卷，人民出版社2009年版，第231～232页。

又是动态的、开放的。按照马克思的“世界历史”、“世界文学”理论，人类社会最终将走向全世界的和谐。“世界历史”、“世界文学”理论，为当代和谐文化建构提供了直接的理论指导。

“世界历史”、“世界文学”理论表明，人类社会最终将走向全世界的和谐。随着世界历史进程的深化和发展，“不断扩大产品销路的需要，驱使资产阶级奔走于全球各地……使一切国家的生产和消费都成为世界性的了”。① 首先，它挖掉了各国工场手工业存在的基础，并重新建立现代大工业；其次，它促使工厂的生产国际化，进而使得消费国际化；再次，它打破了各民族的分离状况，建立起了广泛的国际联系。“物质的生产是如此，精神的生产也是如此。各民族的精神产品成了公共的财产。民族的片面性和局限性日益成为不可能，于是由许多种民族的和地方的文学形成了一种世界的文学（这里泛指科学、艺术、哲学、政治等方面的著作——原注）。”②这里，实际上提出并规定了“世界文学”即世界形态文化的理论特质和建构原则。就理论特质而言，世界形态文化是全面的而非片面的，是自然技术科学和人文社会科学的协调进步、全面发展。具有人类价值和世界意义的世界形态文化，具备这样一些文化品格。一是揭示了人类生存发展方式的本质特性；二是把握了人类社会发展的大势和时代的脉搏，反映了时代的实践主题；三是体现了现时代先进生产力代表的文化精神和文化要求。只有这样的文化形态才能够与世界各个民族的特殊文化相契合，才能真正使各个特殊的民族文化成为世界的文化。正是在这个意义上，我们才能说，越是民族的，越是世界的。这意味着，只有那些具备人类价值和世界意义的文化才形态才是世界的和人类的。当代和谐文化就是这样的文化形态。当今，随着全球化趋势的加剧，随着各种文化的交流与融合，和谐社会、和谐世界不再是梦想。和谐文化建构理应有世界眼光和人类向度。

同时，马克思主义关于世界和谐统一、矛盾法则、辩证运动、

① 《马克思恩格斯文集》第2卷，人民出版社2009年版，第35页。

② 《马克思恩格斯文集》第2卷，人民出版社2009年版，第35页。

人的自由而全面发展、自由人的联合体等思想理论，也奠定了和谐文化建构的理论基础。世界是和谐统一的。人类社会是统一的物质世界的有机构成部分。人类社会除了人与人、人与社会的关系外，人与自然的关系在当今越来越引起了人们的关注。科学技术的进步已经为人类带来了比过去任何时候都要多得多的物质财富，人们还未来得及欢喜雀跃，却已经面临着环境、生态、能源等各种危机。对此，恩格斯早在一百多年前就曾警告人们："我们不要过分陶醉于我们人类对自然界的胜利。对于每一次这样的胜利，自然界都对我们进行报复。"①那么，如何处理人与自然的关系呢？马克思社会有机体理论给了我们诸多启示。马克思认为，社会本身就是一个能量互换的有机体，只有达到一定的内外和谐，才能正常发展。马克思指出："自然界，就它自身不是人的身体而言，是人的**无机的身体**。人靠自然界**生活**。这就是说，自然界是人为了不致死亡而必须与之处于持续不断的交互作用过程的、人的**身体**。所谓人的肉体生活和精神生活同自然界相联系，不外是说自然界同自身相联系，因为人是自然界的一部分。"②所以人与自然界应该和谐相处、共生共荣。因此，人与社会、人与他人、人与自我也应是和谐共处、共生共荣的。然而，世界的和谐统一，是充满矛盾的、动态的、辩证的和谐，矛盾是一切事物、现象变化发展的动因。人类社会也是由种种矛盾所构成的、在解决矛盾中进化发展的统一体。人类崇高的理想境界是实现从必然王国向自由王国的飞跃，未来是理想的和谐社会——由自由而全面发展的人所构成的自由人的联合体。因此，和谐文化是以人与自然、人与社会、人与他人、人与自我等多重关系为基本要素的、以差异为前提的文化，是包含矛盾、提倡在解决矛盾甚至冲突中实现和谐的文化。

从以上不完全的分析可以看出，马克思主义在处理自然、社会、人的关系时，所遵循的是一种和谐的发展理念；在探求未来社

---

① 《马克思恩格斯文集》第9卷，人民出版社2009年版，第559～560页。

② 《马克思恩格斯文集》第1卷，人民出版社2009年版，第161页。

会的发展状况时，所追求的是整个人类的自由进步与和谐。如果说马克思主义经典作家曾经用了大量的篇幅来讲述矛盾冲突、阶级斗争的重要性的话，那么，马克思主义者所追求的最终目的却是实现理想的共产主义和谐社会。斗争是手段，和谐是目的。和谐文化是手段与目的的统一。正如《中共中央关于构建社会主义和谐社会若干重大问题的决定》所指出的，任何社会都不可能没有矛盾，人类社会总是在矛盾运动中发展进步的。构建社会主义和谐社会是一个不断化解社会矛盾的持续过程。构建和谐文化必须坚持马克思主义的真指导。

2. 古为今用，发掘传统文化的真精神，赋予其新的时代内涵

中国传统文化中关于融合、和睦、和平、和爱等"和"的丰富思想，对于当今和谐文化建构具有重要的启迪和借鉴意义。但是，倘若回到过去，逐个列举"和"的思想，并拿来使用，则是不妥的。浩瀚的中国传统文化真可谓良莠混杂、优劣难分，在我们拾掇和谐之宝时，不和谐的成分却经常混糅其中。

那么，我们应该在怎样的层面上谈论传统"和"文化的宝贵资源呢？这可以从文化的特性入手找到答案。文化作为人类特有的观念体系，外在地表现为知识、信念、艺术、道德、法律、风俗等多种形式，但文化的内核却是相对稳定的。它是人之魂，树之根，具体地说，它是作为文化真精神的文化理念。所以，继承传统"和"文化的思想资源，最有效的办法是抓住其和谐理念，从哲学的高度加以批判吸收。

中国传统文化的精华与糟粕互融互混，然而非常可喜的是有一条主线始终贯穿其中，即和谐文化理念。和谐文化理念是指以和谐为思想内核和价值取向的观念或学说。作为中国古代社会的一种普遍精神和灵魂，中国传统和谐文化理念内含于不同时期、不同民族的多种文化之中，源远流长，延绵不绝，它具有丰富的内涵：其一，中国古代和谐文化理念倡导和谐的价值取向，要求人们自觉形成和睦友好的人际关系及际外关系，实现天、地、人的和谐一致。中国古代先哲们从不同的方面论证了和谐的价值取向，在人与自然的关系上，提出人应与天地万物和睦相处，尊重自然、适从自然。

在人与人、人与社会的关系上，主张人是社会群体的一部分，人与人之间具有平等性，强调人的社会价值，重视人们之间的礼仪与谦让，以此达到人与人之间的和谐以及整个社会的和谐。在人与自身的关系上，主张身心和谐或神形合一，即个人应保持平静、悠然、恬淡、寡欲的心态。一个人只有做到神形合一、身心和谐，才能以开阔的心态化解世俗的隔阂与不和谐。传统和谐文化形成了天、地、人的和谐统一，即“和为贵”的处世哲学，“和而不同”的文化理念，“天人合一”的自然意识，“协和万邦”的国家观念。其二，中国古代和谐文化理念内含和而不同、兼容并包的文化品格，倡导人们以博大的胸襟，海纳百川的姿态，蕴涵各种差异性的事物，最终形成多样性的统一与整体的和谐。中国古代先哲们认为，整个世界是一个和谐的整体，但在这一和谐整体里，并不是没有对立、冲突、运动和变化，恰恰相反，其中暗藏阴阳、浮沉、升降、动静、刚柔等矛盾，因而蕴含了无限的生机和活力。“和”作为一种过程，是不同事物之间的协调；“和”作为一种结果，是以差异为条件的，是层级不同的矛盾事物所达致的一种状态。因此，承认差异和对立是构成和谐的前提，不同事物、甚至异质事物之间只有兼容并包、互补互济，才能达到多样性的统一。正是由于中国文化能以海纳百川的姿态、有容乃大的气度接纳和包容各种不同的文化因素，才形成了具有强大生命力的中华文明。先秦时期诸子百家的相互争鸣和共同发展，奠定了以后2000多年中华文化发展的坚实基础；汉武帝虽然实行“罢黜百家，独尊儒术”的政策，但道、法等思想仍在一定程度上存在，并对儒家文化产生较大影响；秦汉以后，面对印度佛教文化的入侵，中国并未采取完全排斥态度，而是在一定范围内接受并改造了这种异质文化；魏晋南北朝时期，中国形成了生动活泼的文化多元发展的局面，如玄学开始兴起，儒、玄、道、佛相互激荡、融合，中国文化得到了多向度的发展和深化，强健而清新的和谐文化精神大放异彩；隋唐时期，唐文化以其宏大的气魄、博大的胸襟广泛吸收外域文化，伊斯兰教和基督教后来也逐渐传入中国，这一切都证明了中国开放性的和谐文化精神的可贵性。其三，中国古代和谐文化理念倡导和谐的思维方式或思维模式，促使在多样性或对立性中把握和谐与平衡，以达到主客观的和谐一致。善于在多样事物中把握平衡、协调、有序的和谐思维方法，是中国哲人们在对天、地、人关系探索和反思的基础上提出来的，是中国传统哲学的主要思维方式。一方面它要求人们善于把握多样事物的差异与统一，在整合矛盾过程中形成大于部分之和的合力；另一方面它要求人们遵循事物自组织和自协同的原理，保证事物和谐与平衡发展。整个物质系统虽然存在着一定自发的自组织、自协同功能，但人类社会仅靠自发的力量，是无法实现平衡与和谐的，只有发挥人的能动作用，运用道德的、法律的以及其他社会的各种手段，将这些差异事物按一定规律有机整合，使之有序运行和发展，才能真正实现和谐状态。

和谐社会需要和谐文化理念来引导。中国古代和谐文化理念是中国传统文化的真精神，对于整个中华文化来讲，它始终处于核心地位，并引导着中华文化生生不息，历久弥新。在构建社会主义和谐社会的今天，必须对传统和谐文化理念加以批判改造，并赋予其新的时代内涵，体现新的时代精神，古为今用，使之走向现时代，与当代社会相适应，与现代文明相协调，焕发新的生机与活力，成为社会主义和谐文化的组成部分。

3. 洋为中用，吸取西方文化中的优秀成果，促使其向本土化转化

当今世界是开放的世界，因此，建设和谐文化，必须以开放的心态、开阔的眼界，吸纳世界各种有益的文化。然而，当我们提到西方文明时，人们往往只看到其为人类所带来的浩大无比、眼花缭乱的物质文明，或者恐惧其个人主义、金钱至上的价值取向。其实，西方文明同中华文明一样，也有悠久的历史、光辉的传统，另外西方近现代科技文化也让我们为之震撼。所以我们在和谐文化建设中，吸取西方文化中的优秀成果，至少可以从两个层面来把握：一是西方传统文化中的和谐思想；二是西方近代科技文化的新成果。

和谐是人类共同追求的理想和目标。在古代西方，和谐思想占有十分重要的地位。古希腊哲学家毕达哥拉斯最早把“和谐”理念引入哲学范畴，认为“天体和谐”。他说：“数目的元素就是万物的元素，认为整个的天是一个和谐，一个数目。”①毕达哥拉斯学派曾有两条格言：什么最有智慧？——数目；什么最美好？——和谐。在这里，美是和谐，和谐是一种美德。这一思想的提出，反映了他们对于宇宙万物统一现象的直观把握以及他们对道德完善、社会公允等和谐状态的追求。赫拉克利特则提出万物相反者相成的思想。他说：“相反的东西结合在一起，不同的音调造成最美的和谐，一切都是通过斗争而产生的。”②这里，赫拉克利特明确提出了“对立和谐”的思想。之后，苏格拉底深入研究和寻求世界万物的原因，最终他认为是善而不是其他，这样，苏格拉底就将人们的认识视野从天上召了回来，转入政治、社会生活领域，更加关注道德与生活，从此人伦“社会和谐”成为人们考察的重点。如柏拉图在总结当时的社会状况后，勾勒出了一个所谓真与善相统一的理想国家的蓝图。他认为，理想国由三个阶层构成，即统治者、军人和人民，是“智慧的、勇敢的、有节制的、公道的”③国家。这样的国家由于安排得当而和谐完善。柏拉图的这一乌托邦式的画面当然受到了历史和阶级的局限，但他的这一理论却成为诸多思想家的思想源泉，深深影响了后来诸如摩尔、康帕内拉、圣西门、傅立叶、欧文等空想社会主义者。莱布尼茨提出了所谓“前定和谐”的理论，黑格尔则在其概念的逻辑演绎中提出了“辩证和谐”观。

文艺复兴时期英国空想社会主义者托马斯·莫尔在《乌托邦》中为我们描绘了一幅理想国的蓝图，在乌托邦岛国内，财产公有，消灭了私有制，所有东西都尽归公有，在这里人人劳动，按需分配……17 世纪初，意大利思想家康帕内拉又为我们描述了另一个和谐美好世界——在这里，没有富人，也没有穷人，财富属于每一个人；这里没有暴力，没有罪恶，人们过着和平安详的生活，这就是“太阳城”。18—19 世纪法国思想家圣西门为研究和宣传社会主

① 《西方哲学原著选读》上卷，商务印书馆 1981 年版，第 19 页。
② 《西方哲学原著选读》上卷，商务印书馆 1981 年版，第 23 页。
③ 《西方哲学原著选读》上卷，商务印书馆 1981 年版，第 108 页。

义学说，倾注了毕生精力，他勾勒出了一个理想社会，称为“实业制度”，在这个制度下，没有剥削、人人劳动，按能力取酬，国家对人的统治变为对物的管理和对生产过程的领导，但他寄希望于统治阶级，最终沦为空想。19 世纪初，傅立叶幻想建立以“法朗吉”即协作社为基层单位的理想社会，他把这种理想社会叫作“和谐制度”，并提出“全世界和谐”的思想，这种和谐理想最终虽然没有实现，但是其中的合理成分，对工人和劳动群众却起了启发和提高阶级觉悟的作用。而 19 世纪初的欧文，一步步把自己心中的理想王付诸实践，首先实行“福利工厂”制度，后来成立“新和谐公社”，受到了世界的瞩目，“新和谐公社”虽然最终破产，但这种尝试却激励了无数劳动人民。纵观西方社会的和谐发展史，无论是数的和谐，或是社会的和谐，始终贯穿着对和谐理论的种种构想以及实现途径的设计，这对于当今和谐社会、和谐世界的建构都是有启发意义的。

随着社会的进步，人与自然的关系问题逐渐成为全世界共同关心的问题。科技文化的重点就是探索和处理人与自然的关系问题，进步的科技文化将引导人与自然和谐共处、共生发展，这是和谐社会建设的首要基础。近现代，西方取得了辉煌灿烂的科学技术成就，取代了中国科技世界领先的地位。而这并非出于偶然，它与西方科技文化中重视理性、追求真理的精神是密切相关的。在西方，科技文化经历了一个曲折的发展过程。近代科技革命后，科学技术的发展很大程度上改变了人类的生存状况，正如马克思所指出的，资本主义社会在不到 100 年的历史里创造了比过去任何时代都要多得多的财富。但物质财富丰裕的同时，人们却面临着环境、生态等重大问题，于是人们不得不反思人与自然的关系问题，规模宏大的绿色生态运动席卷了整个西方。这场运动同时催生了可持续发展理念，即经济、社会、资源和环境保护协调发展，在最终的意义上，既要达到发展经济的目的，又要保护好人类赖以生存的大气、淡水、海洋、土地和森林等自然资源和环境，使子孙后代能够永续发展和安居乐业。可持续发展理念是符合自然、社会和人的发展规律的，它要求我们用生态理性来审视发展原则，是西方科技文化曲线发展后的反思与总结，是现代科技文化的精髓。

吸取西方文明的真成果，要求我们在和谐文化建构过程中，注重对“和谐”予以哲学层面的研究，把握和谐文化的本质、规律和社会功能，特别是要注重把和谐文化与社会实践结合起来，注重研究将和谐文化社会功能转化为人们实践理念的方法和途径，用和谐文化的基本理念指导和谐社会建设。注重文化形态的全面建构和协调发展，将人文科学文化、社会科学文化与科技文化放在同等重要的位置一起建构，使得文化自身得以和谐。注重用和谐文化促进人的内心和谐，培塑健全的人格，提高人的综合素质，实现人的全面发展。注重社会实践方式的和谐以实现社会和谐。

4. 推陈出新，总结时代新特点，依据实践的真创新

当代和谐文化建构，必须立足于我国社会主义初级阶段这一最大实际，立足于和谐社会建设的实践及其特点，科学把握社会转型时期思想意识发展变化的新特点，以培育和谐精神、树立和谐理念为根本，从建设社会主义核心价值体系、培育文明道德风尚、营造良好思想舆论氛围、丰富社会文化生活等方面持续不断地加以推进，努力在构建和谐社会实践中创新和谐文化。

创新和谐文化的关键是依据和谐社会建设的实践及其特点，培育一种和谐的文化精神。和谐社会建设的实践及其特点是什么？和谐的文化精神有哪些？社会主义和谐社会，是一种美好的社会理想，也是一种和谐的文化状态，其具体内容是：民主法治、公平正义、诚信友爱、充满活力、安定有序、人与自然和谐相处。这些具体内容，既表明了当下实践的内容和特点，也蕴涵着新的和谐文化精神，为和谐文化创新设定了具体内容：民主法治、公平正义的政治文明——和谐政治；诚信友爱的道德文明——和谐关系；充满活力、安定有序的制度文明——和谐体制、和谐经济；人与自然和谐相处的生态文明——和谐环境。此外，依据《决定》精神，和谐文化建构的根本任务是建设社会主义核心价值体系。社会主义核心价值体系是社会主义制度的内在精神和生命之魂，是建设和谐文化的根本，在所有社会主义价值目标中处于统摄和支配的地位。其基本内容是：马克思主义指导思想、中国特色社会主义共同理想、以爱国主义为核心的民族精神和以改革创新为核心的时代精神、社会主义荣辱观。实现《决定》所规定的这些具体内容，决定着今后和谐文化的具体建构。

中国社会正处于黄金发展期，同时也是矛盾多发期和凸显期。坚持马克思主义的真指导，吸取中华传统和谐文化、西方进步文化的真营养，依据实践的真创新，必将使得当代中国和谐文化的建构顺应时代发展大势而茂盛生长。当和谐文化凝贯于整个中国社会的灵魂之时，我们有理由相信：一个崭新的富强民主文明和谐的现代化国家将在东方诞生！

面向21世纪的中国先进文化建设，具有新的时代特点。

一是高度的战略性。进入新世纪新阶段，面对改革发展稳定的繁重任务，面对世界各种思想文化的相互激荡，为了更好地把全国各族人民的意志和力量凝聚起来，万众一心地为实现全面建设小康社会的宏伟目标而奋斗，建构社会主义和谐社会，党中央十分注重加强先进主义文化建设，不断为改革开放和现代化建设提供有力的思想保证、精神动力和智力支持。

二是价值导向的层次性。建构社会主义和谐社会、倡导构建和谐世界，在宏观层次上体现了党的执政理念，具有指向未来的前瞻性；树立社会主义荣辱观，坚持“八荣八耻”，则主要体现的是公民的基本行为规范，具有极强的可操作性。这样就能够充分发挥先进文化启迪思想、陶冶情操、传授知识、鼓舞人心的积极作用，努力培育有理想、有道德、有文化、有纪律的社会主义公民。

三是强烈的实践性。理论产生于实践，并指导新的实践。如果不与实践相结合，不化作人民群众的自觉行动，再好的理论也将是空中楼阁。没有理论的实践是盲目的，脱离实践的理论是空洞的。与实践相脱离的理论就会被实践所抛弃，而脱离理论的实践将失之无序。因此，在进行文化实践的过程中，社会特别提倡联系实际，思想武装群众，理论指导实践，避免理论与实际脱节。

四是加强文化国力的建设。历史昭示人们：先进文化能够兴邦，腐朽文化可以亡国。随着全球化趋势的加强，国际经济、政治、文化等竞争日益加剧。在国际政治舞台的较量过程中，经济因素的地位逐渐上升，文化因素也随之上升。在新科技革命的影响下，经济的发展、社会的进步，都有赖于科学技术的发明和应用，一个国家和民族的文化发展水平，直接关系到这个国家的创新能力和进步程度。因而在激烈竞争的国际环境下，文化国力的重要作用也得到普遍的认同。在当今时代，文化是构成国家综合实力的重要因素，是凝聚人心的黏合剂，同样需要加强先进文化建设，提高文化国力，实现文化崛起。

五是注重提升中国先进文化在人类发展中的地位和作用。经济不是最先进的民族，在一定条件下可以成为文化的“第一小提琴手”，引领世界文化潮流。从经济实力上讲，我国不是世界上最发达的国家，但我国的先进文化建设却具有发达国家不可比拟的优势。随着中国特色社会主义先进文化的发展，中国文化将再一次引领世界文化潮流，推动人类文明的发展。

21 世纪中国先进文化的理论探索与创新，将是中国共产党面临的最富有挑战性的任务，在中国和平崛起的过程中，它将是中华民族的精神支柱，也将在全世界产生更大的影响。

第六章　和谐实践的实现

如前所述，和谐实践是指以和谐实践理念为观念指导、以和谐为实践目的的实践活动。和谐实践的实现过程，就是和谐理念的外化过程，即和谐社会的建构过程。和谐实践是建构社会主义和谐社会的实践基础。具体而言，实现和谐实践，建构社会主义和谐社会，必须倡导和谐理念、弘扬和谐文化、培育和谐实践主体、规范社会实践活动。

一、倡导和谐理念

实现和谐实践的首要途径是在全社会倡导和谐理念。和谐理念是我国社会最大的观念共识，它是建构社会主义和谐社会最根本的实践理念。总体来看，和谐理念丰富的具体内容，如真理标准、价值标准、一系列行为原则和社会文明标准，与社会主义核心价值体系所倡导的内容在本质上是一致的。社会主义核心价值体系也有其丰富的时代内涵：富强、民主、文明、和谐。尽管富强、民主、文明、和谐各有其丰富而特定的内涵，然而，富强可以视为经济和谐；同样的道理，民主是政治和谐，文明是文化和谐，而和谐则更是社会和生态的内在要求。从这个意义上讲，富强、民主、文明都具有“和谐”之意。和谐是社会主义核心价值体系所倡导的最基础、最内核、社会共识最广泛的实践理念。

和谐理念在经济建设领域的根本价值取向是富强——民富国强。民富是唯物史观的价值旨归。唯物史观确信，社会存在决定社会意识；社会存在有地理环境、人口因素和生产方式三个方面，其中生产方式是社会存在和发展的决定因素；生产方式是生产力与生产关系的统一，生产力决定生产关系，生产关系反作用于生产力。因此，在千差万别、纷繁复杂的社会现象中起决定作用的是生产力及其发展水平。生产力有劳动资料、劳动对象和劳动者三个实体要素，其中劳动者是首要的生产力要素。因此，唯物史观合乎规律地得出“劳动创造世界”、“人民群众是历史的创造者”的结论。所以，全部历史都是自然史和人类史的统一，都是人类实践行为的自然后果，都是人民群众创造的产物。因此，唯物史观的价值旨归必定是为人民服务。为人民服务的价值旨归必定要求民富，即民生幸福。民生幸福由“民生”和“幸福”两部分组成，所谓民生，主要是指民众的基本生存和生活状态，以及民众的基本发展机会、基本发展能力和基本权益保护的状况，等等。幸福是指来自于需求的过程，一种从需求的相对比较中产生的持续满足的、稳定的内心感受。简言之，民生幸福就是人民过上安居乐业、富裕安康的生活，主要是指民众在物质利益、个人价值、情感安全及社会承认等方面需求的满足和实现，其实质是要实现人的全面发展和人的幸福，维护广大人民群众的切身利益。以人为本的科学发展观其实质就是人民幸福观，它为解决民生问题，实现民生幸福指明了方向。顾名思义，国强即国家强大。“经济建设”视域中的强大的国家主要是指以经济实力和国防实力为核心的硬实力。一是有独立自主的国民经济体系和发展实力。二是有力量战胜自然灾害，有发展科技、教育、卫生等事业的经济实力。三是有足够的力量维护国家的统一和领土完整，反对一切外来侵略和颠覆。人民富裕与国家强盛是辩证统一的。首先，民富才能国强。国家由一定的民众所组成。正如整体由部分构成一样，社会主义中国由56个民族组成。国家的强大要建立在民富的基础上。人民富裕了，由人民组成的国家才能强大。其次，国强才能民富。因此，两者必须平衡发展，和谐发展，决不可偏废。由此可见，和谐是富强的精粹。

和谐理念在政治建设领域的根本价值取向是民主——人民当家做主。没有民主就没有中国特色社会主义，发展社会主义民主是中国特色社会主义的内在要求。社会主义民主的精髓是人民当家做主。党的十八大报告指出，人民民主是我们党始终高扬的光辉旗帜；人民民主是社会主义的生命。社会主义民主的要旨是通过人民民主(及各种法和规章制度等)对各级权力进行监督和制约，从而实现社会权力的平衡与和谐。由此可见，和谐是民主的要义。

和谐理念在文化建设领域的根本价值取向是文明。在约定俗成的意蕴上，文明是文化发展的高级阶段，是相对于文化的落后与人和社会的蒙昧、野蛮状态而言的。文明具有鲜明的价值倾向，是指文化中那些标志着人类进步、开化的成果。就个人而言，文明是指有教养、有风度、有礼貌、有知识的状态。总之，文明是人自身精神和谐、人与人之间精神关系和谐和社会精神秩序平衡与和谐的体现，其精髓也是和谐。

和谐理念更是社会建设和生态建设领域价值取向的直接呈现。因此，和谐理念是社会主义核心价值体系丰富意蕴的集中体现，是社会主义和谐社会建构理念中的内核。

和谐理念也是“中国梦”的精髓。习近平在十二届全国人大一次会议闭幕式上说：实现全面建成小康社会、建成富强民主文明和谐的社会主义现代化国家的奋斗目标，实现中华民族伟大复兴的中国梦，就是要实现国家富强、民族振兴、人民幸福，既体现了今天中国人的理想，也反映了我们的先人们不懈奋斗、追求进步的光荣传统。他还说，只要我们紧密团结，万众一心，为实现共同梦想而奋斗，实现梦想的力量就无比强大，我们每个人为实现自己梦想的努力就拥有广阔的空间。生活在我们伟大祖国和伟大时代的中国人民，共同享有人生出彩的机会，共同享有梦想成真的机会，共同享有同祖国和时代一起成长与进步的机会。

建构社会主义和谐社会与实现国家富强、民族振兴、人民幸福的“中国梦”是一个过程的两个方面，两者在本质上是一致的。“中国梦”赋予了和谐实践理念新的时代意蕴，是和谐社会的信仰灯塔。

“作为马克思主义大众化的形象话语，‘中国梦’理念具有重大的战略价值和丰富的思想意蕴。中国梦既承载历史，也直面现实；既昭示未来，也激励当下；既属于民族，也属于个人；既属于中国，也属于世界”,① 它是国家目标与个人目标的和谐统一、长远目标与近期目标的和谐统一。正是这样的理想与当下和谐统一、未来与现实和谐统一的奋斗目标，给人们的实践活动提供了路标，成为社会精神信仰秩序的“灯塔”，引导着实践主体创造和谐社会的实践行为。因为，“中国梦”所描绘的理想蓝图、所给予的信仰秩序与各个具体的实践主体直接相联，与人们的实践需要相一致、相契合，宛如理想世界的“普照光”，从而能够内化、转化成为人们遵循的实践理念，发挥、实现其社会功能。总之，“中国梦”设定的信仰目标，是社会存在和发展必不可少的精神秩序，是社会成员从事实践活动必不可少的信仰路标，两者的契合点和一致性，是其发生作用和实现其社会功能必不可少的精神纽带。作为社会实践理念与个人实践理念的精神纽带，“中国梦”所描绘的社会理想蓝图是引导社会成员现实实践活动的信仰灯塔，是社会成员的信仰支柱，是和谐社会建构的内在灵魂和精神路标。

二、弘扬和谐文化

如前所述，和谐文化是包括和谐思想原则、和谐价值取向、和谐思维方式等内容的观念体系，与和谐实践在本质上是一致的。饱含和谐理念的和谐文化是实现和谐实践的现实途径，是构建社会主义和谐社会的思想根基与精神支撑。作为社会所倡导的理论理念，作为社会主义和谐社会的思想根基与精神支撑，和谐文化对于实现和谐实践有着重要的实践意义。

1. 和谐文化是团结凝聚实践主体的精神纽带

一个民族必然有文化上的精神标志，有维系其凝聚力的精神纽带，有灵魂寄托的精神天空，有国家统一的精神秩序，有生活享受的精神家园。先进的民族文化是一个民族须臾不能或缺的精神食粮。这样的精神食粮化作民族成员的民族认同感、民族自尊心和自

① 孙来斌、刘近：《中国梦的多维解析》，载《光明日报》2013 年 6 月 22 日，第 11 版。

信心，形成民族的自立、自强的国家意识，成为民族团结和国家统一的精神保障。

和谐文化作为社会精神世界的内在支柱和灵魂，能够给人们以美好的希望、崇高的理想和坚定的信念，预示未来，标示方向，成为社会进步的向导，成为人们实践认识活动的路标。理想、价值、信念是人之为人的根本，也是社会形态之中的精神支柱。理想具有某种历史的和逻辑的必然性，是在人们头脑中预先建构起的世界未来图像。在未来的理想世界里，人们力求实现的是理想的、发展的自我。这是人类本性的最重要的特点。未来理想世界是现实社会生活实践人们的前进方向，创造理想世界是人的最高价值追求。价值是一种功能和效应范畴，它所标示的一方面是通过人的创造活动主体实际地占有、享用、同化一定客体的数量、质量和程度，一方面则反映着客体对于主体的生存和发展所具有的实际作用和效能。信念即自己认为可以确信的看法。正因为确信这样的看法，人们便有一种内在的实现这种看法的冲动。先进文化集中体现了人们的崇高理想、合理价值和自觉信念，能给现实生活实践的人们提供奋进的目标。这个目标既与人类社会的美好未来紧密相连，又与人们实现理想的我、发展的我的理想追求息息相关。这样，先进文化不仅给人们的现实生活提供了高远的人生志向和幸福的生存意境，还给人们的未来发展提供了价值目标和价值追求。价值目标即人生目的，是指人们在实现自我价值关系中确立以满足社会和自我需要为行为出发点的目标指向。价值目标是价值追求在行为中的体现，它直接形成人生理想。价值目标的设定对人的生活特别是对人的精神生活产生了深刻的影响。

和谐文化具有的价值倾向性和价值凝聚力，形成了一定的价值导向作用和价值辐射功能，对“文化圈”内的社会成员具有潜移默化的影响力和不可抗拒的统摄力、威慑力，规范着人们的信仰方式和行为取向。“文化情结”是人们的文化特征和文化特质，它使人获得了成为人的品格和人格特征、人格特质；也正是这种人格特质，使人们的行为模式和价值追求与社会提供的理想信念结合了起来，因而人们的行为模式渗透着并显现出社会理想信念价值追求的存在和功效。人们的行为是以一定的价值准则、理想信念、信仰规范为原则的，即以一定的价值取向为基础，而个人的价值取向又是以一定文化的价值取向为基础的。正是和谐文化为社会给出的和谐理念，形成了社会的价值取向，使得人们追求和创造理想世界的活动具有自觉性、能动性，也使得不同人们的各式各样的活动，集中到一个统一的方向，使人的各种层次的追求不断升华并指向一个更加宏伟和高级的目的。正是和谐文化提供的理想信念和价值追求所形成的感召凝聚功能，使得我国人民在共同的理想旗帜下联结起来，成为团结协作的整体。这正是实现中华民族伟大复兴的内在的精神支柱和不竭动力。

2. 和谐文化是实践主体灵魂归依的精神家园

和谐文化给出的和谐理念和共产主义理想能够引导人们树立中国特色社会主义共同信念。中国特色社会主义共同信念是理性的健全目标，又符合社会的现实。脱离了现实的超越是虚幻的。宗教信仰就是这样的虚幻的信仰。宗教信仰是以独断论的方式给出的。宗教信仰根源于蒙昧时代的愚昧无知的观念，其基础在现实世界之外或之上。宗教把人的本质变成了幻想的现实性，一切宗教都不过是支配着人们日常生活的外部力量在人们头脑中的幻想的反映，在这种反映中，人间的力量采取了超人间力量的形式。江泽民说：在我国，随着剥削制度和剥削阶级的消灭，宗教存在的阶级根源已经基本消失。但是，旧社会遗留下来的旧思想、旧习惯不可能在短期内彻底消除。我们解决宗教问题的根本途径只能是发展社会主义的物质文明和精神文明，逐步消除宗教赖以存在的根源。也就是说，必须把经济建设搞上去，必须提高人们的科学文化素质。① 解决超越现实的虚幻的宗教信仰问题，必须采取经济、政治和文化全面发展的综合治理措施，使人们站在大地之上，使思绪回到现世的奋斗目标之中，使信仰建立在坚实的现世生活之内。同时，我们也要看到，单纯的现实向度是产生物质享乐主义的温床。这从一个侧面告

① 《江泽民论有中国特色社会主义（专题摘编）》，中央文献出版社 2002 年版，第 367 页。

诫人们，超越现世的未来，是社会实践规范和信仰坐标必不可少的时间和空间向度。尤其是在发展社会主义市场经济条件下，发挥科学理想的超越性，能够为当代中国人避免物欲的极度膨胀、正确地实现自我解放提供重要的观念指导。

3. 和谐文化是实现和谐实践的科学保障

和谐文化对和谐实践的巨大作用，突出表现在它能够更快更好地提高劳动者的科学文化素质，开发人才资源和人的智力资源。

在第八次文代会第七次作代会上的讲话中，胡锦涛指出，当今时代，文化在综合国力竞争中的地位日益重要。谁占据了文化发展的制高点，谁就能够更好地在激烈的国际竞争中掌握主动权。人类文明进步的历史充分表明，没有先进文化的积极引领，没有人民精神世界的极大丰富，没有全民族创造精神的充分发挥，一个国家、一个民族不可能屹立于世界先进民族之林。和谐文化倡导和谐理念，是实现人与自然、人与社会、人与他人、人与自我的和谐发展不竭的精神动能。

和谐文化是生产力，是一种硬实力。说和谐文化是生产力，是一种硬实力，一是说，和谐文化渗透到生产力实体要素之中，转化成了现实的、直接的物质形态的生产力；二是说，有许多文化产业直接成为社会的文化生产力。

首先，科学技术转化为现实生产力的速度加快，成为生产力倍增的加速器。在新科技革命日新月异，知识经济初见端倪的21世纪，科学技术是生产力发展的倍增器。《在中国科学院第十二次院士大会中国工程院第七次院士大会上的讲话》中，胡锦涛深刻指出：当今世界，科技进步日新月异。特别是20世纪80年代以后，世界科学技术发生了新的重大突破，以信息科学、生命科学为标志的现代科学技术突飞猛进，不仅给世界生产力的发展带来了巨大推动，而且也给人类的生产方式和生活方式造成了深刻影响。世界科学技术酝酿着新的突破，一场新的科技革命和产业革命正在孕育之中。专家们预计，在未来30年到50年内，世界科学技术将会继续出现重大创新，很有可能在信息科学、生命科学、物质科学、脑与认知科学、地球与环境科学、数学与系统科学以及自然科学与社会科学的交叉领域中形成新的科学前沿，出现新的科学飞跃，为人类社会发展打开新的广阔前景。未来科学技术引发的重大创新，将会推动世界范围内生产力、生产方式以及人们生活方式进一步发生深刻变革，也将会进一步引起全球经济格局的深刻变化和利益格局的重大调整。这个发展趋势，必然给世界经济、科技发展和国际综合国力竞争带来重大影响。他还指出：树立和落实科学发展观，要依靠全党全国人民思想认识的普遍提高，依靠正确的方针政策和工作措施，依靠科学有效的制度和机制，也要依靠科技进步和创新。促进人的全面发展也好，促进经济发展和社会全面进步也好，优化经济结构也好，做到"五个统筹"也好，实现经济发展和人口、资源、环境相协调也好，都离不开科技进步和创新。因此，我们必须坚定不移地实施科教兴国战略，把经济发展真正转到依靠科技进步和提高劳动者素质的轨道上来，坚定不移地依靠科技进步和创新来实现全面、协调、可持续发展。

其次，科学技术转化为现实生产力，还表现在科学技术化为人们的劳动技能，直接培养数以亿计的合格的劳动者。激烈的综合国力竞争，还表现为教育科学发展水平和民族综合素质的竞争。我国是一个拥有 13 亿人口的大国。如何不断提高全民族的思想道德素质和科学文化素质，把沉重的人口负担转化为巨大的人力资源优势，把人口大国建设成为人才大国、人力资源强国，直接关系到我国现代化建设和民族复兴的顺利实现。加强文化建设，有利于落实科教兴国战略，加快发展教育和科学事业，不断提高全民族的科学文化素质。

最后，有许多文化产业直接成为社会的文化生产力。随着社会主义市场经济和科学技术的发展，文化在我国已经成为一种产业，如信息产业、旅游产业、视听产业，等等。文化产业是高新技术与文化形态相结合的产物。各种产业拥有大量的经济实力，成为国民经济中的重要组成部分。文化产业本身创造的经济价值越来越大，已经成为发展潜力巨大的朝阳产业。随着社会产业结构由劳动密集型向知识密集型转化，文化建设和人的综合素质的提高成为决定一个国家综合国力竞争成败的关键因素。党的十七大报告明确指出，要大力发展文化产业，实施重大文化产业项目带动战略，加快文化产业基地和区域性特色文化产业群建设，培育文化产业骨干企业和战略投资者，繁荣文化市场，增强国际竞争力。

和谐文化是中华民族的凝聚力和创新能力，是一种软实力。软实力(soft power)是美国哈佛大学教授约瑟夫·奈提出的衡量一个国家的综合国力高低的新概念，主要是指与基本资源、经济力量、科技力量、军事力量等“硬实力”(hard power)相对应的文化、价值观、制度、政策等对其他文化的吸引力、影响力。所谓文化软实力也就是以文化为基础的国家软实力，是文化吸引力、融合力、凝聚力、感召力、导向力、创造力、竞争力有机整合的影响力。一个民族和国家要真正自立于世界民族之林，成为世界上有影响的国家，不仅要有硬实力，还要有以文化为主要内容的软实力，没有软实力，就只有一个物质外壳，没有思想、没有灵魂、没有精神，不能叫真正的民族和国家。

和谐文化在创造精神价值和力量方面有独特的社会功能。任何社会的生存和发展，都需要有一种普遍的社会认同和凝聚能力，以维护社会的协调与稳定。这种认同和凝聚力主要来源于文化，文化对经济社会发展的作用主要体现在凝聚人心、化解矛盾、提供智力支撑和舆论氛围等方面。和谐文化通过知识体系、价值观念、思想信仰和行为规范，生发出凝聚社会成员的巨大力量。同时，和谐文化形成的吸引力、融合力、感召力和导向力，引导和激励着社会成员将自己的奋斗目标自觉地与中国特色社会主义事业所倡导的社会价值结合起来，从而形成巨大的创造洪流，成为增强综合国力的现实力量。

三、培育和谐实践主体

所谓和谐实践主体，是指体现和谐思维，践行和谐理念，具有自我规定、自我实现、自我约束、自我规范能力的实践主体。和谐实践主体是和谐实践的实现者。培育和谐实践主体是实现和谐实践的关键。

(一)和谐实践主体是和谐思维的体现者

1. 和谐思维

社会生活在本质上是实践的。人们认识世界和改变世界的实践活动，总是在一定思维方式的牵引下，遵循一定实践规范的自觉能动活动。人的实践活动作为可控的实际过程，其控制中枢是人的思维，是人关于特定实践的思维。实践的主动者、主导者是其主体——实践的人。人的自觉活动是由大脑的思维来支配的。实践这种对象化的实际活动受实践主体思维的控制和调节。实践主体自觉的实践活动具有可控性，人的思维方式在实践的控制和调节中起着重要的作用。思维方式即思维模式、思维范式或思维模型，它是一种文化现象，具有鲜明的民族特色和时代特征。思维方式是一定文化共同体中，民族的集体的思维习惯、思维定势、思维方法、思维偏向，是其文化行为的控制因素和文化发展的内在动力。民族的集体的思维方式是通过个人的思维方式表达出来的。对于个人而言，思维方式是人们思考问题的"牵引器"。因此，思维方式具有显著的实践价值。

和谐思维是一种哲学形态的思维方式。"所谓和谐思维或和谐思维方式，是指从和谐的视域出发，以和谐为基本原则和价值取向，揭示和谐性、平衡性、协调性、有序性、互补性在事物发展中的作用，并以追求事物和谐发展为目的的一种思维方式或思维模式。"①和谐思维是这样一种思维方式："首先，和谐思维方式是从和谐的维度或视域观照对象，和谐成为其观察问题和分析问题的坐标系和切入点。其次，和谐思维方式以和谐为基本原则和价值取向，把和谐贯穿于人的认识和实践的全过程。再次，和谐思维方式的主要内容是深入事物内部，揭示矛盾或系统的同一性、协同性、平衡性、互补性在事物发展中的作用及其内在机理。最后，和谐思

① 左亚文:《和谐文化的内核：和谐思维方式》，载《学习与实践》2007年第1期。

维方式以追求和促进事物的和谐发展为根本目的和最终归宿。”①这样的思维规定和致思视角，有其重要的实践价值。

2. 和谐思维与主体实践行为

和谐思维的实践价值在于在实践工作中的运用。在构建社会主义和谐社会的实践过程中，“建设和谐文化，在全社会大力倡导和谐理念、培育和谐精神，就能够形成解决社会矛盾的新认识、处理社会关系的新方法，引导人们用和谐的思想认识事物，用和谐的态度对待问题，用和谐的方式处理矛盾，使崇尚和谐、维护和谐内化为人们的思维方式和行为习惯”。② 具体说来，和谐思维对于人们实践活动的调控、牵引、制导作用，具体表现在用和谐的视角观察对象、用和谐的思想分析事物、用和谐的态度对待问题、用和谐的方式处理矛盾、用和谐的尺度评判工作等方面。③

第一，用和谐的视角观察对象。恩格斯说：“在社会历史领域内进行活动的，是具有意识的、经过思虑或凭激情行动的、追求某种目的的人；任何事情的发生都不是没有自觉的意图，没有预期的目的的……无论历史的结局如何，人们总是通过每一个人追求他自己的、自觉预期的目的来创造他们的历史，而这许多按不同方向活动的愿望及其对外部世界的各种各样作用的合力，就是历史。”④尽管人们的实践活动受着一般客观规律的制约，然而，人们能够透过现象看本质，通过偶然找必然，发现规律，运用规律，自觉地造福于人类。实践活动的目的性和自觉性，是人类生存发展状况的特性。人们实践活动的目的性和自觉性，首先表现为实践模式的建构。实践模式是将实践目的、实践步骤、实践方式、实践进程等实践要素，观念地组成实践结构状况的观念模型。实践模式存在于实

① 韩美群：《和谐思维方式的界定及其基本特征》，载《光明日报》2007年5月15日。

② 刘云山：《建设和谐文化　巩固社会和谐的思想道德基础》，载《人民日报》2006年10月24日。

③ 左亚文：《和谐文化的内核：和谐思维方式》，载《学习与实践》2007年第1期。

④ 《马克思恩格斯文集》第4卷，人民出版社2009年版，第302页。

践主体的观念世界里，对实践活动起着全程的调控作用，从而保证了实践活动作为可控过程趋向实践目的的实现。实践模式是通过实践主体的思维活动来完成的。从这个角度来看，思维方式是实践模式建构的关键要素。任何思维方法首先必须确立一个正确合理的观测角度。与时代的实践主题相适应，和谐思维要求我们在观察对象时，从和谐的视角出发，把有利于事物的和谐发展作为考虑问题的出发点。在思考问题、制订实践方案的思维过程中，体现和谐思维。

用和谐思维视角观察对象，是宇宙根本法则的体现。和谐是宇宙的根本存在方式。和谐是世界或宇宙的一种存在状态。按照对立统一规律的基本原理，和谐是由矛盾双方既同一又斗争而形成、构成的一种存在方式。作为一种哲学范畴，和谐是对广泛存在于自然界、人类社会和思维领域中的协同、协调、适应关系等和睦、协(谐)调现象的高度概括，表示的是世界或宇宙矛盾的平衡性、有序性、协调性。宇宙和谐、世界和谐、系统和谐、实践客体和谐，使得人们的实践认识活动确立和谐的实践目的，以求真、求利、求善、求美、求圣为实践的永恒主题、根本任务和实践宗旨。完美的真、利、善、美、圣统一于人们的实践认识活动之中，它标志着人类在实践认识活动从必然王国走向自由王国的历史大趋势。

用和谐思维视角观察对象，是形成和谐实践目的的思维前提。古人云，横看成岭侧成峰，远近高低各不同(苏轼·《题西林壁》)，生动形象地描绘了主体的认识视角对于认识活动的重要影响及实践价值。这表明，人与自我的和谐、人自我内心的和谐，是科学观察事物的心理基础。和谐社会从心开始。心平才能气和，内和才能外顺。用和谐思维视角观察对象，才能形成和达致和谐的实践目的。有了和谐的实践目的，才能心理和谐；心理和谐才能行为和谐，行为和谐才能社会和谐。因此，实现和谐的关键是人的和谐实践目的，树立和谐实践目的的关键则是要克服人们观测事物的片面性、先入为主的主观偏见及异化观念和行动——人的贪婪、无知、野蛮等不道德欲望和行为。党的十六届六中全会提出“注重促进人的心理和谐”的时代任务。人的心理和谐，是指人的认知、情感、意志等内心活动处于平衡自然、协调统一的状态，并对外界事物抱有平静适度、热情友善的态度。党的十六届六中全会提出，要塑造自尊自信、理性平和、积极向上的社会心态。这种社会心态，实际上也是和谐思维视角、和谐道德的基本内容和表现。遵循和谐之道，用和谐思维视角观察事物，形成和谐道德，是构建和谐社会的深层呼唤。

和谐道德是和谐社会的基石。所谓道德，是指人的内心一心一意，按照“道”——事物自身的法则——的内在要求去做，其行为正道直行。正道直行即为德行。所谓德行，也就是按照道的内在本性和客观要求去做的行为。这样的行为既是德，也能得。也就是说，道德是外在的实践规范与内心的行为意志的统一，是实践活动与实践目的的统一。依“道”而行即为“德”。这样做，就能够内得于己，外得于人。使自己成为道德楷模的实践者，在自己的行为中贯彻和体现道德律令。一个人要成为道德楷模的实践者，必须自觉遵循和践履外在的道德实践规范。这样的人就能够得到他人和社会的承认、尊重，社会便承认他与其从事的职业是相符的，是从业者的楷模。道德是人类行为的“自然法则”或“行为律令”。和谐道德是构建和谐社会的“自然法则”和“行为律令”，是和谐社会人们的实践之道。和谐道德的宗旨是实现社会和谐，即人与自然、人与社会、人与他人、人与自我关系的和谐。而实现和谐的要旨就在于依道而行。依道而行就是按照事物自身的本性、规律、法则去做，以此为生存、发展、变化之本。只要凡物均依道而行，那么世界便会和谐运行。社会主义和谐社会的建构就有现实的实践基础。

第二，用和谐的思想分析事物。人们是在一定思想观念的指导下从事社会实践活动的。人们在现有认识材料或感性认识成果的基础上，对特定对象的“思”——揭示其本质、规律，在对现有对象、客体本质和规律认识的基础之上，对未知事物或方面、层次本质和规律的“想”，既受着社会思维方式的制约和规范，又直接关涉到即将进行的实践认识活动。作为人们主观意识活动的结果，思想是关于实践认识对象属性、本质、联系及规律的观念结晶，是从事新的实践认识活动的原则或出发点。因此，思想产生行动，观念支配人生。用和谐思想分析事物，就是要着重分析和揭示和谐性、协同性、有序性、互补性在事物发展中的作用，调动一切有利于事物和谐发展的积极因素，为实现和谐的实践目的服务。

和谐性、协同性、有序性、互补性是事物自身和谐发展的存在依据和运动法则。世界万物，多元共存；相互依存，矛盾和谐。矛盾的和谐与和谐的矛盾，推进事物协同进化。协同共存与协同进化，表明了世界的协同性。自然界没有多余的东西，生物多样性是统一的自然所必然具有的特性，也是人类社会所必然拥有的特性。具体事物千差万别，多姿多彩。正是这样的多样性，组成了一个矛盾的、开放的、协同的、和谐的、有序的、互补的自组织系统。不同事物之间、事物内部的要素之间必须进行一定的物质、能量和信息交流，从而实现自组织、自平衡，自我完善和协同进化。开放交流、协同共存的多元事物构成了一个矛盾的和谐统一体。世界既是和谐、协同的，又是有序和互补的。和谐而协同的事物不是杂乱无章的，而是有着内在关联性的秩序整体，不同事物相互联系，彼此归依，在功能上是互补的。因此，和谐性、协同性、有序性和互补性，是事物存在和发展的有利因素。因此，应该用和谐性、协同性、有序性、互补性的思想分析事物。

用和谐性、协同性、有序性、互补性的思想分析事物，必然形成整体和谐的实践目的，遵循科学发展、和谐发展及和平发展的科学发展观。在建构社会主义和谐社会的实践过程中，用和谐的思想分析事物，就是调动一切积极因素，实现经济、政治、文化和社会的全面协调和谐有序发展，为构建社会主义和谐社会服务。

第三，用和谐的态度对待问题。态度是“赞成或反对、喜欢或不喜欢的一种心理状态。它与情感和感情相关的，但与信念相对立。信念是与事实相关的，是认知的，而态度则是与评价及情感反应相关的。有着同样的信念的人们，可能会有不同的态度，或有着同样的态度但他们对于同一个客体有着不同的信念”。① 情感包括亲情、爱情、友情、师生情、感激之情、喜好、爱好、偏好甚至嗜

① 尼古拉斯·布宁、余纪元：《西方哲学英汉对照辞典》，人民出版社2001年版，第89～90页。

好。这些因素对于个人行为的偏差性也有着不容忽视的作用和影响，有的甚至有着巨大的影响力。由于人们的知识水平、好恶偏向、情感志趣等方面的差异，对同一问题持赞成或反对、喜欢或不喜欢的态度，是非常正常的。但是，这里有一个前提条件，即问题本身的性质决定着人们主观偏好的“度”。如，一种水果，有的人喜欢，说“好得很”；有的人不喜欢，说“糟得很”。这样的主观评价不影响水果的成分及功能。又如，构建社会主义和谐社会必须坚持“科学发展”，人们的赞成或反对、喜欢或不喜欢，都不能影响其合理性。因为，这类问题不是评价问题，而是事实问题。信念与态度关涉到真理性与价值性。

信念应建立在“真理”之上。奠基在真理基础上的信念与态度是一致的。世界的客观规律是事物之理。这样的规律性、必然性归根到底决定和制约着人的根本、社会的根本，也决定和制约着人们的评价态度。因此，规律性和必然性决定了人们认识成果的真理性。真理的力量形成了人格的力量，使得人们对其坚信不疑的目标执著地追求，从而也决定了他对待问题的评价态度。这样的评价态度就形成了主体价值选择的判断依据。价值是从人与世界、主体与客体的角度揭示世界、客体、对象、事物对人、对主体、对社会的意义，是指世界、客体、对象、事物的存在、属性及合乎规律的变化与主体的生存发展相一致、符合或接近的性质和状态。它标志着客体属性与主体需要相符合的关系。它既打上了实践认识主体的主观愿望、目的等烙印，也蕴涵着一定的实践认识主体对实践结果的主观评价。合理的态度是真理性与价值性的统一，即“是”(being)与“应该”(ought)的统一，架设了一条由“是”转变为“应该”的“桥梁”。和谐的态度就是这样的合理态度。

用和谐的态度对待问题，就是要在真理性与价值性相统一的基础上，坚持用“和而不同”、“和实生物”的原则，对待在和谐社会构建过程中出现的经济、政治、文化以及社会生活问题，鼓励和支持不同经济成分的公平竞争，允许不同学术观点、不同学术流派的自由发展，使各种要素、资源在构建和谐社会中充分发挥作用。这样才能够实现以人为本、全面协调可持续的科学发展，实现各方面事业有机统一、社会成员团结和睦的和谐发展，实现既通过维护世界和平发展自己，又通过自身发展维护世界和平的发展。

第四，用和谐的方式处理矛盾。世间万物，既协同共存，又矛盾统一。可以说，协同也就是矛盾。世界或宇宙，既是协同的和谐统一体，同时也是一个矛盾的秩序统一体。和谐与矛盾是世界统一体不可分割的两个方面。矛盾是一个伟大的法则。它是和谐产生的原因，也是推进和谐的动因。矛盾与和谐都包含着差异的不同方面。事物是由不同方面、不同要素构成的统一体，不同事物的渗透、掺和、综合，生成新的事物。新事物层出不穷，构成了无限发展的、生机盎然的世界。这样的世界是活的、有机的统一体，是发展的、过程的集合体，也是相互制约的统一体。不同要素，不同事物的渗透、掺和、综合，也构成了事物内部、事物之间相互制约的关系。任何现实存在的事物和现象都是绝对与相对、共性与个性、普遍与特殊的有机统一。社会关系的普遍性也就是多重矛盾的统一性，多重矛盾构成了社会动态的平衡系统，由此形成了和谐的社会秩序。同样，和谐社会也是一个充满差异的矛盾统一体，尤其在现阶段我国正处在发展的关键期和矛盾凸显期。对待这些社会矛盾，我们应主要运用和谐的方式来加以化解，促进矛盾向有利于和谐的方向发展。用和谐的方式处理矛盾，我们理应倡导这样一些和谐的实践理念，如多元共存、矛盾和谐——协同理念；相互融通、整体协调——合作理念；顺物之性、尽物之情——自由理念；宽容理念和正义理念。

用和谐的方式处理矛盾，是由和谐社会构建过程中矛盾的性质决定的。进入21世纪新阶段，我国发展面临的机遇和面对的挑战都是前所未有的。改革进入深水区，遇到的都是深层次的矛盾和问题。特别是我国经过30多年跨越式的大发展，在取得历史性伟大成就的同时，存在的矛盾和问题也是最多的，西方国家几百年中分阶段出现的矛盾和问题，在我国几乎同时一次性地出现了，主要是：城乡、区域、经济社会发展很不平衡，人口资源环境压力加大；就业、社会保障、收入分配、教育、医疗、住房、安全生产、社会治安等方面关系群众切身利益的问题比较突出；体制机制尚不完善，民主法制还不健全；一些社会成员诚信缺失、道德失范，一些领导干部的素质、能力和作风与新形势新任务的要求还不适应；一些领域的腐败现象仍然比较严重；敌对势力的渗透破坏活动危及国家安全和社会稳定。但是，我国社会总体上是和谐的。因此，这些影响社会和谐的矛盾和问题是人民利益一致基础上的矛盾，是可以也应该用和谐的方式加以解决的矛盾。例如，我们能够以扩大党内民主带动人民民主，以增进党内和谐促进社会和谐；提倡在国际关系中弘扬民主、和睦、协作、共赢精神，构建持久和平、共同繁荣的和谐世界。

用和谐的方式处理矛盾，是由构建和谐社会的历史责任决定的。毫无疑问，我们今天构建的和谐社会，是朝着共产主义社会进发的。共产主义社会是高度和谐的社会。共产主义社会是以人类对自然必然性的自由把握和利用为条件的，从而可以达到自然主义与人道主义的统一。这样的统一，实现了人与自然、人与社会、人与他人、人与自我的完全的和谐统一，是自由与必然的统一。它是实践主体的理想王国，是自由人的联合体。在那里，每个人的自由发展是一切人的自由发展的条件。这样的实践宗旨，必然使得和谐社会的建构浸透着实现共产主义的和谐理念。

第五，用和谐的尺度评判工作。任何成功的、有价值的、合理的实践活动，都是从人的目的、需要出发，根据对事物所作的正确认识，进行能够满足人类生存和发展需要的实践活动，都必须是既遵循客体尺度，又遵循主体尺度的，是既合规律又合目的的。人类实践所实现的合规律性与合目的性的统一，实际上也就是真、利、善、美、圣的有机统一。这样的实践就是和谐的实践。因此，在构建和谐社会的过程中，应该把是否有利于维护和谐、促进和谐和发展和谐，作为我们评判工作成败得失的一个重要标准。这一标准与实践标准在本质上是一致的。

用和谐的尺度评判工作，实质上是对工作的结果进行效益评估或功能测评，就是依据特定的机制，确立一定的指标体系，运用测量、统计、归纳、演绎等方法，对和谐思维方式的社会功能进行判断的过程。测评机制应该以定性测评为主，辅之以定量测评；以动态测评为主，辅之以静态测评；以过程测评为主，辅之以绩效测评；以全面测评为主，辅之以重点测评。判断工作是否和谐，其测评的尺度主要有：真理尺度——测评人们的主观认识、主观愿望与客观实际是否相符合、相一致；价值尺度——通过确立自然存在的先在意义，树立人类整体性利益相互影响的价值理念，来评价人们的实践行为是否和谐；整体效益尺度——通过正确地确立部分在整体中的地位、功能、作用、使命及其完成情况，来评价人们的实践观念、实践行动及其他活动方式，其部分是否与整体和谐；人民利益尺度——和谐的工作最重要的实际效益体现在服务于最广大人民群众的根本利益。

和谐的测评程度，体现了物质与精神、主体与客体、主观与客观、普遍与特殊、一般与个别、时间与空间、理性与情感、原因与结果、可能与现实、形式与内容、必然与偶然、实践与认识、社会存在与社会意识、生产力与生产关系、经济基础与上层建筑等辩证统一的关系。坚持和谐尺度测评工作，对于构建社会主义和谐社会的实践而言，就是要突出发展内涵的丰富性，做到和谐发展。发展不等同于单纯的经济增长，更不是简单的数字增长。以经济建设为中心也不等同于唯经济建设中心。和谐发展应该是经济、政治、文化和社会的协调发展。只有做到经济、政治、文化和社会的协调发展，实现发展功能上的互补性，才能和谐发展。因此，发展的内容是多样的，发展的中心是分层次的。在经济领域以经济建设为中心；在政治领域则应以执政党建设为中心；在文化领域要以社会主义核心价值体系建设为中心；在社会领域要以加强社会建设为中心。政治建设、文化建设和社会建设要为经济发展服务，然而所有这些发展，都要以人和社会的全面发展为中心。这样的发展体现了社会主义社会的性质和实践宗旨，是和谐思维方式的价值旨归。

(二)和谐实践主体是和谐理念的践行者

和谐实践主体是和谐理念的承载者、实现者。作为自觉的行为主体，人们的实践活动受思想观念的支配。思想支配行为，观念影响人生；行为实现思想，人生展现观念。同样的道理，和谐理念内隐于实践主体的观念世界，并通过和谐实践主体的实践活动得以展现和实现。和谐实践主体是指以和谐实践理念为观念指导、以和谐为实践目的、从事现实实践活动的人。或者说，和谐主体“作为社会主义和谐社会的主体，是集个体和谐、人际和谐与类和谐的统一体，具体涵盖人自身的和谐、人与人的和谐、人与社会的和谐以及人与自然的和谐。”①和谐实践主体的存在论特性是和谐的思维方式，其认识论特性是成熟的规范意识，其价值论特性是健康的价值取向。② 由和谐实践主体所从事的现实的实践活动，就是和谐实践行为。和谐实践行为是和谐实践理念的直接呈现，是实现和谐社会的最直接的实践基础。

和谐实践主体展现和实现和谐理念的过程，也是客体“和谐化”的过程。任何实践活动都是现实的、具体的，都是实践主体的对象性感性活动。从这个意义上讲，实践主体的实践活动是实践客体的选择者，是客观对象成为现实的实践客体的决定者。现实的实践活动总是具体的实践主体与具体的实践客体的具体历史的统一。在和谐理念导向下的主客体相统一的实践过程，就是和谐理念对象化、现实化的过程。

和谐理念对象化、现实化的过程充分体现了人的本质。马克思在多个文本中分别阐述了人的本质的意蕴。③ 在《1844 年经济学哲学手稿》中，马克思在论述人“自由的有意识的活动”本质规定的同时，阐述了人与世界关系普遍性的思想。马克思说：“一个种的整体特性、种的类特性就在于生命活动的性质，而自由的有意识的活动恰恰就是人的类特性。”④人与世界关系的普遍性，深刻地展示了实践主体“自由的有意识的活动”即实践的本质规定。人与世界关

① 肖映胖·《社会主义和谐主体及其特性探析》，载《学校党建与思想教育》2009 年第 11 期。

② 肖映胜：《社会主义和谐主体及其特性探析》，载《学校党建与思想教育》2009 年第 11 期。

③ 例如，“自由的有意识的活动”(《1844 年经济学哲学手稿》)、“社会关系的总和”(《关于费尔巴哈的提纲》)、“需要”(《德意志意识形态》)等。

④ 《马克思恩格斯文集》第 1 卷，人民出版社 2009 年版，第 162 页。

系的普遍性，其实也是和谐实践主体的根本内容。

一是人与自然关系的普遍性。马克思说，人是类存在物，在实践上和理论上都把他自身的类以及其他物的类当作自己的对象；同时，把自身当作现有的、有生命的类来对待，因为人把自身当作普遍的因而也是自由的存在物来对待。一方面，人是自然作品，是自然界的一部分；另一方面，对于人的生成而言，自然界是人的“史前史”，是人的无机的身体。对于人的实践活动而言，整个无限的自然界、感性的外部世界是人的“无机的身体”和无垠的广袤舞台，但现实的对象性世界，作为人的“无机的身体”，则是由人的实践活动决定的。它们与人的实践活动息息相关，具有属人的“主体性”。在人的意识和意志层面上，自然界是人的生命活动的对象，是人的意识的一部分，是人的精神的无机界，是人的精神食粮。在自然的生命过程之中，人获得了生成和存在的依据；在人的生命活动当中，自然界实现了自我确证性，获得了存在的意识性和意义的普遍性。因此，人与自然界、感性的外部世界具有自然而然的统一性，两者的关系具有主体实践性和社会历史性。

二是人与自我关系的普遍性。在一定的实践活动之中，人不仅与自然界、感性的外部世界建立联系，而且必然形成人与自我之关系。人与自我之关系，表现为实践活动中人劳动本质的展示和展开。人的本质，人的类特性，就在于人的有意识的生命活动。人的有意识的生命活动构成了一定主体的实践行为。在实践活动之中，人既将外在客体作为自己的理论和实践的对象，也使自己的生命活动本身变成自己意志和意识的对象。“正是在改造对象世界的过程中，人才真正地证明自己是**类存在物**。这种生产是人的能动的类生活。通过这种生产，自然界才表现为**他的**作品和他的现实。因此，劳动的对象是**人的类生活的对象化**：人不仅像在意识中那样在精神上使自己二重化，而且能动地、现实地使自己二重化，从而在他所创造的世界中直观自身。”①因此，人不仅通过思维，而且以全部感觉在对象世界中反观自身，肯定自己。另外，从主体方面来看，人

① 《马克思恩格斯文集》第1卷，人民出版社2009年版，第163页。

要全面占有自己的本质，使得自我价值复归于自身，就必须占有外部的感性世界，并在意识中全面把握自我，确证自我。人的自我意识、自我确证是以主体的特性为依据的，因为我的对象只能是我的一种本质力量的确证。因此，社会的人的感觉不同于非社会的人的感觉。主体的、人的感性的丰富性是人的本质客观地展开的丰富性。①

三是人与社会关系的普遍性。在实践活动之中，人不仅形成与自然界、与自我之关系，还必然形成人与他人、与社会之关系。人们有意识的生命活动，既创造感性的对象界，也改造无机界；既创造、改造客体，也创造、改造自身。正是在改造对象世界的过程中，人才真正感受到和证明了自己的类本质属性。意识使人的生命活动获得了自由，自由的生命活动具备普遍性的创造功能。有意识的生命活动构成了人自由自觉活动的类本质特性，从而将人与动物区别开来。作为自为地存在着的存在物，人是类存在物。作为类存在物的人，通过自己有意识的自由自觉活动，证明了自己的生命活动的普遍性。这样，人的生命活动便超越了生物本能和个体的单一尺度，获得了普遍的社会性。“因此，人是**特殊的**个体”，其特殊性使他成为他自己，成为现实的、单个的社会存在物。同样，他也是总体，观念的总体，社会的自为的主体。② 因而个体的人不再是单一性的存在物，而是普遍的类的个体，是社会性的人。

四是人与他人关系的普遍性。一般来说，人对自身的任何关系，只有通过人对他人的关系才能得到实现和表现，才成为对他来说是对象性的、现实的关系。例如，（在资本主义社会里）“在实践的、现实的世界中，自我异化只有通过对他人的实践的、现实的关系才能表现出来。异化借以实现的手段本身就是**实践的**”。③

① 参见《马克思恩格斯文集》第1卷，人民出版社2009年版，第191页。

② 参见《马克思恩格斯文集》第1卷，人民出版社2009年版，第188页。

③ 《马克思恩格斯文集》第1卷，人民出版社2009年版，第165页。

人与自然、人与自我、人与社会、人与他人的关系是人与世界关系的具体表现形式，是现实的，是实践的，在本质上是社会的。社会性质是人与世界关系及整个社会运动的普遍性质；正像社会本身生产作为人的人一样，社会也是由人生产的。总之，在马克思看来，在实践过程中，总体性的人以全面的方式占有自己的全面的本质。从事自由自觉活动的人是拥有类普遍性的人，而类的普遍性则是建立在人具有意识属性基础之上的。意识使人的生命活动即有意识的实践活动也拥有了普遍性。这样的普遍性便构成了实践主体及实践活动在人与世界总体关系中的主观能动性。也正是这样的主观能动性，使得人在人与世界的关系中，成为"关系"的现实建构者和责任承担者。从这个意义上讲，人们的实践行为，在本质上应该是多样而和谐的。人类的实践历史就是实现人的多样而和谐本质的历程，是和谐实践主体的培育和形成过程。

人的普遍性与实践的总体性是密切相关的。一是（如上所述）对象的普遍性。二是对象性关系的普遍性。在人的理论和实践基础上，人与对象的关系超越了单纯的自然从属关系，而获得了全新的意义。三是人存在状况的普遍性。"通过实践创造**对象世界，改造**无机界，人证明自己是有意识的类存在物，就是说是这样一种存在物，它把类看做自己的本质，或者说把自身看做类存在物"。① 作为类存在物的人，通过自己有意识的自由自觉活动，证明了自己的生命活动的普遍性。这样，人的生命活动便超越了生物本能和个体的单一尺度，获得了普遍的社会性。四是意识的普遍性。正是在改造对象世界的过程中，人才真正感受到和证明了自己的类本质属性。意识使人的生命活动获得了自由，自由的生命活动具备普遍性的创造功能。总之，在马克思看来，"人以一种全面的方式，就是说，作为一个完整的人，占有自己的全面的本质。人对世界的任何一种**人的**关系——视觉、听觉、嗅觉、味觉、触觉、思维、直观、情感、愿望、活动、爱……是通过自己的**对象性**关系，即通过自己**同对象的关系**而对对象的占有，对**人的**现实的占有……是人的一种

① 《马克思恩格斯文集》第1卷，人民出版社2009年版，第162页。

自我享受”。① 从事自由自觉活动的人是拥有类普遍性的人，而类的普遍性则是建立在人具有意识属性基础之上的。意识使人的生命活动即有意识的实践活动也拥有了普遍性。这样的普遍性便构成了实践在社会生活中的总体性地位，决定了实践主体实践活动的普遍性。

和谐实践主体的培育和形成就是和谐理念的转化、内化的过程。和谐生于内心。“培育践行和谐价值观须内化于心、固化于制、外化于行”。② 马克思说：“批判的武器当然不能代替武器的批判，物质力量只能用物质力量来摧毁；但是理论一经掌握群众，也会变成物质力量。理论只要说服人，就能掌握群众；而理论只要彻底，就能说服人。所谓彻底，就是抓住事物的根本。而人的根本就是人本身。”③人的根本就是通过一定的实践方式，历史地展现和实现人的多样而和谐的本质的历程。在当下中国，“人的根本”就是实现“中国梦”。

习近平说：“实现中国梦必须凝聚中国力量。这就是中国各族人民大团结的力量。”“中国梦归根到底是人民的梦，必须紧紧依靠人民来实现。”从习近平的这一论述中，我们可以发现，“人的主体性的自觉，要求人们必须确立这样的自我意识：个人的自主性、独立性和创造性，都是中国力量的有机构成部分，个人不是中国力量之外的被动客体，更不是中国力量的旁观者和看客，个人的思想和行为、理论与实践都会直接对中国力量产生重要影响，对它的生成和壮大负有重大责任。因此，每个人都应以主人翁的责任感，把个人力量与中国力量内在统一起来”。④ 个人力量与中国力量内在地统一，即是建构和谐社会的内在要求。

在这里阐述一下马克思、恩格斯在《德意志意识形态》中关于

① 《马克思恩格斯文集》第 1 卷，人民出版社 2009 年版，第 189 页。

② 郭齐勇、张志强：《培育践行和谐价值观》，载《光明日报》2013 年 4 月 12 日。

③ 《马克思恩格斯文集》第 1 卷，人民出版社 2009 年版，第 11 页。

④ 贺来：《中国力量的主体指向与依靠对象》，载《光明日报》2013 年 4 月 24 日。

"真正的共同体"的思想是非常有意义的。《德意志意识形态》一文中有一段关于"真正的共同体"的经典阐述："个人力量(关系)由于分工而转化为物的力量这一现象，不能靠人们从头脑里抛开关于这一现象的一般观念的办法来消灭，而只能靠个人重新驾驭这些物的力量，靠消灭分工的办法来消灭。没有共同体，这是不可能实现的。只有在共同体中，个人才能获得全面发展其才能的手段，也就是说，只有在共同体中才可能有个人自由。在过去的种种冒充的共同体中，如在国家等等中，个人自由只是对那些在统治阶级范围内发展的个人来说是存在的，他们之所以有个人自由，只是因为他们是这一阶级的个人。从前各个人联合而成的虚假的共同体，总是相对于各个人而独立的；由于这种共同体是一个阶级反对另一个阶级的联合，因此对于被统治的阶级来说，它不仅是完全虚幻的共同体，而且是新的桎梏。在真正的共同体条件下，各个人在自己的联合中并通过这种联合获得自己的自由。"①

马克思、恩格斯在这里提到了两种不同意义的"共同体"概念，所谓"冒充的"或"虚幻的共同体"即统治者与被统治者分离的共同体。在这样的共同体里，占统治地位的剥削阶级总把自己本阶级的利益说成是全民的集体利益和共同利益，并以国家的面目出现。事实上，这种集体利益是虚假的，这种共同体不是真实的，而是虚幻的。对于被统治、被剥削阶级来说，它不仅是虚幻的共同体，而且是新的桎梏。虚幻的共同体是与占全社会绝大多数的被统治阶级的个人相对立的。马克思、恩格斯认为，在过去的共同体，如政治国家中，个人自由只是对那些在统治阶级范围内发展的个人来说是存在的，对与被统治阶级范围内的个人来说则不存在。因为这种共同体，作为一个阶级反对另一个阶级的联合，不仅不代表被统治阶级的利益，而且是压迫和剥削被统治阶级的工具，他们不是作为个人而是作为阶级的成员处于这个共同体中，当然也就成为被统治阶级每个个人的对立物和桎梏。并且，由于每个人都隶属于一个阶级，

① 《马克思恩格斯文集》第1卷，人民出版社2009年版，第570～571页。

作为一个阶级的成员而处于整个社会关系之中，所以，就是对于统治阶级来说，其个人的自由和发展也是极其有限和片面的。正因为如此，马克思、恩格斯把这样的集体称为“虚幻的共同体”。只有占全社会绝大多数的无产阶级的联合，才是“真正的共同体”、真实的共同体。真实的共同体是“以每个个人的自由发展为一切人的自由发展条件”的联合体，这个联合体根本改变了“虚构的共同体”与个体的对立，集体中的每一个个人不再是隶属于阶级的成员，个人摆脱了外阶级的压迫和本阶级的束缚，实现了集体与个人的和谐统一。马克思、恩格斯认为，无产阶级联合起来组成的集体是“真正的共同体”，因为它是根本利益一致的人们的联合体。真实的共同体中的个人，不是作为阶级社会成员，而是一个社会化了的人类个体，作为具有发达的能力体系和高度自觉的自我意识的个人，这些个人能够摆脱阶级利益以及人与人之间的对立，能够在社会生活中真正代表自己，自觉自愿地形成“自由人的联合体”。它以小我为基础，以大我为归属，个人与社会血肉相连、有机统一。这样的共同体才是有根的共同体，才是真实的共同体。

我们知道，在马克思、恩格斯那里，社会主义社会是共产主义社会的第一阶段。从这个意义上讲，共产主义社会正在实现的过程当中。或者说，我们当下构建社会主义和谐社会就是建构“真正的共同体”的实践过程。建构“真正的共同体”的实践过程必然要遵循科学发展观，实现经济建设、政治建设、文化建设、社会建设和生态建设“五位一体”和谐发展。从这个意义上讲，“五位一体”的和谐社会的建构过程，即和谐理念的实践和实现过程。这个过程必须依靠自觉遵循和谐实践理念的和谐实践主体才能有效进行。

(三)和谐实践主体是具有自觉主体意识的实践者

人是在从事一定实践活动过程中获得“主体”意蕴的。人以什么样的身份出现在实践场所并成为“实践主体”，是由其从事的实践活动的内容决定的。实践是主体性的现实基础。因此，所谓主体意识，是指实践主体在一定实践活动中，对于自身的主体地位、主体能力和主体价值的一种自觉意识，是人之所以具有自觉能动性的重要根据。主体性作为实践主体的基本属性主要有自觉性、自主性、主动性、理智性和创造性等内容。主体意识强的实践主体，其自我设计、自我规范、自我塑造、自我教育、自我管理、自我实现等意识就强，也具有比较强烈的自尊意识、自信意识、自强意识、创新意识、成才意识、参与意识和创业意识。因此，具有自觉主体意识的实践者能够明了自己在实践世界中的地位和作用、职责和价值，能够平衡协调诸如人与自然、人与社会、人与他人、人与自我等复杂关系，能够实现各种关系的和谐。和谐实践主体就是具备这些素质的实践者，从而是和谐理念的自觉实践者。

社会主义市场经济的实践活动，是人们获得主体意识的有利场所。与此同时，具有主体意识的实践主体也是社会主义市场经济有益的实践者。两者相互促进、相得益彰。

作为人类社会物质财富的一种表现形式，资本是一种崭新的社会关系和社会力量。除去资本的特殊属性，资本还具有"一般"属性。资本是真正具有独立性和个性的社会力量。它通过现代大工业，建构起了世界大市场，推动着人类"世界历史"的形成和发展。市场是资本价值功能的载体。与市场特性相适应，随着经济的扩张、市场的拓展，资本相应地必然在政治上得到表现，由此也影响到思想观念、文化形态等方面的变化，产生出一种不同于一切封建的、宗法的和田园诗般的"市场文化"或"主体文化"。马克思、恩格斯在《共产党宣言》中经典地阐述了资本文化或市场文化的特殊表现形式，从中我们可以窥见资本所蕴含着的一般文化意蕴。

第一，现实主体性。相对于封建的、宗法的和小农的经济氛围而言，资本(进而为商品市场)是一大历史进步。资本是一种拥有"主体性"及自我实现能力的社会力量。它实行的"现金交易"、"贸易自由"，冲决了一切封建藩篱，铲除了宗法等级制度和人身依附关系；公开直接的人间剥削，撕去了宗教幻觉和政治幻想所掩盖着的超人间力量掠夺的神秘面纱。它把实现自我价值的权力和机会还给了自己。它是一种现实社会的人的现实力量。"它第一个证明了，人的活动能够取得什么样的成就。”①它将劳动权利从“天国”归还到人间，从神圣的特许归还到（尽管是以“异化”的方式归还到）人自身，从而也为实现人的社会本质开辟了道路。

第二，变革创新性。“一切固定的僵化的关系以及与之相适应的素被尊崇的观念和见解都被消除了，一切新形成的关系等不到固定下来就陈旧了。一切等级的和固定的东西都烟消云散了，一切神圣的东西都被亵渎了。”②资本是一种具有内在冲动能量的社会变革力量。资本文化或市场文化是一种世俗的而非“神圣”的、现实的而非幻想的、变动的而非僵化的、革命的而非保守的、真正自力的而非恩赐特许的文化。它是通过人与自然的关系来实现人与人的社会关系的文化，是科学技术型文化，是创新文化。“知识就是力量”，就是这种文化的生动写照。

第三，世界性。首先，它挖掉了各国工场手工业存在的基础，并重新建立现代大工业；其次，它促使工厂的生产国际化，进而使得消费国际化；再次，它打破了各民族的分离状况，建立起了广泛的国际联系。最后，使“世界文化”的建设成为现实。就理论特质而言，“世界文化”是全面的而非片面的，是包含自然科学和社会科学种种内容的知识体系；就其涵盖的范围而言，它是世界各个民族文化的综合和结晶。这样的文化，理所当然的是自然技术科学和人文社会科学的协调进步、全面发展的文化。《共产党宣言》虽然未直接给出全面发展的具体内容，但为回答如何全面发展的问题提供了思路。《共产党宣言》是从社会基本矛盾运动的角度阐述人类社会演进历程的。社会生产力实际上是讲人与自然的关系，生产关系则是讲人与人的社会物质关系，社会政治的、法律的、艺术的、哲学的等上层建筑实质上则是讲人与人的精神关系。由此可知，社会基本矛盾就是讲人与自然、人与社会、人与他人、人与自我的关系，因而全面反映、揭示人类社会及其历程的“世界文化”，必定是包容着人与自然、人与社会、人与他人、人与自我等全面关系和

① 《马克思恩格斯文集》第2卷，人民出版社2009年版，第34页。

② 《马克思恩格斯文集》第2卷，人民出版社2009年版，第34～35页。

内容的文化。

概而言之，资本文化或市场文化是一种蕴含着自觉的主体性、自我的价值性、自由的平等性、人格的尊严性和变革创新性、世界性等内容的文化。在这样的文化范围和实践活动中，人们必然获得主体性。社会主义市场经济更是在“以人为本”的价值取向、社会主义公有制和按劳分配为主体的实践环境进行的，更能培育实践主体的主体意识。正是这样的主体意识，否定了“神圣特许”的偶像崇拜和外在权威强加的人身依附关系，使社会主义市场经济条件下的实践主体获得了主体性。也正是这样的主体性推动着社会主义和谐社会的合理建构。

四、规范社会实践活动

毫无疑问，当前中国最根本的实践是建构社会主义和谐社会。建构社会主义和谐社会的现实途径则是亿万中国人民自觉而合理的实践活动。那么，什么样的实践是合理的？如何判定实践目的与实践手段的合理性？实践的真理性与价值性是什么？如何理解我国改革开放、社会主义现代化建设伟大成就的理论依据？如何认识现实生活中诸如“两极分化”、“生态危机”、“诚信缺失”等不合理的实践行为？应该说，这些问题不是一个理论的问题，而是一个实践的问题。那么，理论与实践的关系是什么？如何实现科学理论与合理实践的统一？特别是如何通过科学理论规范社会实践，从而使社会实践实现规范化？

人们的实践行为是需要规范的。如前所述，实践是人自觉能动地在一定规范的制约和制导下展开的现实、感性、具体的活动。规范性是人类实践活动的最本质的特性。实践的规范性意味着：实践主体的实践活动是遵循多种规定性的规范活动，是在一定实践目的指导下的自觉活动，是不断地追寻理想、完善自我、塑造自我的自创(价)活动，是自我确证、自我实现的自决活动，是遵循一定实践规范的自控活动，是不断超越自我、否定自身的自批判、自否定的自组织活动，是不断提升自己的实践自觉、调整自己的实践目的、完善自己的实践规范、实现自己的实践理想的自主活动，是实践主体追求自己理想、实现自己目的的自由活动。

规范人们的实践行为，需要实践规范。对于实践主体(个人、团体、社会)来说，实践规范是其规范的行为必不可少的前提条件。实践规范是对实践主体现实的实践活动产生影响、制约、范导效应的政治、法律、风俗习惯、道德观念、纪律、艺术、宗教、哲学等思想观念及其表现形式。在全面建成小康社会的新的历史时期，科学理论(特别是科学发展观)是最根本的实践规范。就是说，通过遵循科学理论，使社会实践具有可控性，以实现社会实践的规范化即标准化、制度化、程序化、科学化、合理化和实践效益最大化。这样的实践既合规律性和真理性，又合目的性和价值性，是合理的实践。

那么，如何实现合理实践？在马克思新世界观即唯物史观视域中，拥有"革命"、"批判"、"感性活动"、"变革现实"、"检验真理"等意蕴的实践，是与社会历史活动主体的活动方式、行为特点联系在一起的哲学概念。作为一个哲学概念，实践在总体上表征的是社会历史活动主体的行为方式及其特点。然而，仔细领会马克思话语的深刻含义，我们发现，在马克思的语境中，在肯定实践所具有的一般特性的前提下，马克思进一步区分了两类不同性质的实践，一类是理论指导的实践，另一类是检验真理的实践。那么，这两类实践各自的特点是什么？这两类实践与理论是什么关系？

"理论指导的实践"与"检验真理的实践"存在着一定的差异性。一是理论形态不同。指导实践的理论是经过实践已经证明了的"老理论"，特别是真理；待实践检验的理论则是新的认识成果，是未经证实的"新理论"，是有待检验的"准真理"。二是实践目的不同。理论指导的实践的目的，是在现有理论的指导下变革现实，是理论特别是真理的对象化、外化和物化。检验真理的实践的目的，是对"准真理"正确与否进行甄别、判定和检验，实践结果是"副产品"。三是实践结果不同。理论指导的实践的结果就在实践的目的当中，实践过程也是实践目的的展示和展开，实践结果具有某种必然性。真理性理论指导的实践结果自不待言，即使是非真理性理论指导的实践结果，也具有某种必然性。而检验真理的实践的实践结果则不然。检验性实践带有探索性，其结果与预期的目的之间存在着某种或然性：可能与实践目的相一致，从而证明认识成果的真理性；可能不完全一致，从而证明认识成果的部分真理性；可能不一致，从而证明认识成果的非真理性。因此，新的认识成果即有待检验的理论，必须经过适当形式的检验，证明其真理性，才能获得推广实行的价值。

理论指导的实践与检验真理的实践之间的差异性告诉人们，要区分不同性质的实践，对具体实践进行性质甄别。这是科学分析实践活动的前提。实践是检验真理的唯一标准。那么，有没有检验实践的标准？检验实践的标准是什么？事实上，实践也应该有检验的标准。一般说来，检验实践的标准是实践的结果。其实，作为检验实践是否合理的标准，指导实践的理论的性质比实践的结果更为重要。就是说，要区分不同性质的实践，关键是要区分不同性质的理论。是经过实践检验过了的真理性理论，还是有待检验的理论？是真理性理论，还是谬误性理论？要知道，不仅真理性理论能够指导人们得到成功的结果；在一定条件下和一定范围内，谬误性理论也能够“指导”人们得到某种“成功”的结果。仅仅在结果的层次上是不能将真理性理论与谬误性理论区别开来的。因此，判断某种实践是否合理、其结果是否具有合理性的问题，首先要辨别实践所遵循的理论的性质。理论的真理性是实践合理性的基础。要到理论的真理性中确立实践合理性的依据。因此，必须对具体的实践活动进行性质的甄别，要破除实践迷信。那种认为任何人的任何实践都是合理的，任何人的任何实践都能够成为检验认识是否具有真理性的标准的观点是错误的。如果只是看实践的结果，而不甄别指导实践活动的理论的性质(也不关注实现实践目的的手段的正当性)，那就是典型的“实用主义”。同时，必须对具体的理论进行性质的甄别，要破除理论迷信。要区分不同性质的理论，对真理性理论应持敬畏和遵循的态度，虚心学习和诚心实践。当然，对真理的遵循，不仅要体现在字词句等形式上，而且要体现在内容和实质上。对真理指导下的实践，要特别警惕修正主义、教条主义和形式主义。对探索性理论则应持谨慎态度，先在小范围试验，待检验以后再做出取舍的决定。对谬误性理论应持批判和否定的立场。绝对不能用谬误性理论作为实践的理论指导。对检验真理的实践，要特别防范经验主义、历史虚无主义。总之，科学理论是实现合理实践的实践规范，也是检验实践是否合理的标准。科学理论与合理实践之间具有内在的关联性。因此，合理实践必须遵循科学理论。

我们这里所讲的科学理论，就是经过实践检验了的真理性理论，是包括自然科学、社会科学、人文科学、思维科学和马克思主义、中国马克思主义等不同形态的科学理论。它们都是经过实践检验证明了的理论，都具有实现合理实践的规范功能。遵循科学理论是实践行为成功的先导。我国改革开放、社会主义现代化建设伟大成就的理论依据是科学理论。而现实生活中诸如“两极分化”、“消极腐败”、“信仰危机”等不合理的实践行为则是违背了科学理论的结果。因此，必须在全社会倡导遵循科学理论的自觉性。例如，我们个人发展目标的确定，必须将“仰望星空”与“脚踏实地”结合起来，将个人需要与社会需要、近期目标与远期目标、需要与能力、自律与他律等结合起来。各行各业的生产，遵循科学定律、科学公式等科学理论，遵守行业规范，按规律办事；政府部门坚持科学决策、科学规划、科学管理，特别是遵循科学发展观，以人为本，坚持科学发展、和谐发展、“绿色”发展，破除“GDP”崇拜；国家“顶层设计”的战略措施，把国家富强、民族振兴、人民幸福统一起来，在全社会倡导实践科学发展观的自觉，增强理论自信。

总之，倡导和谐理念，弘扬和谐文化，通过科学理论，规范社会实践，达到合理实践的目的，这是社会主义和谐社会建构的最深厚、最直接的现实基础。随着和谐实践理念逐渐对象化和现实化，具有自我设计、自我实现能力和自觉主体意识的规范自律的和谐实践主体将在现有基础上大量涌现，民主法治、诚信友爱、安定团结、公平正义、充满活力、规范有序的社会主义和谐社会也将逐步实现！

结语　和谐中国　和谐世界

实现社会和谐是建构社会主义和谐社会的价值诉求。这个价值诉求体现了共产主义理想的现实意义，也是建构和谐世界、消解当今世界经济全球化进程中不和谐现象的良方。

由于当前的经济全球化是由发达资本主义国家所主导的，因而在经济全球化运动和过程当中出现了一系列有悖于“世界历史”本质的弊端。也正是这些弊端，造成了当前经济全球化运动和过程中的一系列世界性问题，也部分地造成了我国在和谐社会建构过程中的许多问题，促使反全球化思潮及运动兴起，引起了包括社会主义国家在内的发展中国家有识之士对经济全球化弊端的担忧。这正说明，经济全球化造成的世界性问题，不能由资本主义来解决，而只能由体现了世界历史本质的、代表着经济全球化主流的社会主义来解决。只有社会主义才能解决全球化造成的世界性问题。从这个意义上讲，中国特色社会主义具有世界意义，和谐社会建构具有“和谐世界”的价值。

和谐世界、世界历史的本质诉求是使得世界上的所有国家和民族，都能够平等地分享世界历史形成过程中的好处和利益，使人类普遍受益，使世界得以整体进步。而当前经济全球化的主导力量即发达资本主义国家，追求的则是一己私利的最大化。世界历史利益的人类性、普遍性与发达资本主义国家利益的私人性、特殊性，使得发达资本主义国家“不自觉地”成为世界历史的“促进派”，也成为世界历史的“背离者”。经济全球化的主导力量与世界历史本质诉求的矛盾是形成一系列世界性问题的根本原因。这一矛盾的根本解决，只能是按照世界历史的本质诉求，以人类普遍利益、根本利益、整体利益为行为出发点和价值判断标准，推动世界历史向正确的方向发展。这样的行为诉求和价值标准，恰恰是社会主义的行为准则和自觉的实践理念。

资本主义的基本矛盾是生产的社会化同生产资料资本主义私人占有之间的矛盾。这一矛盾是产生资本主义经济危机的制度性根源。经济全球化在为资本的全球扩张创造良机的同时，又使资本主义的各种矛盾激化并扩大到全球。当然，在经济全球化条件下，资本主义基本矛盾的性质没有发生根本变化，但其表现形式和规模已有了新的时代特点。因此，由资本主义内在矛盾激化、泛化所带来的经济危机也具有世界性的特点和内容。解决世界性经济危机需要世界性措施。从根本上讲，就是在世界范围内和国际合作的层次上满足社会化大生产的要求，对生产关系及其上层建筑进行必要的调节。在经济全球化层次上的社会化大生产，客观上需要社会对生产资料实行占有，需要对生产过程进行社会化计划、干预和调节，需要对产品在世界范围内进行分配。这些条件不可能在资本主义私人占有制前提下得到满足，只有社会主义的基本制度能够满足这些要求。

资本主导的经济全球化使各国发展差距拉大，不平衡加剧，特别是发达国家与穷国、弱国之间呈现出富者愈富、穷者愈穷的“马太效应”。事实表明，随着经济全球化进程的不断发展，不同国家的发展越来越不平衡，特别是南北发展差距越来越大。当今世界不是财富不足的问题，而是财富分配不公的问题。世界经济发展不平衡和两极分化不仅不利于发展中国家的健康发展，也不利于发达国家的长期发展。只有按照公平、互利和共赢的原则，建立和谐的国家关系，采取协调和对话的方式，处理国与国之间的经济事务，才能形成良性互动的经济关系；只有在根本上采取生产资料的社会占有方式，才能彻底解决经济全球化带来的世界性发展不平衡和两极分化问题。

在经济全球化进程中，围绕世界性发展不平衡和贫富两极分化问题，产生了难民流动、地区冲突、邪教猖獗、毒品泛滥等一系列问题，极端民族主义势力、国际恐怖主义势力和民族分裂势力也聚集起来，成为新的世界性的非传统安全问题，构成了对世界和平与发展的新威胁。建立平等、公平的世界经济新秩序需要有正义力量的推动，需要有主持正义的国家及国际组织的积极参与。社会主义在推动世界建立公正、公平、合理的世界经济新秩序方面有着不可推卸的历史责任并大有可为。因为，社会主义所倡导的实践理念、价值观念与世界经济新秩序的主旨在根本上是一致的。

总之，经济全球化为社会主义和谐社会的建构开辟了道路。尽管资本主导的经济全球化进程在一定时期内增加了社会主义战胜资本主义的难度，但终究"资产阶级的灭亡和无产阶级的胜利是同样不可避免的"。经济全球化过程中所出现的矛盾和问题只能在社会主义的制度安排和精神原则下得以解决。

在指向未来的价值向度上，社会主义和谐社会的价值诉求，体现了共产主义理想的现实意义，是人类社会实现从必然王国向自由王国飞跃的观念保障。

在马克思主义看来，人的自由就是人类完全认识并摆脱了过去曾经长期束缚自己的必然性获得解放。从而人能够把自然和社会置于自己的控制之下，人成为人本身的主人，完全按照人的真实需要即人的全面发展来创造生活，人的全面发展成为目的本身，这才是真正的人的生活和人的社会。

依照经典作家的设想，共产主义社会有两个发展程度不同但相互衔接的社会阶段，其第一阶段为社会主义社会，其高级阶段为共产主义社会。共产主义社会的高级形态正在形成的过程当中。那么，社会主义社会对人类意味着什么呢？

社会主义意味着和平和发展。为什么第一次世界大战能够打起来？除了帝国主义的本性之外，主要是因为帝国主义的势力没有约束，不受制约，恶性膨胀。为什么第二次世界大战在不长的时间内又打起来了？同样主要是因为制约世界大战的力量还不足以制约战争。但是，在战争的后期，社会主义苏联的力量大大超过了法西斯德国。第三次世界大战为什么没有打起来？主要是因为全世界爱好和平的力量发展了、强大了，特别是社会主义的存在，成为制止世界大战爆发的重要力量。社会主义的发展，使世界得以发展，人类得以和平。

社会主义意味着幸福。第二次世界大战以后，社会主义事业蓬勃发展，给社会主义国家的人民带来了安定、安稳、安详的幸福生活。不仅如此，社会主义制度的某些政策，也改变了西方发达国家的政策。从这个意义上讲，社会主义改变了人类，造福于世界，也恩泽于世界。

社会主义意味着进步。只要是正常的人，都不会否定这样的事实：社会主义制度已经成为现实。作为共产主义社会发展的第一阶段，尽管在“一球两制”现实的竞争中，还存在着许多需要用策略、智慧应对的事情，但是，社会主义必定会朝着更加美好的共产主义社会迈进。

社会主义意味着和谐。生产资料社会主义公有制，实现了人对自然、物质生产条件占有关系的平等性，从而为实现人们之间和谐的社会关系奠定了基础。在未来的共产主义社会，“代替那存在着阶级和阶级对立的资产阶级旧社会的，将是这样一个联合体，在那里，每个人的自由发展是一切人的自由发展的条件”。① 社会发展与个人发展实现了真正的统一，社会与自然之间也实现了和谐，更是一个相当完美的和谐社会。

共产主义社会是人自由而全面发展的社会，是人获得彻底解放的社会，是人与自然、人与社会、人与他人、人与自我实现高度和谐统一的社会，是人类社会由必然王国向自由王国的飞跃。在这里，共产主义社会、人的自由全面发展、必然王国向自由王国的飞跃、高度和谐统一的社会，是同等程度的概念。人类的历史是人类从必然王国走向自由王国的历史。社会形态的每一次更替，社会发展阶段的每一个进步，都会使人类获得一定的自由与解放。我们当下正在建构的社会主义和谐社会是到达共产主义社会的现实阶梯。“和谐中国”的前途必然是“和谐世界”。

① 《马克思恩格斯文集》第10卷，人民出版社2009年版，第666页。

后　记

本书是我独立承担的武汉市社会科学基金资助课题“实践规范与社会和谐内在关联性研究”(08092)和武汉大学自主科研项目(人文社会科学类)“社会和谐的实践基础研究”(09113)的研究成果。

本书的研究内容与我自己的研究旨趣密切关联。在拙著《实践规范论》(中国社会科学出版社 2006 年出版)的基础上，我试图将实践“理论”与现实的具体实践“活动”相结合，探寻马克思主义实践理论的现实实践功能，研究将科学的实践理论转化、内化、活化为亿万实践主体实践活动的具体途径，从而在科学“解释世界”的基础上，合理地“改造世界”，彰显马克思主义实践理论的学术性、科学性、现实性和实践价值。建构社会主义和谐社会无疑是当下中国最重要、最根本的实践活动，富强、民主、文明、和谐，无疑是当下中国社会最大共识的实践理念，希望《和谐社会的实践基础研究》的出版，能够为更加自觉而合理地推进社会主义和谐社会的建构尽一点绵薄之力。

在文稿付梓出版之际，我要特别感谢武汉大学人文资深教授、武汉大学前校长陶德麟教授为本书作序，感谢武汉市社会科学基金和武汉大学自主科研项目基金的资助，感谢武汉大学出版社领导的鼎力支持，感谢出版社编审陶佳珞女士的热心帮助，感谢本书责任编辑唐伟的细心审稿，感谢有关专家学者的理论成果及学术观点。由于学识和精力上的原因，本书会有许多不足之处，敬请读者批评指正。

夏建国于武汉大学寒舍